W0258964

Das informierte Management

Bernhard Dorn (Hrsg.)

Das informierte Management

Fakten und Signale für schnelle Entscheidungen

Mit 105 Abbildungen

Springer-Verlag
Berlin Heidelberg New York
London Paris Tokyo
Hong Kong Barcelona
Budapest

Herausgeber
Bernhard Dorn
Geschäftsführung
IBM Deutschland GmbH
Pascalstraße 100
D-70569 Stuttgart

Unter Mitarbeit von
Boris Semen, Böblingen

ISBN-13:978-3-642-78877-2 e-ISBN-13:978-3-642-78876-5
DOI: 10.1007/978-3-642-78876-5

Die Deutsche Bibliothek - CIP-Einheitsaufnahme
Das informierte Management: Fakten und Signale für schnelle Entscheidungen/ Bernhard Dorn. - Berlin; Heidelberg; New York; London; Paris; Tokyo; Hong Kong; Barcelona; Budapest: Springer, 1994
ISBN-13:978-3-642-78877-2
NE: Dorn, Bernhard [Hrsg.]

Softcover reprint of the hardcover 1st edition 1994

Satz: Reproduktionsfertige Vorlage des Herausgebers
SPIN 10466070 45/3140 – 5 4 3 2 1 0 – Gedruckt auf säurefreiem Papier

Vorwort

Praxisnahe Bezüge zwischen Offenheit als Unternehmensprinzip und dem *Information Systems Management* (ISM) herzustellen, ist das Ziel der jährlichen Tagungen des Baden-Badener ISM-Kreises. Das vorliegende Buch ist ein Meilenstein auf diesem Weg. Autoren aus unterschiedlichen Branchen stellen zu dem zentralen Thema Entscheidungsunterstützung neue Ansätze aus Forschung und Praxis vor. Dabei wurde nicht versucht, ein neues theoretisches Begriffsschema in die Diskussion einzuführen, sondern es wurde der konkreten Auseinandersetzung mit dem Thema der Vorrang gelassen.

Ein Management-Unterstützungssystem muß auf das ganze Unternehmen ausgerichtet sein und darf seitens der Unternehmensleitung nicht als eine "technische" Angelegenheit einiger DV-Spezialisten betrachtet werden. Darum umfassen die Beiträge dieses Buches eine Themenpalette vom Geschäftsprozeßmanagement als genereller Basis für gezielte und marktgerichtete Entscheidungen bis zum praxisbezogenen Einsatz von Fuzzy Logik als einer speziellen Form der Entscheidungsunterstützung.

Mein herzlicher Dank als Veranstalter und Herausgeber dieses Bandes gilt vor allem den Autoren: Sie haben nicht nur durch ihre Vorträge überzeugt, sondern darüber hinaus mit unvermindertem Engagement aus mündlichen Vorträgen Fachartikel gemacht. Mein Dank gilt auch all denen, die durch ihre unermüdliche Arbeit im Hintergrund dazu beigetragen haben, das Buch über ein hochaktuelles Thema zeitgerecht zum Abschluß zu bringen.

Stuttgart, März 1994 *Bernhard Dorn*

"Wer Tag für Tag mit Informationen überflutet wird,
der verliert den Sinn für das Wesentliche."

Gertrude Stein

Inhaltsverzeichnis

Autorenverzeichnis

Susanne Baumann
Supperstraße 20C, D-70565 Stuttgart

Ernst Denert
sd&m GmbH, Thomas-Dehler-Straße 18, D-81737 München

Bernhard Dorn
IBM Deutschland GmbH, Pascalstraße 100, D-70569 Stuttgart

Reinhard Faßhauer
IBM Deutschland Informationssysteme GmbH, Pascalstraße 100, D-70569 Stuttgart

Thomas Kattler
Rychartweg 113, D-89075 Ulm

Hans-Georg Kemper
Lehrstuhl für Wirtschaftinformatik, insbesondere für Informations-Management, Universität Köln, Albertus-Magnus-Platz, D-50923 Köln

Dieter Kempf
DATEV eG, Paumgartner Straße 6 - 14, D-90429 Nürnberg

Claudia Keusch
Treuhandanstalt, Leipziger Straße 5 - 7, D-10100 Berlin

Wilhelm Kirchner
ACG Assekuranz Consulting GmbH, Flughafenstraße 52, D-22335 Hamburg

Wolfgang Kornblum
Nordland Papier AG, Postfach 11 60, D-26892 Dörpen

Helmut A.O. Krcmar
Lehrstuhl für Wirtschaftsinformatik, Universität Hohenheim, Schloß-Osthof-Nord, D-70599 Stuttgart

Heinz Kriener
Postfach 20 24 11, D-20217 Hamburg

Klaus van Marwyk
Universität Köln, Albertus-Magnus-Platz, D-50923 Köln

Peter Moritz
Deutsche Bundespost Telekom, Direktion Köln, Postfach 10 36 42, D-50476 Köln

Frank Lindenlaub
Am Hasensprung 37, D-61462 Königstein

Günter Salb
Landesbank Berlin, Badensche Straße 23, D-10715 Berlin

Boris Semen
Hohenheimer Str. 36, D-70184 Stuttgart

Klaus Webersinke
Asternweg 71, D-71083 Herrenberg

Bernd Zielinski
FESTO KG, Ruiter Str. 82, D-73734 Esslingen

Managementsysteme: Von der Information zur Unterstützung

Bernhard Dorn

1. Unternehmen reagieren – Unternehmer handeln

"Der Computer wird in den Chefetagen nicht genutzt", so lautete noch 1991 das Ergebnis einer Umfrage bei unseren großen Kunden. Die Systeme seien zu starr, zu aufwendig zu bedienen, die Informationen veraltet und die Darstellung unübersichtlich, so hieß es oft in den Kommentaren. Eine Business Intelligence-Studie bei britischen Großunternehmen zeigt: 48 Prozent der Manager bemängeln die Präsentation der Informationen, 53 Prozent hätten gerne bessere Zusammenfassungen und 56 Prozent der Befragten wünschen aktuellere Informationen.

Aktualität und *Flexibilität* sind in der Tat die meistgenannten Schlagwörter, wenn es heute darum geht, das Anforderungsprofil für Management-Informationen neu zu definieren. Tagesaktuelle Absatzzahlen sind vor allem im Handel mit schnellebigen Konsum- und Gebrauchsgütern gefragt, um die Absatzwege möglichst schnell den veränderten Gegebenheiten neu anzupassen. In Fertigungsbetrieben wachsen, von CNC-Steuerungen, Robotersensoren und PPS-Systemen unbemerkt, Zwischenlager in kostspielige Höhen. Und beim Telefonservice im Dienstleistungsgeschäft entscheiden oft wenige Minuten über zufriedene Kunden und zukünftige Aufträge, wenn die Kundeninformationen nicht aktuell parat sind.

Die rezessive Konjunktur und die dabei sichtbar gewordenen strukturellen Schwächen der deutschen Wirtschaft haben zudem das Metier "Unternehmensführung" nicht gerade leichter gemacht. So bestimmen Absatzrückgänge und Preiseinbrüche nach wie vor das Geschäft im Bereich des Maschinen- und Anlagenbaus sowie in der Informationstechnologie. Zwar reagieren die Unternehmen mit Personalabbau, mit neuen Führungsstrukturen, mit schlanken Organisationsformen – und dazu leistet die Informationstechnologie schon heute wertvolle Beiträge –, doch mutige und vorausschauende Unternehmensstrategien sind nur selten zu erkennen.

Unternehmen sind komplexe Systeme mit historisch gewachsenen Strukturen und Abläufen. In Boom-Zeiten funktionieren sie, indem sie Erfolge administrieren, doch wie Computer sind sie gerade so gut wie die Menschen, die sie lenken. Erfolgreiche Unternehmen leben durch innovative Unternehmer. Doch Manager mit Innovationsgeist sind rar, oder sie haben keine Zeit für Innovationen, weil ihre Unternehmen ums Überleben kämpfen. Fast stündlich kommen neue Lageberichte aus den verschiedenen Unternehmensteilen, und vor lauter Ergebnissen, Analysen und Prognosen verlieren die Verantwortlichen den Blick für das Wesentliche. Ertragschancen werden verpaßt, die Kosten laufen davon und am Ende auch die Kunden.

2. Zu viel Information – zu wenig Nutzen

Dieses Unternehmer-Dilemma wird anschaulich, wenn man sich eine fast alltägliche Szene aus der Chefetage anschaut: Berge von Akten, Briefings und Fachkommentaren türmen sich auf den Schreibtischen und in den Postkörben der elektronischen Systeme.

Eine Inflation von Wichtigkeiten, Dringlichkeiten und Vertraulichkeiten landet in Bearbeitungsmappen und begleitet das Top-Management auf Schritt und Tritt überall hin. Ob während der Autofahrt zu den Kunden, in der Abfertigungshalle des Flughafens oder bis hinein in das Wartezimmer des Zahnarztes, überall werden sie davor bewahrt, auch nur eine Minute in die Verlegenheit der Informationsleere zu geraten.

Trotz dieser Fülle an vielfach graphisch unterstützten Geschäftsergebnissen, Entscheidungsvorbereitungen und Zusammenfassungen wichtiger Ereignisse, bleiben viele Fragen offen. Obwohl dem Management eine Vielzahl von Sekretärinnen, Assistenten und Stabsmitarbeiter zur Seite stehen, um die zur Verfügung stehende Zeit zu optimieren, bleibt der scheinbar endlose Informationshunger vieler Manager ungesättigt.

"Wie reagieren spezifische Kundengruppen, wie reagiert der Wettbewerb auf Prämienerhöhungen?", würde der eine oder andere Versicherungsvorstand noch gerne wissen. "Welchen Deckungsbeitrag bringt mir der Kunde Meier, den ich gerade am Telefon habe?", fragt der Chef des Kreditressorts.

Mangelt es den Assistenten und Beratern am nötigen Methodenwissen? Oder ist das Management einfach überfordert und falsch organisiert? Beides ist richtig und falsch zugleich: Niemand zweifelt wohl an der Spitzenqualifikation der Mitarbeiter, geschweige denn an der eigenen. Und dennoch wird man das Gefühl nicht los, daß man alles noch ein wenig besser machen könnte.

"Computer in die Chefetagen!" hieß die Devise schon vor rund zwei Jahrzehnten. Seit dieser Zeit arbeiten Wissenschaftler aus aller Welt an elektronischen Werkzeugen, die helfen sollen, mit der Informationsflut vernünftig umzugehen. Sie beschäftigen sich ernsthaft mit Management-Informationssystemen (MIS), die Listen anschaulich und übersichtlich auf die Bildschirme bringen.

Die entscheidende Tatsache ist jedoch, daß bei keinem Bank- oder Versicherungsvorstand der Rechner Signale gibt, um eine Fehlentscheidung zu verhindern. Die Systeme zeigen weder Tendenzen für die Zukunft an, noch halten sie Handlungsalternativen bereit. Bis jetzt ist es kaum gelungen, IS-Lösungen zu schaffen, die wirklich brauchbare Entscheidungshilfen geben, die das Management auch qualitativ bei der Arbeit unterstützen.

25 Jahre später muß man ernüchtert resümieren: Ein halbes Jahrtausend nach Gutenberg ist nicht der Mangel, sondern der Überfluß an Informationen

unser größtes Problem. Trotz aller Zweifel und manch berechtigter Kritik an falsch verstandenen MIS ist es an der Zeit, das Thema Management-Unterstützung neu in Angriff zu nehmen.

Das gut gemeinte Ziel der Management-Information führte zur Informationsüberflutung in den Unternehmen. Hier sind intelligente Informationssysteme gefordert, die in der Lage sind, aus Informationen Nutzen zu schaffen. Management-Unterstützungssysteme (MUS) müssen an die Stelle von Management-Informationssystemen treten.

3. Vom MIS zum MUS

Verkaufszahlen großer Anbieter auf dem Markt für Management-Systeme weisen seit Anfang der neunziger Jahre deutliche Wachstumsraten auf. Die neuerliche Attraktivität der elektronischen Management-Unterstützung gibt Anlaß zu Optimismus und stellt Anbieter wie Anwender vor die Aufgabe, Management-Unterstützungssysteme zu entwickeln, die ihrem Namen auch gerecht werden. Das Thema ist heute aktueller denn je. Drei Entwicklungen können in diesem Zusammenhang unterschieden werden:

1. Der Bedarf an brauchbaren Entscheidungshilfen ist im Zuge der Strukturveränderungen unserer Wirtschaft heute größer denn je.
2. Aus zwei Jahrzehnten Erfahrung mit MIS können die Lehren gezogen werden, um Fehler der Vergangenheit in Zukunft zu vermeiden und die Prioritäten neu zu setzen.
3. Schließlich sind heute neue Technologien verfügbar, die eine neue Qualität von Systemen ermöglichen.

3.1 Neue Anforderungen verlangen bessere Werkzeuge

Der Strukturwandel unserer Wirtschaft führt zu weitreichenden organisatorischen Veränderungen in den Unternehmen: Früher konnten es sich die Unternehmen leisten, Hierarchien aufzubauen. Es wurden Abteilungen gegründet, wenn ein verdienter Mitarbeiter befördert werden mußte und gerade keine passende Stelle für ihn frei war. Das ist heute anders: Heute können sich die Unternehmen all die Stäbe, die aus Informationen brauchbare Entscheidungshilfen machen, nicht mehr leisten. Im Gegenteil: Es kann nicht schnell genug gehen, Verwaltungsfunktionen aufzulösen, ganze Hierarchie-Ebenen abzubauen und die Unternehmen schlanker zu machen.

Wo man auch hinsieht, überall wird mit lang bewährten Regeln und Grundsätzen gebrochen und die Arbeitsteilung zunehmend zurückgenommen.

Mitarbeiter bekommen mehr Verantwortung, größere Handlungsspielräume und erweiterte Kompetenzen. Die Unternehmen öffnen sich den Geschäftspartnern, Mitbewerbern und Kunden.

Überdies werden viele Unternehmen in kleinere operative bzw. rechtlich selbständige Einheiten aufgeteilt, die sich in den jeweiligen Teilmärkten selbständig behaupten müssen. So hat die IBM Deutschland Anfang 1993 wichtige Unternehmensbereiche wie IS und Bildung in Form von rechtlich selbständigen GmbHs unter einem Holding-Dach organisiert. Die Geschäftsbereiche unseres Vertriebs haben die gesamte Verantwortung für Marketing und Vertrieb in ihren Branchen übernommen, das bedeutet: *Es liegt an ihnen, neue Geschäftsfelder zu erschließen*, Beteiligungen einzugehen, wo es Sinn macht, und zu investieren, wo es lohnend erscheint.

Die Geschäftsführer der Holding sind aber nach wie vor verantwortlich für den Erfolg des Gesamtgeschäfts und wollen die Fäden in der Hand behalten. Jede Tochtergesellschaft und jeder Unternehmensbereich agiert aber nun wie ein selbständiges Unternehmen: Marktanalysen werden eingeholt, Produkt- und Marketingentscheidungen werden getroffen, Kosten und Umsätze werden konsolidiert. Und damit steigen auch Zahl und Umfang der Informationsströme.

Diese Entwicklung ist vergleichbar mit der Zunahme der Berichtsspanne in einer Abteilung: Wenn statt vorher acht jetzt 25 Mitarbeiter geführt werden sollen, dann werden sich einerseits die Verantwortlichkeiten der Mitarbeiter erhöhen, andererseits müssen sich aber auch die Kommunikationsprozesse verändern. Der Manager kann und soll nicht mehr alles wissen, aber er sollte die Gewißheit haben, daß Signale über kritische Vorfälle nicht nur zufällig oder viel zu spät zu ihm gelangen. Ähnlich ist die Situation im Top-Management: Weniger, aber bessere Informationen sind gefragt. Je mehr Informationen strömen, aus denen einige wenige ausgewählt werden sollen, desto wichtiger wird der Auswahlprozeß selbst. Habe ich Vertrauen in meine Führungsmannschaft, in mein System? Bekomme ich die Informationen, die ich brauche, oder nur die, die andere für opportun halten? Werde ich automatisch und rechtzeitig über kritische Veränderungen informiert? Oder bin ich von einzelnen Wissensherrschern abhängig? Solange dieses Vertrauen nicht hergestellt ist, solange gilt die Regel: Je größer die Zahl der autonomen, marktnahen Unternehmenseinheiten, desto geringer der Überblick und die Wirksamkeit der obersten Führungsebene.

Da die Segmentierung innerhalb der Unternehmen und die Verflechtung zwischen den Unternehmen weiter zunehmen, wird ein verläßliches Management-Unterstützungssystem zu einem wesentlichen Element für zukünftigen Unternehmenserfolg.

3.2 Aus MIS-Erfahrungen lernen

Ist die grundsätzliche Bedeutung von MUS erkannt, können wir bei zukünftigen Überlegungen auf einen reichen Erfahrungsschatz gescheiterter MIS-Projekte zurückgreifen: Management-Informationssysteme waren vor allem starr, standardisiert, zahlenorientiert und mit Details überflutet. Sie waren nie dafür konzipiert, Ad-hoc-Antworten auf Management-Fragen zu geben. MIS konnten informieren, waren somit eher ein Hilfsmittel für die zuständige Stabsabteilung denn für den Vorstand selbst. Die Qualität der Informationen konnte nur marginal verbessert werden, und meterdicke Ausdrucke und aufwendige Abfragesprachen haben den Computer in der Chefetage auch nicht beliebter gemacht. Geschäftsführer und Vorstände kamen zu dem Schluß, daß der Aufwand zur Erstellung eines solchen Systems in keinem Verhältnis zum Ertrag steht, keinen nützlichen Beitrag für ihre tägliche Arbeit leistet. Der Bildschirm blieb also die meiste Zeit schwarz.

Inzwischen haben die IS-Architekten erkannt, daß standardisierte Systeme in den Chefetagen fehl am Platz sind. Die Arbeit des Top-Managers kann eben nicht einfach standardisiert und in "lines of code" strukturiert werden. Top-Manager werden von Ereignissen getrieben, Erfahrungen werden mehr durch Worte als durch Zahlen gesammelt und Entscheidungen meist intuitiv getroffen. Zusammengefaßt heißt das: Es werden keine Systeme benötigt, die nur aktuelle Informationen sammeln, sondern intelligente elektronische Assistenten, die Signale geben und sich auf kritische Schlüsselthemen konzentrieren. Nicht nur präzise und konsistente Informationen aus dem eigenen Unternehmen sollen geliefert werden, sondern auch Trends und zukunftsorientierte Entscheidungshilfen im Wettbewerbsvergleich. Vier unterschiedliche Sichtweisen sind gefragt:

- Die Sicht des Marktes: Marktwachstum, Marktanteil, Trends usw.
- Die Kundensicht: Mängel, Renditeerwartungen, Servicebedarf usw.
- Die Produktsicht: Kosten, Amortisation, Bekanntheit usw.
- Der Wettbewerb: Preise und Leistungen, Maßnahmen, Image usw.

Aus MIS-Erfahrungen zu lernen ist wichtig, aber viele Projekte hatten in der Vergangenheit deswegen nicht den gewünschten Erfolg, weil die zugrundeliegende Technologie wenig flexibel und kaum erschwinglich war. Auch hier hat sich einiges verändert.

3.3 Neue Technologien einbeziehen

Früher gab es für jeden Unternehmensbereich ein eigenes Informationssystem, das meist noch als "Datenverarbeitungssystem" konzipiert war. Datenbanken wurden hierarchisch organisiert, Jobs im Stapel nacheinander verarbeitet. Bei IBM zum Beispiel gab es ein eigenes Finanzsystem, ein eigenes Personalsystem und ein eigenes Vertriebsverwaltungssystem. Es gab jedoch keine gemeinsame Datenbasis, geschweige denn externe Informationen.

Die Situation hat sich gewandelt. Die atemberaubende Entwicklung der Informationstechnologie in den vergangenen zwei Jahrzehnten hat dazu geführt, daß viele neue Technologien nicht nur entwickelt, sondern auch erschwinglich wurden: Der Aufbau von Kommunikationsnetzen zwischen Rechnern verschiedener Hersteller gehört heute ebenso zum Alltag wie relationale Datenbanken und offene Anwendungsarchitekturen. Die Anwendungsentwicklung hat durch die Nutzung von Funktions- und Datenmodellen sowie durch die Technik des Prototyping neue Impulse bekommen.

Auch das Thema Image-Verarbeitung ist heute kein Thema mehr: Für die Digitalisierung von Bildern gibt es mehr und mehr lohnenswerte Anwendungsbereiche. Ein Beispiel hierfür ist die elektronische Kundenakte: Der gesamte Schriftverkehr und jede Unterlage eines Kunden ist per Knopfdruck abrufbar. Man erspart sich die ständige Suche nach dem richtigen Dokument und hat die Gewißheit, daß die Informationen aktuell sind, da es nur eine Datenbasis gibt.

Die nächsten technologischen Schritte sind erkennbar und einige bereits über das Entwicklungsstadium hinaus. Technologien, die gerade auch im Bereich der Managementsysteme Bedeutung haben, sind z.B. die Nutzung der menschlichen Sprache, objektorientierte Programmierung und Fuzzy Logic. Multimedia-Anwendungen werden über Drill-down-Funktionen logisch und einfach bedienbar, wissensbasierte Systeme werden zu intelligenten Signalgebern. Neue Technologien können und sollten bei zukünftigen MUS-Investitionen berücksichtigt werden, denn sie erweitern den Anwendungsbereich, erhöhen die Funktionalität und verbessern die Benutzerfreundlichkeit von Management-Unterstützungssystemen.

Neue Technologien und ein besseres Verständnis der Arbeitsweise des Top-Managements erhöhen die Erfolgsaussichten zukünftiger MUS-Projekte. Dabei darf aber nicht vergessen werden, daß Management-Unterstützungssysteme keine isolierten Systeme im Unternehmen darstellen, sondern in direkter Abhängigkeit zur gesamten IS-Infrastruktur eines Unternehmens stehen.

4. MUS als Basis für unternehmensweites Informationsmanagement

Bei einem MUS-Projekt handelt es sich um eine Organisationsaufgabe, die eng mit den Geschäftsprozessen im Unternehmen zusammenhängt. Die Organisation der Geschäftsprozesse definiert die Unternehmenskommunikation. Ganzheitliche Ablaufmuster und Geschäftsprozesse bilden die Grundlage für Funktions- und Datenmodelle und für den Einsatz von Hard- und Software.

Bei der Kommunikation kann zwischen horizontalen und vertikalen Informationsströmen im Unternehmen unterschieden werden: Vertikale Informationsströme verlaufen von oben nach unten oder umgekehrt. Zielsysteme, das Controlling und schließlich Management-Unterstützungssysteme lassen sich durch sie abbilden. Dahinter steht aufbauorganisatorisch das Bild klassischer Hierarchien mit ihren Abteilungen, Hauptabteilungen, Direktionsbereichen usw. Horizontale Informationsströme sind stärker an tatsächlichen Wertschöpfungsprozessen orientiert, sie laufen über alle Abteilungsgrenzen hinweg. In ihnen finden sich Lösungsteams zusammen, deren Mitarbeiter fallweise aus den unterschiedlichsten Bereichen und Abteilungen kommen können.

Durch den Abbau von Hierarchie-Ebenen, die Erhöhung der Berichtsspannen und die Förderung des Teamgedankens wird der horizontale Informationsfluß in den Unternehmen immer wichtiger. Auf Informationssysteme kommen somit völlig neue Aufgaben zu, eine klare Serviceorientierung ist gefragt nach der Devise: Jede Information muß bei Bedarf zu jeder Zeit und überall bereitgestellt werden können.

Früher kam einfach auf jeden Schreibtisch ein Bildschirm. An den Prozessen wurde nichts verändert, im Gegenteil: Die Prozesse wurden durch die Installation von Terminals noch zementiert. Als logische Konsequenz sind dann natürlich die Personalkosten im Gleichschritt mit den IS-Kosten gestiegen. Peter Drucker vergleicht die flache Organisation von morgen mit einem Symphonieorchester und dessen Musikern. Ob Streicher, Hornist oder Cellistin, jeder weiß, daß drei Faktoren den Erfolg des gesamten Orchesters bestimmen: erstens die Qualität der eigenen Stimme innerhalb der Partitur, zweitens die Qualitäten der anderen Musiker und drittens die Gestaltungskraft des Dirigenten, der das gemeinschaftliche Musizieren koordiniert.

Auf unsere Organisationen übertragen heißt das: Jeder Mitarbeiter soll selbständig und eigenverantwortlich handeln in dem Vertrauen, daß auch die anderen in der Gruppe ihre Aufgaben erfüllen. Und den Führungskräften kommt die Rolle eines Coaches zu, der die persönliche Entwicklung seiner Mitarbeiter fördert und die Projekte und Aufträge nach den jeweiligen Fähigkeiten delegiert und koordiniert.

Dabei muß jeder Mitarbeiter in der Rolle des Spezialisten auf die Informationen zugreifen können, die er für seine Teamaufgabe braucht. Wird ein Informationssystem diesem Serviceanspruch gerecht, dann sind auch die wesentlichen Voraussetzungen für ein brauchbares Management-Unterstützungssystem geschaffen:

- eine zweckmäßige und aktuelle Datenbasis
- eine flexible, entwicklungsfähige IS-Infrastruktur
- eine Informationsversorgung, die effiziente Prozesse und die Delegation von Verantwortung ermöglicht
- verantwortungsbewußte und kompetente Mitarbeiter mit Verständnis für das gesamte Unternehmen.

Management-Unterstützungssysteme sind somit nicht nur Werkzeuge für das Top-Management, sondern sie stellen auch die nächste Stufe der Unternehmenskommunikation dar.

Sie setzen einen zielgerichteten, unternehmensübergreifenden Informationsfluß bis hin zum individuellen Nutzer voraus. Das Problem der Datenüberflutung nach dem Motto "Jeder bekommt alles", wird damit ebenso vermieden wie das Horten von wichtigen Informationen durch einzelne Abteilungsfürsten. Das Management-Unterstützungssystem kann damit auch als Perspektive verstanden werden, als Wegweiser in Richtung einer IS-Architektur, die organisatorische Innovationen zweckmäßig begleitet, die einen intelligenten Informationsfluß gewährleistet und die somit vorausschauende unternehmerische Entscheidungen auch in einem komplexer werdenden unternehmerischen Umfeld ermöglicht.

Literatur

Beuthner, A.: Chefinformation – Führung per Maus, in: Wirtschaftswoche Nr. 12, S. 80 ff.

Business Intelligence: Executive Information Systems, Düsseldorf 1991

Dorn, B.: Erfahrungen mit MUS in der Geschäftsführung der IBM Deutschland GmbH, Stuttgart 1992

Dorn, B.: Flache, dezentralisierte Unternehmen: Konsequenzen für die Entwicklung von Anwendungen und Systemen, Stuttgart 1992

Drucker, P.: The Coming of the New Organization, in: Harvard Business Review, Vol. 66, No. 1, 1988

Endres, M.: Lean Production im Bankgeschäft?, in: bank und markt Nr. 3, März 1993, S. 5-15

Hummeltenberg, W.: Führungsinformationssysteme – Nutzen und Trends, Hamburg 1991. Kienbaum Unternehmensberatung GmbH

Neumann-Schäfer, R.: Nur ein maßgeschneidertes EIS kann viele Vorteile bringen, in: Computerwoche 12, 19.3.1993, S. 113-116

Oehler, K.-D.: Vorsicht – Die neue Parole der deutschen Kreditinstitute, in: StZ Nr. 78, 3.4.1993, S. 13

Raab, J.: EIS für die Chefetage, in: edvASPEKTE, Februar 1993, S.34 ff.

Schräer, R.: Wettbewerbsdruck zwingt Anwender zum EIS-Einsatz, in: Computerwoche 12, 19.3.1993, S. 101-103

Völmle, K.-H.: Organisation kommt vor der Technik, in: Computerzeitung Nr. 15 1992, S. 10 ff.

Winkler, N.: Viele Unternehmen tun sich mit der Realisierung von EIS schwer, in: Computerwoche 12, 19.3.1993, S. 104-106

Teil I

Die neue Dimension der Information

Zeit als Wettbewerbsvorteil

Management-Unterstützungssysteme als Instrument der Prozeßbeschleunigung

Thomas Kattler

1. Einleitung

Der Versuch, unsere Umwelt zu verstehen, scheitert vielfach am fehlenden Verständnis im Umgang mit dem Faktor Zeit. Exemplarisch ist die oft geäußerte Skepsis hinsichtlich der in den Jahren 1989/90 entwickelten politischen Dynamik der Bundesregierung, die schließlich zum Beitritt der neuen Bundesländer zur Bundesrepublik Deutschland führte, oder unser Unvermögen zu akzeptieren, daß Branchen wie Stahl oder Bergbau auf lange Sicht wegen ihrer fehlenden Zukunftsperspektiven nur Subventionsgräber darstellen.

Das Gorbatschow-Zitat "Wer zu spät kommt, den bestraft das Leben" charakterisiert dieses geistige Manko. Wir haben verlernt, die Zeit als entscheidungsrelevante Variable zu erkennen. Unterstützt wird diese Denkweise durch unsere Vorstellungswelt. Die meisten unserer angewandten betriebswirtschaftlichen Ansätze kennen die Zeit nicht als Entscheidungsvariable oder schieben sie verschämt in das Umfeld der Rahmenbedingungen. Unsere zentralen Methoden wie die Portfolio-Technik oder die Geschäftsprozeßorientierung klammern die Zeit aus. Methoden wie die GAP-Analyse oder das Produktlebenszyklus-Konzept hingegen werden häufig in das betriebswirtschaftliche Antiquariat abgeschoben.

Unsere bisherige Gedankenwelt (ausgedrückt durch die entsprechenden Verfahren und Methoden) ist jedoch um die Dimension Zeit erweiterbar, vorausgesetzt, wird sind bereit, unser bisher rein auf Kostenoptimierung ausgelegtes Denkmuster um die Komponente Zeitoptimierung zu erweitern.

2. Die Bestimmungsgrößen des Unternehmenserfolgs

2.1 Die Wettbewerbsvorteile Kosten, Produkt und Zeit

Folgt man dem Wertschöpfungsketten-Prinzip von Michael Porter (Porter 1992, S. 32), entstehen Wettbewerbsvorteile vorrangig aus der Gewinnung von Kostenvorteilen oder der gewählten Form der Produktdifferenzierung, die die Unternehmen gegenüber dem Wettbewerb abgrenzen und ihre eigene Position stärken. Umgekehrt zeigen aber Erfahrungen aus Branchen wie der Informationsverarbeitung, der Unterhaltungselektronik oder der Automobilindustrie, daß die Rentabilität eines Unternehmens langfristig nicht alleine durch die von Porter (Porter 1992, S.23) beschriebenen Wettbewerbskräfte bestimmt werden wie (Abb. 1)

- die Verhandlungsstärke gegenüber den Lieferanten
- die Bedrohung durch Ersatzprodukte oder -dienste
- die Verhandlungsstärke gegenüber den Abnehmern
- die Bedrohung durch neue Konkurrenten und
- die Rivalität unter den bestehenden Unternehmen.

Neben den von Porter genannten fünf Kräften spielt der Zeitfaktor eine entscheidende Bedeutung. Der Erfolgsfaktor Zeit wirkt sich in drei Formen aus:

- Die Produktlebenszyklen für die Mehrzahl der Produkte verkürzen sich.
- Die Modifikationen dieser Produkte nehmen zu.
- Bei vielen Gebrauchs- und Investitionsgütern besteht die Tendenz, daß aufgrund verkürzter Produktlebenszyklen Wiederholungskäufe ausfallen.

Die Ursache für diese Entwicklung liegt in der steigenden Zahl der Anbieter, deren Austauschbarkeit aus der Sicht der Abnehmer und dem Vorhandensein der erforderlichen Produktionskapazitäten, die es erlauben, elastisch auf Nachfrageänderungen zu reagieren.

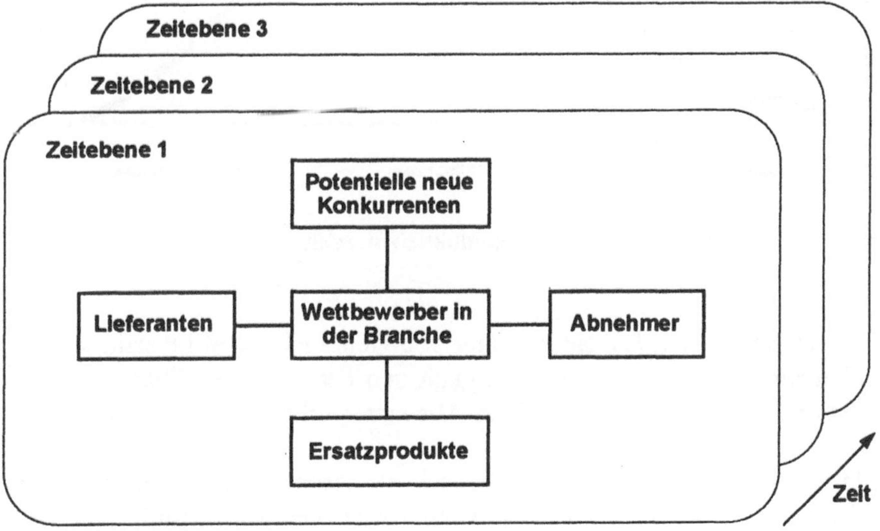

Abb. 1 Die fünf Wettbewerbskräfte im Zeitablauf

2.2 Produkte im Zeitablauf

Erklärbar wird dieses Phänomen mit Hilfe des Produktlebenszyklus-Konzeptes. Kernthese dieses Konzeptes ist die Annahme, daß jedes Produkt während seines Produktlebens vier Phasen durchläuft (Kotler 1977, S. 421 ff., siehe Abb. 2):

- die Einführungsphase
- die Wachstumsphase
- die Reifephase und
- die Rückgangsphase.

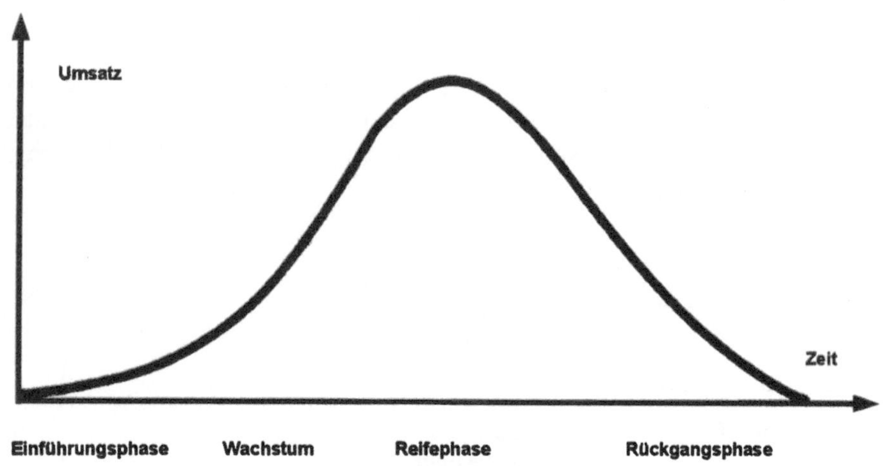

Abb. 2 Schematischer Ablauf des Produktlebenszyklus

Dabei stellen sich für die Anbieter von Gebrauchs- und Investitionsgütern die Gewinnerwartungen in Abhängigkeit von den einzelnen Phasen aufgrund der Anzahl der Mitbewerber und des Abnehmerverhaltens unterschiedlich dar:

- In der Einführungsphase bewegt sich der Anbieter auf einem aus seiner Sicht monopolistischen Markt. Dem Risiko der Markteinführung stehen umgekehrt hohe Gewinnerwartungen gegenüber. Durchsetzbar sind diese durch die in dieser Phase gefahrene Strategie der Hochpreispolitik und restriktiven Modellpolitik.
- Kennzeichen der Wachstumsphase ist die Aufweichung der monopolistischen Anbieterposition in Richtung eines oligopolistischen Marktes.

Durch das Auftreten weiterer Anbieter sinken die Deckungsbeiträge, während die Kosten mit der Ausweitung der Produktpalette zunehmen.
- Die Wachstumsphase ist durch den polypolistischen Anbietermarkt mit nur noch geringen Deckungsbeiträgen gekennzeichnet.
- Die Rückgangsphase ist durch den Rückgang der Anbieter gekennzeichnet. In Abhängigkeit des jeweiligen Produktes können die erzielbaren Dekkungsbeiträge wieder ansteigen, sofern die Produkte nicht in Wettbewerb mit der nachfolgenden Produktgeneration stehen.

Nicht berücksichtigt sind in der Darstellung des Produktlebenszyklus-Konzeptes die Frage nach der Erreichbarkeit von unterschiedlichen Marktpositionen, abhängig von einem frühen oder späten Markteintritt, die Frage nach der Wechselwirkung zwischen Anbieterzahl und Länge der einzelnen Produktlebenszyklen und die Erklärung für die Existenz bzw. Nichtexistenz von Wiederholungskäufen.

3. Der Produktlebenszyklus und der Wettbewerbsfaktor Zeit

3.1 Der Produktlebenszyklus und der Nachfragezyklus

Bildet das Produktlebenszyklus-Konzept die Anbietersichtweise ab, so reflektiert der Nachfragezyklus das Abnehmerverhalten. Entsprechend der Diffusionstheorie verhält sich die Zahl der Abnehmer nach einer der Normalverteilung entsprechenden Kurve, wobei der Verlauf und die Länge durch die Produktspezifika bestimmt sind.

In Entsprechung zu der im Produktlebenszyklus-Konzept vorgenommenen Unterteilung kennt die Diffusionstheorie eine analoge Phaseneinteilung mit den Gruppen (Kaas 1974, Sp. 464-468):

- der Innovatoren
- der frühen Übernehmer
- der frühen Mehrheit
- der späten Mehrheit und
- der Nachzügler.

Die Entstehung von Nachfragezyklen begründet sich aus der Existenz bestehender Bedarfe. Mit Bedarf wird eine Handlungsabsicht der Abnehmer ausgedrückt, die zu einer Beschaffungshandlung führt, während das Bedürfnis nur die Empfindung eines Mangels mit dem Wunsch ausdrückt, diesen zu beseitigen. Die Trennung zwischen Bedürfnis und Bedarf ist vor dem Hintergrund des Nachfragezyklus relevant, da erst mit der Existenz eines Bedarfs Nachfrage initiiert wird. Das Bedürfnis dient in diesem Fall als Frühindikator (s. Abb. 3).

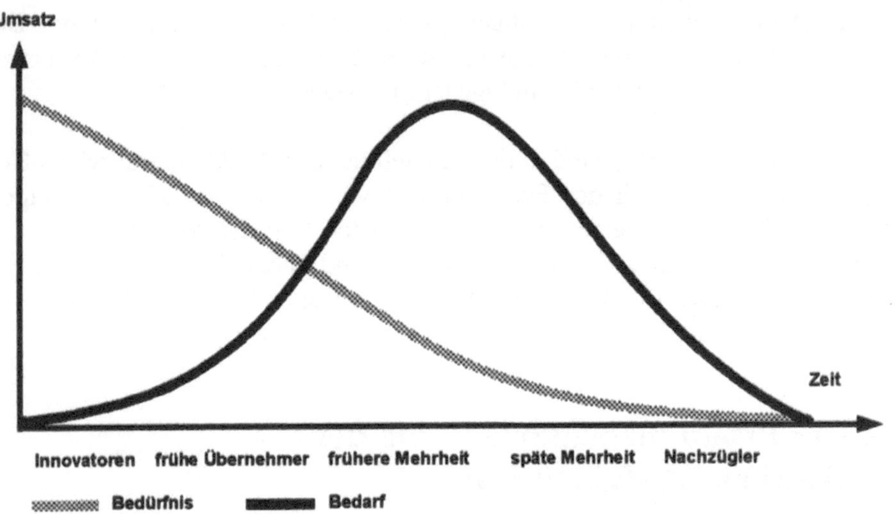

Abb. 3 Wechselbeziehung zwischen Bedarf und Bedürfnis: der Nachfragezyklus

Die Wechselbeziehung zwischen Produktlebenszyklus und Nachfragezyklus wird deutlich, wenn man Unternehmen nach ihrem Anbieterverhalten klassifiziert:

- die Innovatoren
- die frühen Anbieter
- die Imitatoren.

Kennzeichen der Innovatoren ist ihr früher Markteintritt. Durch den sehr frühen Markteintritt treffen diese Unternehmen auf Märkte, die sich stärker durch die Bedürfnisse als durch einen tatsächlich schon bestehenden Bedarf auszeichnen. Durch die Identifizierung existierender Bedürfnisse und ihre Umsetzung in bedarfsgerechte Produkte übernehmen diese Unternehmen eine Doppelfunktion. Sie sind mitverantwortlich für den Umwandlungsprozeß der Bedürfnisse in den entsprechenden Bedarf und agieren gleichzeitig als Technologieführer mit der damit verbundenen Aufgabe, Standards (z.B. Technologie-, Leistungs- und Preisstandards) zu setzen. Dem Nachteil der Marktaufbereitung stehen die Vorteile der Markt- und Leistungsdefinition gegenüber.

Unternehmen, die als frühe Anbieter in den Markt eintreten, treffen auf ein Umfeld festgelegter Standards, die durch Produktvariation und -modifizierung Gestaltungsspielräume offenlassen. An die Stelle der Marktaufbereitung tritt die Abgrenzungsproblematik, verbunden mit der Zielsetzung, die durch die Innovatoren festgelegten Standards auszugestalten.
Die von Imitatoren angebotenen Produkte sind den jeweils gültigen Rahmenbedingungen angepaßt und grenzen sich gegenüber den Wettbewerbsprodukten schwerpunktmäßig durch den Preis ab. Innovative Elemente bilden die Ausnahme.

3.2 Die Verkürzung der Produktlebenszyklen

Die Länge der Produktlebenszyklen ist abhängig von der Substituierbarkeit der Produkte und der damit verbundenen Abnehmertreue. Je geringer die Produktbindung ist, d.h., je schwächer die Auswahlentscheidung zur Bedarfsdeckung an einen Anbieter gekoppelt ist, desto kürzer sind die jeweiligen Produktlebenszyklen und desto schwächer der innovative Druck. Als Beispiele sind in diesem Zusammenhang Pharmaprodukte oder Produkte der Informations- und Kommunikationstechnologie zu nennen.

Die für die Pharmaindustrie relevante Patentnutzungszeit reduzierte sich so z.B. von 15 Jahren (im Zeitraum 1950-1960) auf durchschnittlich 7,7 Jahre (1979-1986). Unter Kostengesichtspunkten bedeutet dies im Bereich der Pharmaindustrie, daß eine zeitliche Verzögerung von einem Monat im Durchschnitt mit einem Verlust von ca. 30 Mio. DM zu bewerten ist. Ein ähnlicher Zusammenhang gilt auch für den PC-Bereich. Hier verkürzte sich der Produktlebenszyklus von etwa 60 Monaten (1988) auf 20 Monate (1993). Eine Verzögerung des Markteintrittes um einen Monat kann im PC-Markt Gewinneinbußen von 10% bis 15%, bezogen auf den realisierbaren Gesamtgewinn, nach sich ziehen. Die Gewinneinbußen fallen aufgrund des Preisverfalls in der frühen Phase des Produktlebenszyklus höher aus als in den späteren Phasen.

Etwas anders gelagert ist wegen der höheren Markenbindung die Entwicklung im Bereich der Automobilindustrie. Der durchschnittliche Produktlebenszyklus eines europäischen PKWs beträgt acht Jahre, wobei nach etwa vier Jahren eine umfangreiche Produktmodifikation stattfindet. Japanische Produkte hingegen sind für einen durchschnittlichen Produktlebenszyklus von vier bis sechs Jahren ausgelegt. Die Verkürzung der Produktlebenszyklen findet dabei im F&E-Bereich statt, in dem die aktuell benötigte Zeitspanne von 60 Monaten auf das Niveau von ca. 30 Monaten der japanischen Anbieter reduziert werden soll.

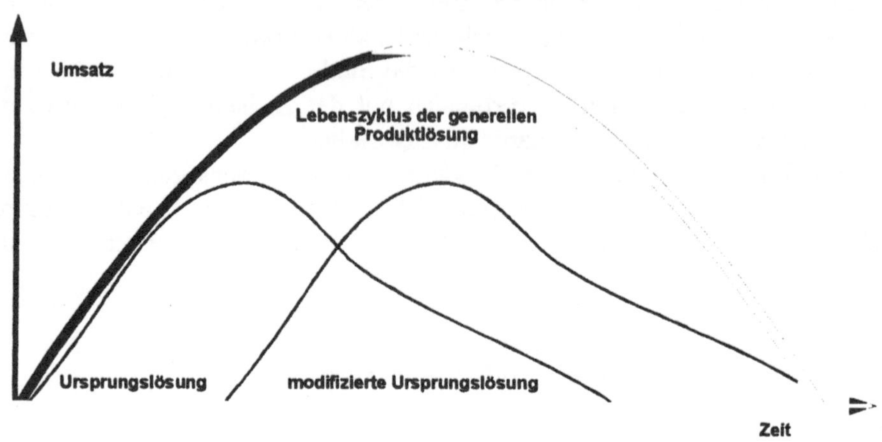

Abb. 4 Wechselbeziehung zwischen genereller und effektiver Produktlösung

Die Ursachen für die Verkürzung der Produktlebenszyklen liegen im Potential der technischen Entwicklung und in der Bereitschaft der Abnehmer, technischen Entwicklungen zu folgen. Technologie verschafft zumindest einen kurzfristigen Wettbewerbsvorteil und dient gleichzeitig als Ersatzkriterium für die im Markt nur noch bedingt feststellbaren Qualitätsunterschiede. Sonderleistungen der Produkte als Abgrenzungskriterien wirken jedoch nur kurzfristig, da durch die Berücksichtigung dieser Sonderleistungen in den Wettbewerbsprodukten und durch deren Adaption als Standardausstattung diese zu generellen Produktstandards werden (vgl. ABS oder Airbags in PKWs, die Integration der Infrarotfernbedienung in Produkte der Unterhaltungselektronik etc.).

Eine weitere Ursache für die Verkürzung der Produktlebenszyklen sind die höheren Deckungsbeiträge in der frühen Phase des Produktlebenszyklus. Betrachtet man das Preisniveau neuer Technologien, z.B. im Bereich der Personal Computer, so bewegen sich Rechner in der Einführungsphase auf einem Preisniveau von über DM 10.000.- und sacken am Ende des Produktlebenszyklus auf einen Preis von DM 2.000.- bis DM 3.000.- ab. Einen ähnlichen Preisverfall kann man auch für Produkte der Unterhaltungselektronik oder im Bereich der Automobilbranche feststellen. Letztere versteckt diese Entwicklung durch die Aufnahme von Sonderausstattungen als Standardausstattung ohne Mehrpreis in der Regel im Rahmen der zur Mitte des Gesamtlebenszyklus anfallenden Produktmodifikation (Abb. 4).

Die Verkürzung der Produktlebenszyklen hat somit einen direkten Einfluß auf die Summe aller im Zeitablauf mit dem Produkt erzielbaren Deckungsbeiträge. Eine weitere aus dieser Verkürzung abzuleitende Erscheinung ist die Abnahme der Wiederholungskäufe.

3.3 Der Rückgang von Wiederholungskäufen

Durch die Verkürzung der Produktlebenszyklen sinkt die Rate der Wiederholungskäufe. Durch die Bereitschaft, technologischen Entwicklungen zu folgen (oder den Zwang, ihnen folgen zu müssen), und weil die Nutzungsdauer größer ist als der Produktlebenszyklus bzw. der Markteintritt des Nachfolgeprodukts, beschleunigt sich der Alterungsprozeß der Produkte selbst. Für Personal Computer läßt sich eindeutig feststellen, daß für die einzelnen nach Prozessorfamilien unterteilten Modelle keine Wiederholungskäufe stattfinden.

Durch den Ausfall oder die Reduzierung von Wiederholungskäufen gewinnt der Zeitpunkt für den Markteintritt an Bedeutung. Technologisch kurzlebige Produkte besitzen nur eine sehr kurze Wachstumsphase und weisen im Extremfall keine Rückgangsphase auf. Erfolgt der Markteintritt zu einem späterem Zeitpunkt, ist die Deckung der im Rahmen der Produktentwicklung erforderlichen Investitionen aufgrund des Preisverfalls nicht mehr möglich. Ein weiteres Phänomen ergibt sich aus der Besetzung der Märkte durch die hier bereits agierenden Unternehmen.

3.4 Die Wechselbeziehung zwischen Markteintritt und erreichbarer Marktposition

Die Marktposition eines Unternehmens in einzelnen Märkten ist abhängig vom Zeitpunkt des Markteintritts. Exemplarisch ist die Entwicklung auf dem PC-Markt. Durch den frühen Einstieg in die 80286-Technologie konnte z.B. die NCR zum zweitstärksten PC-Anbieter hinter der IBM werden. Der frühe Einstieg von Compaq in die 80386-Technologie ermöglichte den Aufstieg zu einem der führenden PC-Hersteller.

Umgekehrt konnte Olivetti seine starke Marktposition im Bereich der 8088-Rechner nicht auf den 80286-Rechnermarkt übertragen, da sein Produkt etwa vier Monate später auf den Markt kam und diese Märkte zwischenzeitlich durch IBM und NCR besetzt waren. Die NCR wiederum verlor ihre Marktposition durch den verspäteten Einstieg in das 80386-Segment.

Es besteht somit ein direkter Zusammenhang zwischen Markteintritt und erreichbarer Marktposition, der im Extremfall bis zum Ausscheiden aus Märkten führen kann. Ein treffendes Beispiel ist in diesem Fall Nixdorf. Durch den frühzeitigen Einstieg in die mittlere Datentechnik konnte Nixdorf zum Marktführer in diesem Segment aufsteigen, verlor aber seine Marktposition, da es den frühzeitigen Einstieg in die PC-Technologie versäumte. Die Korrektur dieser Entscheidung durch Zukauf erfolgte anschließend zu spät.

Faßt man die drei Thesen zusammen, so läßt sich festhalten, daß die Verkürzung der Produktlebenszyklen, der Ausfall von Wiederholungskäufen und die Abhängigkeit der erreichbaren Marktposition vom Markteintritt in zwei Richtungen wirken: Der Zeitpunkt des Markteintritts

- hat direkte Auswirkungen auf den wirtschaftlichen Erfolg und
- beeinflußt zusätzlich die Marktposition der einzelnen Anbieter.

Im Extremfall führt dies bei einem Technologiewechsel zu einem Wechsel der früheren Marktführer in den jeweiligen Marktsegmenten.

4. Die Gewinnerwartung und der Wettbewerbsfaktor Zeit

4.1 Kosten, Erträge und Zeit

Der Wettbewerbsfaktor Zeit wirkt aufgrund der oben genannten Marktbesonderheiten auch auf die internen Rahmenbedingungen. Ein Großteil der Aktivitäten in Unternehmen wurde in der Vergangenheit verstärkt auf die Kostenreduzierung verwandt. Kostenreduktion wirkt im Rahmen des Produktlebenszyklus-Konzepts aber nur dann wettbewerbsstärkend, wenn der Preis zur marktbeeinflussenden Größe wird. Dies bewirkt umgekehrt, daß kostenorientierte Unternehmen sich subjektiv in Märkten positionieren, die in Richtung der Reifephase tendieren.

Die Ursache hierfür liegt im Zielkonflikt zwischen Zeitreduzierung (sprich früher Markteintritt) und Kostenoptimierung. In der Regel ist Zeitreduktion nur durch vermehrten Ressourceneinsatz und die damit verbundenen höheren Kosten erreichbar. Die Rechtfertigung dieses vermehrten Ressourceneinsatzes leitet sich aus den zu berücksichtigenden Rahmenbedingungen ab. Wenn die Produktmärkte durch kurze Produktlebenszyklen, durch geringe Markenbindung und starken Preisverfall der Produkte gekennzeichnet sind, dominiert die Zeit über die Kosten. Bezogen auf das Gesamtergebnis rechtfertigt die Zeitreduktion die anfallenden Mehrkosten.

4.2 Die Entscheidungssituation Zeit versus Kosten

Dies zwingt zu einer Umkehr in der Denkweise. Entsprechend der Denkweise in Form von Wertschöpfungsketten ist es erforderlich, die Entscheidungen vor dem Hintergrund des zu erwartenden Gesamtdeckungsbeitrags zu sehen, der über den Gesamtproduktlebenszyklus hinweg erzielbar ist. Das Ergebnis ist ein dynamisches Modell, bestehend aus den drei Zielgrößen Zeit, Kosten und Erlöse.

In Abhängigkeit von dem im Zeitablauf realisierbaren Absatz mit den damit verbundenen Preisentwicklungen schwanken die jeweiligen Deckungsbeiträge, die unter dem Aspekt der Gewinnmaximierung unterschiedliche Kostenstrukturen zulassen. Dies bedeutet, daß selbst unter Ausklammerung der Zielgröße einer verbesserten Marktposition durch den frühen Markteintritt mit seinen ökonomischen Folgen der Faktor Zeit den Faktor Kosten dominiert (Abb. 5).

Eine Überprüfung dieses Sachverhalts am Beispiel von Produkten der Informations- und Kommunikationstechnologie erbrachte, daß selbst Kostenvorteile von bis zu 30 % die zeitliche Verschiebung des Markteintrittes um einen Monat nicht ausgleichen konnten. Aufgrund des ermittelten niedrigeren Gesamtdeckungsbeitrags war demzufolge die kostenintensivere Alternative zu bevorzugen. Die Grundlage für diesen Vergleich lieferte ein noch nicht veröffentlichtes Entscheidungsunterstützungsmodell zur Bewertung der Make-or-Buy-Frage.

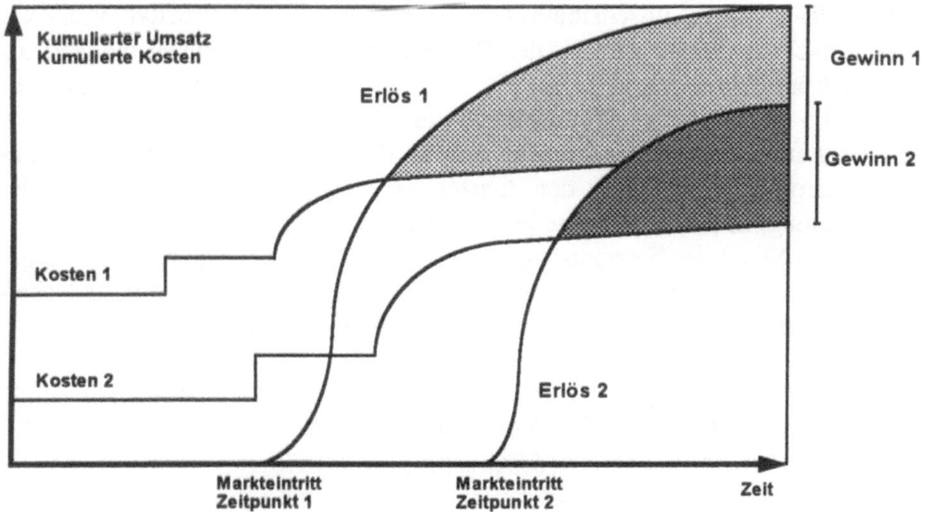

Abb. 5 Zeitpunkt des Markteintritts und die daraus resultierende Gewinnfunktion

4.3 Zeitpotentiale

Aus unternehmerischer Sicht bedeutet dies, daß der Phase der Kostenoptimierung eine Phase der Zeitoptimierung folgen muß. Die wichtigsten Potentiale für eine effektive Zeitreduzierung liegen

- in der Straffung der Arbeitsabläufe durch die Reduzierung des administrativen Aufwandes (z.B. Verflachung der Hierarchien, flexiblere Organisationsstrukturen etc.)
- in der Optimierung der Arbeitsabläufe durch die Unterstützung mittels Informationsverarbeitung und
- in der Konzentration auf die eigentlichen Geschäftsfelder und der Nutzung externer Partner, sofern diese das Ziel der zeitlichen Straffung der Abläufe unterstützen.

5. Die Zeit als Erfolgsparameter

5.1 Die neuen Erfolgsfaktoren: Kosten, Erlöse und Zeit

Stellt man die Beziehung zwischen den bekannten Erfolgsfaktoren "Kostenvorteile" und "Produktvorteile" mit dem Erfolgsfaktor "Zeitvorteile" in einen Zusammenhang, so wirkt dieser in Abhängigkeit von der existierenden Zeitsensibilität in den jeweiligen Märkten unterschiedlich. Märkte, die auf den Einflußfaktor "Zeit" unsensibel reagieren, da Kosten- oder Produktvorteile die Frage nach der Verfügbarkeit der Produkte dominieren, können die Zeit als Wettbewerbsfaktor vernachlässigen. Für alle anderen Märkte tritt die Zeit aber als ein weiteres Abgrenzungskriterium für die Kaufentscheidungen immer stärker in den Vordergrund und wird demzufolge die bisherigen Einflußkritierien Kosten (mit den Gestaltungsmöglichkeiten im Rahmen der Preisbildung) und Produktvorteile in ihrer Marktwirkung beeinflussen.

An die Stelle der Kostenoptimierung unter Berücksichtigung eines festgelegten Leistungsumfangs tritt eine dreidimensionale Optimierungsentscheidung mit den Variablen Kosten, Leistungsumfang und Zeit.

5.2 Die Identifikation der Aufgabenstellung von Management-Unterstützungssystemen

Management-Unterstützungssysteme stellen aus der Sicht der Wertschöpfungskette eine Hilfsfunktion im Bereich der Sekundäraktivitäten dar. Die

Wirkungsweise von Management-Unterstützungssystemen beruht auf dem durch Technologieeinsatz bedingten Effekt, große Datenmengen auch in komplexen Systemen sofort und überall bereitzustellen. Je besser dabei der Technologieeinsatz auf die Anforderungen aus der Umweltdynamik angepaßt wird, desto zielkonformer verhält sich das Informationssystem zu den Unternehmenszielen.

Der Technologieeinsatz hebt damit den Widerspruch zwischen den Anforderungen an die Qualität und Vollständigkeit der Information und ihrer schnellen Verfügbarkeit auf. Management-Unterstützungssysteme sind somit die Synthese aus der These nach sicherer Information und der Antithese der sofortigen Verfügbarkeit.

Management-Unterstützungssysteme wirken effizienzsteigernd. Die Effizienzsteigerung resultiert einerseits aus der Verbesserung der Informationsbeschaffung, -verarbeitung und -interpretation, d.h. der Bewältigung des Mengenproblems, andererseits aus der Überwindung der Zeitproblematik, d.h. aus der Möglichkeit, auch komplexe Informationsverarbeitungsaufgaben konform zum Zeitziel umzusetzen.

5.3 Das Ziel von Management-Unterstützungssystemen

Die Anforderungen an Management-Unterstützungssysteme sind demzufolge auf die Erfassung von Daten, ihre umfassende Verbreitung und schlußendliche Nutzung zu übertragen (Get it, move it, use it). Mit der Umsetzung dieser Philosophie dienen Management-Unterstützungssysteme

- der Schaffung von Zeitfenstern zwischen einzelnen Prozeßschritten
- der Optimierung einer ganzheitlichen Unternehmenssteuerung und
- dem Abbau unternehmensinterner Reibungsverluste

im Sinne eines direkten Wettbewerbsvorteils, der zur Schließung der bestehenden Lücke der Forderung nach der Fast-to-Market- und Safe-to-Market-Strategie gerecht wird.

Literatur

Kaas, K. P.: Diffusionstheorie und Absatzwirtschaft. In: Tietz 1974, Sp. 464 - 468

Kotler, P.: Marketing-Management, Stuttgart 1977

Porter, M. E.: Wettbewerbsvorteile (Competitive Advantage), Frankfurt/Main; New York 1992

Tietz, B. (Hrsg.): Handwörterbuch der Absatzwirtschaft, Stuttgart 1974

Anforderungen an ein Management-Unterstützungssystem

Boris Semen, Susanne Baumann

1. Vorwort

In guten Zeiten geht es allen Unternehmen gut, in schlechten Zeiten nur noch den besten.

Aus diesem lapidaren Satz leitet sich direkt die Frage ab, was ein Unternehmen gut bzw. erfolgreich macht. Sicherlich handelt es sich hierbei um eine Reihe verschiedener Faktoren. Grundsätzlich kann aber festgestellt werden, daß *ein* Faktor für die Prosperität eines Unternehmens, insbesondere in Krisenzeiten, von entscheidender Bedeutung ist: seine *innere Sicherheit.* Auch wenn sich heutzutage vieles verändert, eines steht felsenfest:

Dies ist die Zeit, in der die Zukunft gestaltet wird, eben weil sich alles im Fluß befindet. Es ist die Zeit zum Handeln!

Die innere Stärke eines Unternehmens ist die Basis für das geforderte flexible Agieren und Reagieren auf den und im Markt. Die innere Stärke eines Unternehmens basiert nach unserer Erfahrung aus vielen Unternehmensberatungsprojekten auf der Fähigkeit, schnell und korrekt Entscheidungen zu treffen. Hierbei kommt es auf die Produktivität in den Wissens- und Dienstleistungstätigkeiten an. Mit richtigen und aktuellen Informationen versorgte Wissens- und Entscheidungsträger sind in der Lage, schnell und in Alternativen (flexibel) zu entscheiden, ohne sich dabei mehrfach absichern zu müssen. Offenheit im Umgang mit den Informationen (sofern sie in Verbindung mit der Aufgabe bzw. Tätigkeit stehen) als Teil eines offenen und kooperativen Miteinanders sorgt für eine enorme Steigerung der Produktivität der "Kopfarbeiter" und wird dadurch zu einer guten Basis für die Prosperität des Unternehmens.

Ausrichtung auf:

• **Bewußtsein**	**anstatt**	• **Macht**
• **Selbständigkeit**	**anstatt**	• **Angst vor Ablehnung**
• **Innere Größe**	**anstatt**	• **Wachstum**
• **Vertrauen**	**anstatt**	• **Absicherung**
• **Gestaltung**	**anstatt**	• **Wahrung des Bestehenden**
• **Kooperation**	**anstatt**	• **Konkurrenz**
• **Zuwendung**	**anstatt**	• **Dominanz**
• **Informations-transparenz**	**anstatt**	• **Abschirmen von Informationen**

Basis für eine effiziente Nutzung des MUS

Abb. 1 Zeitgemäße Anforderungen an Führung

Die in diesem Beitrag beschriebenen Anforderungen an ein Management-Unterstützungssystem (MUS) bedürfen als Rahmenbedingung eines neuen Bewußtseins der Führung, das durch die Abbildung 1 symbolisch dargestellt wird.

2. Information – Chance oder Gefahr?

Beim Gewinnen und Verwenden von Informationen können verschiedene Probleme entstehen. Der Grund dafür ist, daß eine Information selten wertfrei ist, denn sie kann bewußt oder unbewußt durch unterschiedliche Interpretation verfälscht werden, ohne daß ihr Inhalt modifiziert wird. Sieht man von bewußter Informationsmanipulation ab, können schon Verkürzungen der Informationsinhalte, der Verbreitungsgrad einer Information, die Aktualität der Information und die Wahl von Adressaten die Menschen zu unterschiedlichen Handlungen verleiten. Darum muß zunächst der *Begriff der Information* geklärt werden:

Information wird aus Daten gewonnen. Daten – in welcher Form auch immer sie vorliegen – sind das Rohmaterial für die Gewinnung von Informationen. Informationen sind entscheidungsrelevante und zweckgebundene Daten. Die Umsetzung von Daten in Informationen setzt Wissen voraus, Information ist als zweckorientiertes Wissen der Rohstoff eines jeden Entscheidungsprozesses. Die Kernprobleme im Umgang mit Informationen werden hier in Form von vier Thesen beschrieben:

These 1:
Information ist meist unvollständig und daher unterschiedlich interpretierbar.

Information ist im Regelfall unvollständig. Teile von Informationen, im weiteren Text als *Teilinformationen* bezeichnet, können aber zusammengefaßt werden. Besteht der subjektive Eindruck, daß alle für eine Aufgabenstellung relevanten Teilinformationen vorhanden sind, kann man von vollständiger Information sprechen. Wesen dieser sogenannten vollständigen Information ist die ihr eigene Subjektivität des jeweiligen Benutzers. Die Messung des Vollständigkeitsgrades erfolgt anhand wissenschaftlicher Normen und/oder der individuellen Erfahrung.

Eine Information, die in sich richtig ist, kann im Kontext mit weiteren Informationen eine völlig andere Bedeutung bekommen und sogar in ihrer Aussage "falsch" werden. So ist z.B. ein Gewinnzuwachs von 10% positiv, relativiert sich aber, wenn der durchschnittliche Gewinnzuwachs der Branche bei 20% liegt. Eine Zunahme von Ausgaben wird allgemein als negativ angesehen, kann aber positive Auswirkungen haben, wenn es sich hierbei um Investitionen zur Zukunftssicherung handelt.

Die eigentliche Ursache, warum oft mit Teilinformationen und nicht mit vollständigen Informationen operiert wird, ist, daß der Mensch nur eine begrenzte Zahl von Informationen gleichzeitig verarbeiten kann. Ausgehend vom Fokus der direkt erfahrbaren Information, behelfen wir uns durch die *modellhafte Abbildung* der Zusammenhänge aus unserer Umwelt.

Das Problem unserer Modelle entsteht manchmal durch die Annahme, daß bestimmte Erfahrungswerte aus der Vergangenheit unverändert bleiben. Das bestimmt unser Denken und in Folge auch unser Handeln. *Wir handeln oft in Teilausschnitten und nicht in der Gesamtheit.* Die Teilbarkeit der Information und der Taylorismus korrespondieren miteinander. Spätestens mit der Forderung nach Ganzheitlichkeit und ihrer unternehmerischen Realisierung in Form von Geschäftsprozessen stoßen wir auf Probleme bei der Informationsversorgung. Die Nutzung von Teilinformation als Handlungsmotiv birgt zweierlei Gefahren:

- Wir übersehen Zusammenhänge.
- Wir verstehen die Komplexität unserer Umwelt nicht in ausreichendem Maße.

Um die Eigenschaft der Teilbarkeit von Informationen zu beherrschen, müssen wir den Begriff der vollständigen Information definieren und unseren Umgang mit Teilinformationen modifizieren. *Information ist erst dann vollständig, wenn sie die Komplexität der Sachverhalte und die bestehenden Zusammenhänge vollständig abbildet.* Diese Vollständigkeit umfaßt zum einen das komplette Spektrum der Teilinformationen einschließlich der Zusammenhänge, zum anderen die *Zeit* als Faktor für die Bearbeitung von Informationen in Geschäftsprozessen.

Bei der Verknüpfung von Teilinformationen zu vollständiger Information und bei der Zerlegung der vollständigen Information in Teilinformationen müssen ihre Zusammenhänge berücksichtigt werden. Die Teilinformation muß bezüglich ihres Ursprungs und ihres Stellenwertes im Rahmen der vollständigen Information transparent bleiben. Erst durch diese Transparenz wird gewährleistet, daß die Nutzung von Teilinformationen nicht zu Fehlentscheidungen führt.

These 2:
Information ist beliebig oft multiplizierbar.

Ein zweites Merkmal der Information ist ihre Multiplizierbarkeit. Dies ist eine wichtige Voraussetzung, um durchgängige Informationssysteme zu schaffen, wobei jeder, der eine Information benötigt, sie auch erhalten muß. Auf der anderen Seite könnten dadurch auch nicht berechtigte Personen an Informationen gelangen und diese im schlimmsten Fall mißbrauchen.

Der Zugang zu Informationen bedarf folglich eines Regelwerks. Informationen müssen somit immer dann bereitgestellt werden, wenn sie berechtigt aufgabenbezogen benötigt werden, und dann unter Verschluß gehalten werden, wenn sie für den jeweiligen Sachverhalt nicht relevant sind oder sogar ein Mißbrauch zu befürchten ist.

Aufgrund der Komplexität der Aufgaben wird es immer schwieriger zu entscheiden, welche Information wann relevant ist. Sowohl ein Zuviel als auch ein Zuwenig an Information kann die Entscheidungsfindung unterminieren.

Der Zugang zur Information muß situationsbedingt gelöst werden. Je nach Aufgabenstellung sind zusätzliche, für die Betreffenden entscheidungsrelevante Teilinformationen bereitzustellen. Signifikant sind die Unterschiede im Grad der Informationsversorgung auf den einzelnen Hierarchieebenen. Während die unteren Ebenen manchmal in der Flut der Detailinformationen ersticken und die Gefahr besteht, daß sie dadurch die Ziele aus den Augen verlieren, kann es auf oberen Ebenen vorkommen, daß der Realitätsbezug aufgrund des Mangels an Information erschwert wird.

These 3:
Information zu besitzen bedeutet Macht auszuüben.

Der Besitz von Informationen stellt eine Machtbasis dar. Durch Interpretation, Weitergabe oder Vorenthalten von Informationen wird Einfluß ausgeübt, "manipuliert" – zum Guten wie zum Schlechten.

Aus diesem Wissen heraus ist jede Hierarchieebene bestrebt, sich als "Eigentümer" von Informationen zu definieren, um ihre Daseinsberechtigung aus der verantwortungsvollen und schwierigen Aufgabe der Bewertung und Verteilung der Informationen abzuleiten. Die Folge davon ist, daß Informationen oft nicht nach Gesichtspunkten der sachlichen Anforderungen, sondern nur nach politischen Motiven weitergegeben werden. Dieser Teufelskreis ist nur durch einen unternehmensweiten Grundsatz der Informationstransparenz zu durchbrechen.

Sobald Information als ein für alle am Informationsprozeß Beteiligten verfügbares Gut definiert wird, werden Manipulationen und "Hamsterverhalten" abnehmen. Ein solcher Prozeß kann durch technische Systeme der Informationsgewinnung unterstützt werden, um die Verfügbarkeit von Informationen unabhängig von Ort, Zeit und Person zu erleichtern.

These 4:
Information ist ein politisches Instrument.

Nach Meyers Lexikon ist Politik "die Kunst der Staatsverwaltung. Sie ist als Prozeß zu verstehen, in dem eine Gesellschaft die für ihre Fortexistenz und innere Organisation notwendigen Entscheidungen trifft, wobei diese Entscheidungen bei begrenzten Ressourcen zwischen interessenbestimmten Alternativen gefällt werden müssen."

Staatsverwaltung läßt sich in dieser Definition gegen Unternehmensorganisation gut austauschen. Information ist die Basis für Entscheidungen, und somit werden die Güte der getroffenen Entscheidungen und die daraus entstehenden Konsequenzen unmittelbar von der Qualität und Vollständigkeit der Informationen beeinflußt.

Folge davon ist, daß die Entscheidungsträger im Unternehmen darauf achten müssen, daß sie die für ihre Arbeit erforderlichen Informationen ungefiltert und zweckgebunden erhalten. Daraus wiederum resultiert die Basisvoraussetzung für erfolgreiche Management-Unterstützungssysteme: Die Sponsoren und Mentoren für diese Systeme müssen Mitglieder der Unternehmensleitung sein.

Nur dann kann gewährleistet werden, daß Informationen als politisches Instrument im Sinne des Gesamtunternehmens und nicht im Sinne der Absicherung einzelner Hierarchieebenen oder Stellen verwendet wird.

Fazit

Jede der vier Thesen zeigt, wo die Chancen und wo die Gefahren für ein Management-Unterstützungssystem liegen.

Information als solche ist wertfrei. Erst dadurch, wie sie verwendet und interpretiert wird, erhält sie einen Wert für das Unternehmen. Ob sich dieser Wert positiv oder negativ auswirkt, hängt von den Menschen ab, die am Informationsprozeß beteiligt sind und von den Rahmenbedingungen.

Daher ist die zweite Basisvoraussetzung für ein effizientes MUS von evidenter Bedeutung: die Firmenkultur. Nur über die positive Identifikation jedes einzelnen mit dem Gesamtunternehmen – gleichgültig, auf welcher Hierarchiestufe er sich befindet – kann ein MUS optimal implementiert und genutzt werden.

3. Unternehmensanforderungen an ein Management-Unterstützungssystem

Von den Unternehmen und ihren Geschäftsbereichen wird immer größere Flexibilität verlangt. Die aktuelle Situation vieler Unternehmen wird mit dem Spruch "Survival of the fittest" (frei interpretiert: Die Vitalsten überleben) prägnant ausgedrückt. Das durch wachsende Dynamik des Marktes sich schnell verändernde Unternehmensumfeld, gestiegene Interdependenzen der regionalen und produktdefinierten Märkte, gesteigerte Bedürfnisse der Kunden nach immer neueren, immer besseren, immer moderneren Produkten und Dienstleistungen (= zeitabhängiger Wettbewerb) sowie rückläufige Gewinnspannen erzeugen einen enormen unternehmerischen Handlungsbedarf in den Chefetagen. Schnelle Entscheidungen sind verlangt.

Voraussetzung dafür sind einerseits eine effiziente und wandlungsfähige Organisation und andererseits eine optimale Unterstützung der Geschäftsprozesse durch eine geeignete informations- und entscheidungsunterstützende technische Infrastruktur: ein den Unternehmensanforderungen angepaßtes Management-Unterstützungssystem. Wie sieht die Realität heute noch häufig aus? In manchen Unternehmen, vor allem in den großen, gibt es oft noch schwerfällige, bürokratische Organisationen, die ein schnelles, marktorientiertes und unternehmerisches Handeln verhindern. Risikoscheues Denken und Agieren – primär auf die Absicherung der eigenen Position und den individuellen Vorteil bedachtes Verhalten sind häufig im Management anzutreffen. Die Absicherung der eigenen Position wird allzuoft vor den Nutzen für das gesamte Unternehmen gestellt.

Informationen gelangen zu langsam und häufig unvollständig bzw. fehlinterpretiert an die relevanten Stellen. Die Folge wiederum sind zu späte oder falsche Entscheidungen, die häufig Schwierigkeiten bereiten oder sogar – mit einer zeitlichen Verzögerung – das Unternehmen in eine Krise führen können.

Daraus entsteht ein Bedarf an Management-Unterstützungssystemen. Damit sie effizient und nutzbringend arbeiten können, müssen folgende Basisvoraussetzungen erfüllt sein:

1. Gewährleistung von durchgängiger, konsistenter und relevanter Informationsversorgung (Organisation und Technik)
2. eine Firmenkultur, in der jeder aus Überzeugung alle relevanten Informationen in das System einbringt, mit dem Ziel, das Gesamtunternehmen erfolgreich zu halten und dadurch auch selbst erfolgreich zu bleiben.

Ziel des MUS ist es dann, das Management mit allen Informationen zu versorgen, die für eine erfolgreiche Entscheidungsfindung benötigt werden.

4. Das Ziel von Management-Unterstützungssystemen

Der Bedarf für Management-Unterstützungssysteme resultiert zum einen direkt aus den internen unternehmerischen Anforderungen, zum anderen aus der zunehmenden Dynamik und Komplexität des Umfeldes, in dem sich das Unternehmen befindet. Die bestimmenden Faktoren eines unternehmensspezifischen MUS sind: Dynamik des Umfeldes und Dynamik der Umwelt sowie Anforderungen der Entscheider aus verschiedenen hierarchischen Ebenen des Unternehmens.

4.1 Die Umweltdynamik

Charakterisiert man die Informationen aus dem Unternehmen und auch die aus der Unternehmensumwelt, wie z.B. über die Absatz- und Beschaffungsmärkte, die Mitbewerber, die technologische Entwicklung bis hin zu den sich verändernden rechtlichen Rahmenbedingungen, so erkennt man, daß die Existenz des Unternehmens im wesentlichen durch den Grad der Erfüllung zwei externer Faktoren bestimmt wird (Abb. 2):

- die Forderung des Marktes nach technisch ausgereiften, qualitativ hochwertigen Produkten/Dienstleistungen
- die Forderung nach früher Marktpräsenz.

Beide Faktoren bewirken durch ihre konträre Wirkung die Verengung der den Unternehmen zur Verfügung stehenden Zeitspanne bei gleichzeitiger Zunahme der zu bewältigenden Informationen.

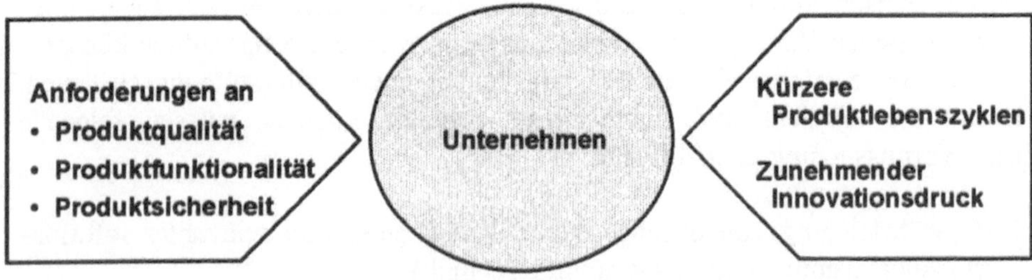

Abb. 2 Unternehmen und Umweltdynamik

Ihren Ausdruck finden diese beiden Faktoren in der Fertigung z.B. in der Zunahme der Komplexität der Produkte und Rahmenbedingungen bei ihrem

Einsatz (z.B. Gesetzgebung) und der Verkürzung der Produktlebenszyklen. Die Folge davon ist die Notwendigkeit einer permanenten Innovation.

Im Dienstleistungsbereich tritt dieser Effekt in vergleichbarer Form auf, wobei hier insbesondere die schnellere und den veränderten Bedürfnissen des Servicenehmers angepaßte Bereitstellung einzelner Dienstleistungen gefordert wird. Die Unternehmen sind somit gezwungen, ergänzend zur Kostenreduzierung eine Zeitreduzierung folgen zu lassen.

Zeitreduzierungen innerhalb des Unternehmens lassen sich nur durch Optimierung von Geschäftsprozessen durchsetzen. Dabei müssen alle bestehenden Funktionen in Frage gestellt, alle unternehmensinternen Tätigkeiten kompromißlos an den absolut notwendigen Prozeßschritten für die Erstellung von marktfähigen Gütern ausgerichtet werden.

Geschäftsprozeßorientierung und *Management-Unterstützungssysteme* stehen in einem engen Zusammenhang. Während Geschäftsprozesse die Festlegung der Abläufe beschreiben, liefern Management-Unterstützungssysteme die dafür benötigte Infrastruktur zur Nutzung von Informationen.

4.2 Die Rolle der Information in einer dynamischen Umwelt

Um die Bedeutung von Informationssystemen im Unternehmen und speziell die von Management-Unterstützungssystemen zu analysieren, ist es erforderlich, sich zuerst mit der Bedeutung der Information für das Unternehmen auseinanderzusetzen. Die Korrelation zwischen Informationstechnik und Wettbewerbsvorteilen ist in den letzten Jahren Gegenstand einer umfangreichen Fachliteratur. In diesem Zusammenhang sei die Arbeit von Porter und Millar erwähnt, die die Einflußnahme der Informationstechnik auf die Wertschöpfungskette beschreibt: "Die Informationstechnik durchdringt die Wertschöpfungskette an jedem Punkt und verändert radikal Wertschöpfungsaktivitäten und zwischen ihnen bestehende Verkettungen. Sie beeinflußt aber auch die Wettbewerbsbreite ... Diese grundlegenden Effekte erklären, warum die Informationstechnik eine strategische Bedeutung hat und sich darin von vielen anderen Technologien unterscheidet ... Die Informationstechnik verändert die Regeln des Wettbewerbs in dreierlei Hinsicht: Erstens beeinflußt die Informationstechnologie die Branchenstruktur, zweitens bietet sie Wettbewerbsvorteile und schließlich schafft sie neue Märkte."

Inzwischen gehen die Diskussionen in eine neue Richtung: Informationstechnik bietet nicht mehr Wettbewerbsvorteile, da sie leicht zu kopieren ist und daher der Vorsprung bei der Informationsgewinnung vor der Konkurrenz immer kürzer wird, sie ist vielmehr wettbewerbsnotwendiger Standard, der in den Unternehmen als absolutes, lebensnotwendiges Muß implementiert sein sollte.

Die zunehmende Dynamisierung der Märkte fordert den Unternehmen schnelle und kompetente Entscheidungsprozesse ab, bei denen in jeder Phase Information und Entscheidung in engem Zusammenhang stehen: Betrachtet man den Entscheidungsprozeß als aufgabenunabhängiges Verhaltensmuster, kann man sechs Phasen unterscheiden:

1. Initialisierungsphase (die Aktion wird ausgelöst)
2. Analysephase (ein Sachverhalt bzw. ein Problem und seine Zusammenhänge werden analysiert)
3. Zielfestlegungsphase (der Inhalt, das Ausmaß und der Zeitbezug der Aufgabe werden festgelegt)
4. Suchphase (die unterschiedlichen Maßnahmen werden erarbeitet)
5. Bewertungs- und Auswahlphase (eine Maßnahme wird ausgewählt)
6. Kontrollphase (die Durchführung der Maßnahme wird überprüft).

Unterteilt man die einzelnen Phasen in die Handlungs- und Informationskomponenten, so wird jede Handlung von Informationen umschlossen. Grundlage für die Durchführung einer Handlung ist die Informationsaufnahme, die nach Abschluß der Handlung zu einer Informationsaufbereitung führt. Mit Hilfe dieses einfachen Modells wird die Relevanz der Information bereits auf der untersten Ebene des Handelns deutlich. Rationale Handlungen bedingen – im Gegensatz zu affektiven Handlungen – immer eine Form der Informationsverarbeitung (Abb. 3).

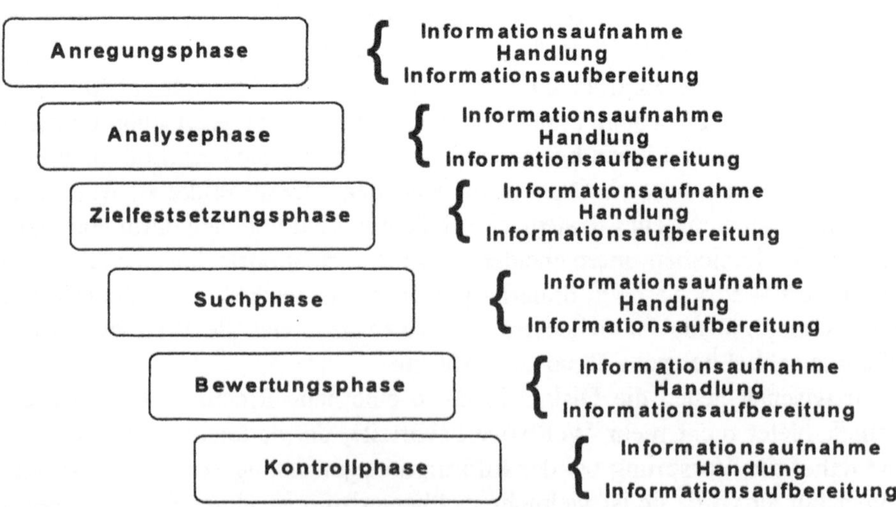

Abb. 3 Die Information im Entscheidungsprozeß

Dabei besitzt die Information eine qualitative, eine quantitative und eine zeitliche Dimension. Die *qualitative* Seite der Information wird durch die Aktualität und die inhaltliche Richtigkeit sichtbar. Die *quantitative* Dimension gibt die Menge der verfügbaren und somit nutzbaren Informationen wieder, während der Faktor *Zeit* festlegt, innerhalb welcher Zeithorizonte Informationen bereitgestellt und verarbeitet werden können bzw. sollten. Management-Unterstützungssysteme müssen diesen drei Dimensionen der Information gerecht werden:

- Als Informationssystem stellen sie die erforderlichen Informationen bereit.
- Als Unterstützungssystem flankieren sie methodisch den Benutzer bei der Informationsinterpretation und -verarbeitung.
- Als rechnerunterstütztes System verkürzen sie den für beide Maßnahmen erforderlichen Zeitbedarf und übernehmen die methodische Verarbeitung der Daten.

Management-Unterstützungssysteme verhalten sich damit zielkonform zu den Anforderungen, die sich aus der Dynamik der Unternehmensumwelt ergeben. Trotz der Zunahme der zu berücksichtigenden Informationen verbessern sich die Informationsbasis und die Informationsbewertung bei gleichzeitiger Reduzierung des dafür erforderlichen Zeitaufwands. Unter dem Zeitaspekt leisten Management-Unterstützungssysteme zusätzlich einen Beitrag zur Optimierung der Geschäftsprozesse: Bei steigender Prozeßqualität kann die Gesamtdauer der Tätigkeiten eines Prozesses verkürzt werden (Abb. 4).

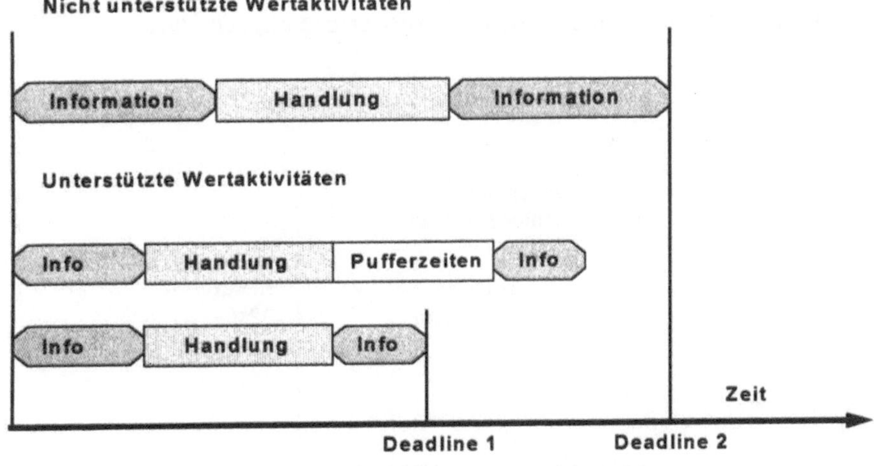

Abb. 4 Zeit als Mittel zur Prozeßoptimierung

4.3 Die Definition des Benutzerkreises

Um die Funktionsfähigkeit eines Management-Unterstützungssystems zu gewährleisten, muß das MUS eine unternehmensweite Plattform darstellen. Im Gegensatz zu den DV-Anwendungen der Fachbereiche oder Executive Information Systems schränken die MUS ihr Arbeitsfeld *nicht auf spezifische Aufgabenstellungen* ein und adressieren *nicht nur bestimmte Hierarchieebenen* im Unternehmen.

Adressaten von Management-Unterstützungssystemen sind alle im Unternehmen in Entscheidungsvorbereitungs- und Entscheidungsfindungsprozesse einbezogenen Mitarbeiter. Der Begriff Management steht somit nur bedingt in Zusammenhang mit der Strukturorganisation oder der Beschreibung einer Hierarchie. Management-Unterstützungssysteme sollen alle Mitarbeiter einbeziehen, die Aufgaben der Planung, Steuerung und Kontrolle wahrnehmen. Die Informationsinhalte entsprechen der Verantwortlichkeit und der Zuständigkeit des einzelnen Mitarbeiters.

Die Offenheit im methodischen Teil von Management-Unterstützungssystemen führt zur Vereinheitlichung der Abläufe und zur Normierung der Bearbeitungsmethoden. Andererseits schafft die gemeinsam genutzte Datenbasis, auf die vom Grundsatz her das gesamte Unternehmen zugreift und deren Inhalt viele Benutzer aktualisieren, eine umfassende Plattform zur Speicherung und Bereitstellung von Informationen. Wiederum wird sichergestellt, daß jeder Benutzer nur zu den Daten zugriffsberechtigt ist, die er aufgabenbedingt benötigt. Dabei gilt der Grundsatz der umgekehrten Pyramide. Die Bandbreite der bereitgestellten Informationen nimmt mit zunehmender Spezialisierung des Aufgabengebiets des Benutzers ab (Abb. 5). Das Ziel ist die Bereitstellung aller für das jeweilige Aufgabengebiet erforderlichen Daten.

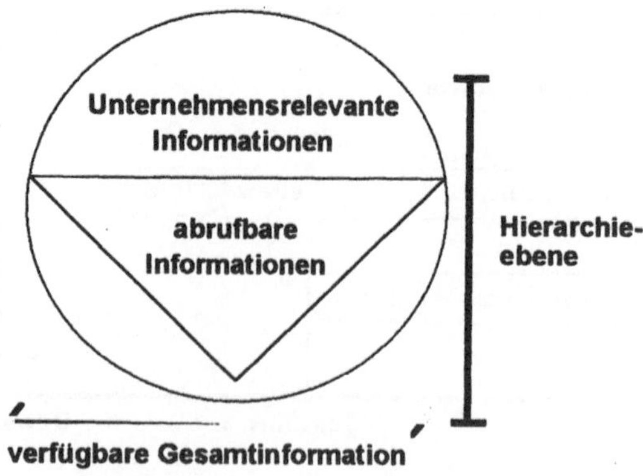

Abb. 5 Hierarchie und unternehmensrelevante Informationen

5. Die Informationsbereitstellung für ein Management-Unterstützungssystem

Die Anforderungen an ein MUS aufgrund des Informationsbedarfs und damit der Informationsbereitstellung kann in zwei Komponenten unterteilt werden:

1. Die inhaltliche Komponente:

Für das gesamte Unternehmen müssen alle relevanten internen und externen Informationen durch das MUS zur Verfügung gestellt werden. Abbildung 6 zeigt eine Übersicht über relevante interne und externe Informationsquellen Für den einzelnen Anwender eines MUS gilt das benutzerabhängige Selektionsprinzip, d.h. er erhält nur die für ihn relevanten Informationen.

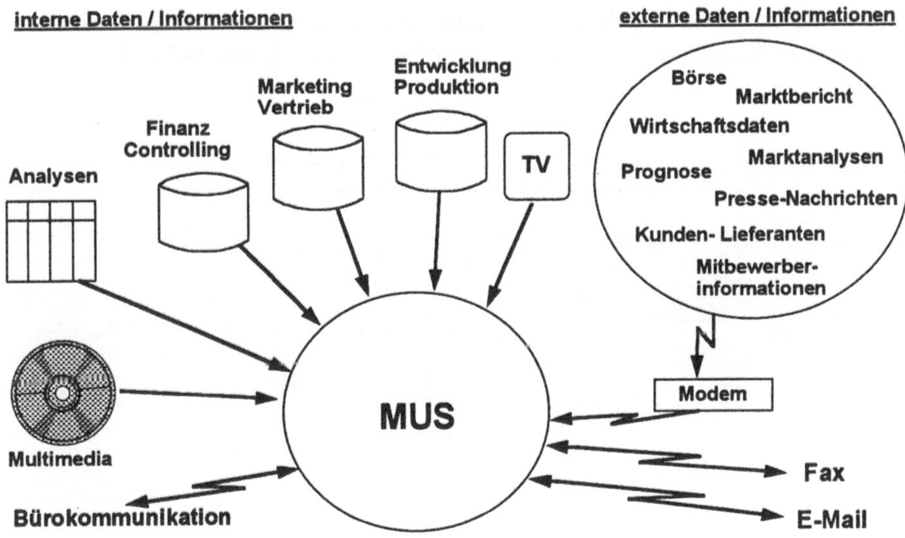

Abb. 6 Übersicht über relevante interne und externe Informationen

2. Die technische Komponente:

Die technische Realisierung muß die inhaltlichen Anforderungen an das System durch die entsprechende Daten- bzw. Informationsverwaltung und Kommunikationsinfrastruktur umsetzen.

Im Folgenden werden die Anforderungen an die technische Realisierung näher erläutert.

5.1 Das technische Prinzip der Informationsinfrastruktur

Das Managementunterstützungssystem muß dem gesamten Unternehmen alle relevanten Informationen, dem einzelnen Benutzer nur die für ihn wichtigen Informationen zur Verfügung stellen. Für die entsprechende Auswahl durch das System gelten folgende Kriterien:

Aufgaben- und Arbeitsinhalte des Benutzers Sicherheitsbedürfnisse des Unternehmens gesetzliche Bestimmungen. Das System schirmt alle für die Aufgabenerledigung nicht relevanten Informationen ab. Sicherungssysteme regeln die Zugangsberechtigung zu Informationen. Dabei hat der Datenschutz jedoch nicht allein vertikal zu erfolgen. Die immer häufiger praktizierte geschäftsprozeßorientierte Arbeitsweise bedingt die Zugriffsberechtigung auch in horizontaler Richtung über die einzelnen Bereiche hinweg auf andere Datenbestände, die nicht in einem direkten, jedoch in einem kausalen Zusammenhang mit dem Arbeitsbereich des Benutzers stehen und für seine Aufgaben entsprechend definierter Kriterien (bestimmter Aggregierungsgrad, bestimmte Markt- oder Produktsegmente etc.) relevant sind (Abb. 7).

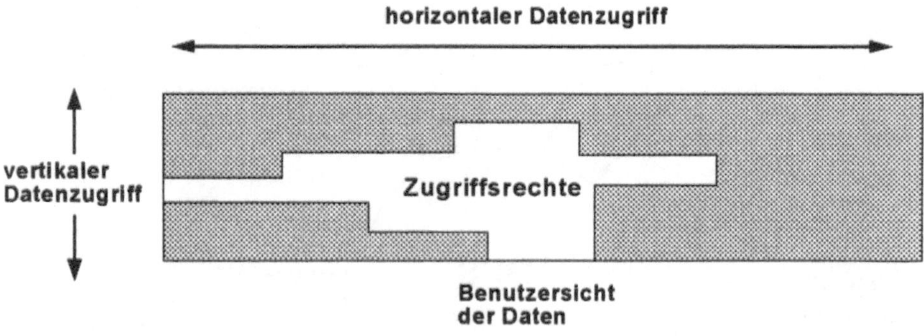

Abb. 7 Regelung der Zugriffsrechte in einer geschäftsprozeßorientierten Umgebung

Um dieses Ziel zu erreichen, müssen die Daten in Form von Datenpools (Information Warehouse) organisiert sein. Kern des Datenpool-Gedankens ist die Schaffung einer gemeinsamen Datenbasis, auf die unterschiedlichste Anwendungen und Verfahren zugreifen können. Im Idealfall bedeutet dies, daß alle Daten nur einmal im zentralen Datenpool gehalten werden und jedem Benutzer zugänglich sind.

Um *Datenredundanz* zu vermeiden verfügen die Datenpools (Information Warehouse) über eine eigenständige Logik, die es erlaubt, Sinnzusammenhänge und Kausalitäten zwischen unterschiedlichen Ursprungsdaten herzustellen. Dies ist Voraussetzung dafür, daß alle für diee Informationsgewinnung erforderlichen Verknüpfungen von Basisdaten realisert werden können. Die informationsorientierte Datenabfrage löst einen komplexen Abfragevorgang aus: Gleichzeitig mit der Abfrage bestimmter Daten, werden automatisch weitere Abfragen initiiert, die aufgrund von vorher festgelegten Abfrageroutinen oder durch Lernen des Systems als inhaltlicher Kontext erkannt wurden. Durch diese inhaltliche Verknüpfung von Daten können Informationszusammenhänge verdeutlicht werden.

Die Arten von Informationen

Die bislang betrachteten Daten werden als sogenannte "klassische DV-Daten" bezeichnet. Sie sind normalerweise in hierarchischen oder relationalen Datenbanken nach einer bestimmten Struktur gespeichert. Hierbei ist die Struktur der Datenbestände aufgabenbezogen gewählt worden. Die Nutzung der Datenbestände erfolgt entweder durch fest definierte Anwendungsprogramme oder ist frei kombinierbar über Abfragesprachen (z.B. SQL).

Die hierarchische Form eignet sich für Abfragen, die längere Zeit konstant bleiben. Die relationale Form ist zwar flexibel verwendbar, die Abfragesprachen sind jedoch nicht immer benutzerfreundlich und oft den DV-Spezialisten vorbehalten.

Ergänzend zu den klassischen DV-Daten verfügen wir über Informationen in folgenden Formen: Text, Graphik, Sprache, Festbild (Image) und Bewegtbild.

Wichtig für ein MUS ist, daß alle vorkommenden Informationsarten, die für das Unternehmen von Bedeutung sind, in einem durchgängigen System technisch erfaßt und weitergeleitet werden können. Es dürfen – zumindest in der Endausbauphase des Systems – keine Medienbrüche entstehen, bei denen in den Informationsfluß Daten von Hand eingefügt und aufbereitet werden müssen, weil es die Technik nicht hergibt.

5.2 Die Kommunikationsinfrastruktur

Voraussetzung für die technische Datenverfügbarkeit ist die Existenz der erforderlichen Infrastruktur. Generell kann man davon ausgehen, daß die bestehenden Telekommunikationsnetze (siehe Beitrag von P. Moritz, S. 165) eine ausreichende Basis auch für zukünftige Anforderungen darstellen. Berücksichtigt man den in der nahen Zukunft zu erwartenden verstärkten Einsatz von Multimedia-Lösungen, d.h. die Integration von Daten-, Bild- und Sprachverarbeitung, bedingt dies bei den Netzwerken die Ablösung der heutigen Übertragungsmedien durch die Breitbandverkabelung, voraussichtlich unter ATM

(Asynchron Transfer Moduls) als Übertragungsstandard. Während bei heutigen Lösungen noch mit Übertragungsraten in Megabits pro Sekunde gearbeitet wird, erlauben die neuen Lösungen die für die multimediale Übertragung erforderlichen Übertragungsraten im Bereich von Gigabits pro Sekunde.

Im Rahmen der Management-Unterstützungssysteme nimmt die Bedeutung von Client/Server-basierten Lösungen zu. Das Client/Server-Prinzip besteht aus folgenden Komponenten, die technisch realisiert werden müssen:

1. Die intelligente Workstation:
   Hauptaufgabe der intelligenten Workstation ist, dem Anwender über eine geeignete graphische Bedieneroberfläche eine einfache, selbsterklärende Zugangsprozedur zu den im Rahmen des Managementunterstützungssystems verfügbaren Informationen zu liefern. Der Arbeitsplatzrechner stellt außerdem einfache Arbeitshilfen (z.B. Taschenrechnerfunktionen) und individuelle Daten (z.B. Besucherbriefings) bereit. Der Informationsbedarf des Benutzers wird an die anderen Informationsgeber im Gesamtsystem weitergeleitet (Server-Requester-Prinzip)
2. Communication Server:
   Der Anwender erhält die von ihm gewünschten Informationen über das Netzwerk des Telekommunikationssystems. Aufgabe des Communication Servers ist dabei die intelligente Steuerung der Kommunikation inklusive der physischen Identifizierung der Orte, an denen die gewünschten Informationen bereitgestellt werden.
3. Computing Server:
   Der Computing Server verwaltet die verteilte Datenverarbeitung. Eine zu bewältigende Aufgabe wird nicht ausschließlich durch einen Rechner abgearbeitet, sondern in ihre Einzelteile zerlegt und auf unterschiedliche Rechner nach besonderen Kriterien wie Strukur der Anfrage, Verfügbarkeit der einzlenen Rechner verteilt. Zielsetzung ist, zur Erledigung eine effiziente Nutzung der im Management-Unterstützungssystem einbezogenen Rechner zu erreichen.
4. Datenbankserver:
   Datenbankserver stellen die erforderlichen operationalen und aggregierten Daten bereit. Diese sind ebenfalls nach funktionalen und organisatorischen Kriterien im Unternehmen verteilt und liefern ihre Daten je nach dem Informationsbedarf des Benutzers an die vorher definierten Computingserver zur Auswertung.

Die errechneten Ergebnisse werden an die Arbeitsplatzrechner übermittelt und dort benutzergerecht aufbereitet verfügbar gemacht. Berücksichtigt man, daß diese Systeme nicht nur auf die Unternehmensdaten beschränkt bleiben müssen, sondern nach Bedarf auch über Verbindungen zu externen Systemen verfügen, kann eine optimale Verflechtung eigener und fremder Rechnerkapazität mit eigenen und "fremden" Dateien aufgebaut werden.

Dies führt schlußendlich dazu, daß der Begriff des Outsourcing hierbei neu zu definieren ist, und zwar als ein zeitweilig geforderter Zukauf von Rechnerleistung und Anwendungen als Fremdleistung, so wie dies z.B. bei der Nutzung externer Datenbanken bereits der Fall ist (Abb. 8).

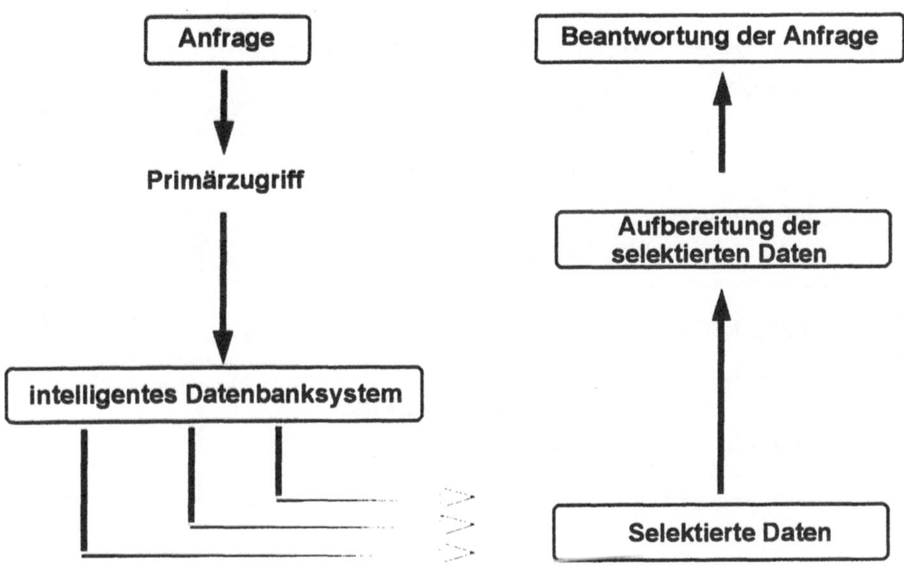

Abb. 8 Methodik des Requester-Server-Prinzips

6. Die Informationsaufbereitung

6.1 Die qualitative Positionierung von Management-Unterstützungssystemen

Um das Leistungsspektrum von Management-Unterstützungssystemen zu bestimmen, ist es notwendig, auf die Begriffe *Wissen*, *Information*, *Nachricht* und *Daten* näher einzugehen. Anhand der mit den Begriffen verbundenen Inhalte und der Kenntnis von den bereits bestehenden technischen Möglichkeiten kann das Einsatzspektrum von Management-Unterstützungssystem einfach eingegrenzt werden.

Geordnet nach ihrer inhaltlichen Komplexität sind vier Ebenen von Bearbeitungsgegenständen feststellbar (Abb. 9):

- die Wissensverarbeitung
- die Informationsverarbeitung
- die Nachrichtenverarbeitung
- die Datenverarbeitung.

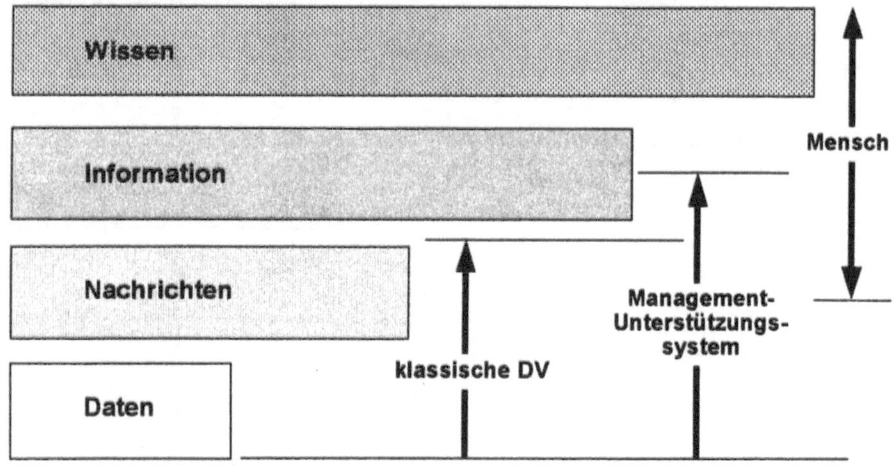

Abb. 9 Die Wertigkeit der Begriffe Wissen, Information, Nachrichten und Daten

Budin (Budin 1990, S. 77-83) definiert *Wissen* als Kenntnis bestimmter Sachverhalte (= Informationen), die in einem dynamischen Prozeß, der mehrstufig abläuft, zu Wissen transformiert werden, wobei das Wissen wiederum dazu dient, wieder neue Informationen zu erzeugen bzw. wahrzunehmen. Nach der Definition von Wahl sind "*Informationen* (...) Teile von Nachrichten, die für den Empfänger einen Neuigkeitswert besitzen und ihn zur Erfüllung von Aufgaben besser befähigen" (Wahl 1969, S. 15). *Nachrichten* wiederum definiert Berthel wie folgt: "Immer dann, wenn Informationen von einem Menschen (an einen anderen Menschen oder auch an ein Arbeitsmittel) übermittelt oder vorübergehend gelagert (gespeichert) werden sollen, muß dieses persönliche Wissen objektiviert und damit zugänglich gemacht werden. In einer solchen Objektivierung wird das Wissen zu Sätzen (allgemein: Zeichenfolgen) formuliert, die in einer Nachricht niedergelegt werden. Ob eine

Nachricht, die z.B. aus geschriebenen Sätzen oder gesprochenen Wörtern besteht und deren Gegenstände Wörter, Zeichen, Zahlen, Symbole o.ä. sind, mit einem Ergebnis identifiziert wird, das mit dem Wissen des Informationssenders identisch ist, kann generell nicht mit Sicherheit vorhergesagt werden." (Berthel 1967, S. 29). Der Begriff der *Daten* konkretisiert sich somit auf die Zeichenfolge innerhalb einer Nachricht.

Reflektiert man vor diesem Hintergrund die herkömmliche Datenverarbeitung, so hat sie die Ebene der reinen Datenbearbeitung und der Erstellung von Nachrichten entsprechend der angeführten Definition bereits realisiert. Management-Unterstützungssysteme richten sich an der nächsthöheren Ebene, der Informationsverarbeitung, aus. Das Ziel von Management-Unterstützungssystemen ist somit das Erkennen von Zweckbezügen innerhalb bestimmter Aufgabenstellungen sowie von Veränderungen, die für die zutreffende Entscheidung relevant sind. Für den Aufbau von Management-Unterstützungssystemen werden eingesetzt:

- die vorhandene und nutzbare Datenbasis
- die implementierte Logik zur Bewertung der Daten auf inhaltliche Relevanz und den Neuigkeitswert.

Die klassische DV deckt den Bereich der Datenverarbeitung bis hin zur Generierung von Nachrichten ab. Management-Unterstützungssysteme decken darüber hinaus auch Funktionen aus der Informationsverarbeitung ab und werden langfristig diesen Bereich vollständig abdecken. Der Mensch hingegen deckt zwar das Spektrum der Wissens- und Informationsverarbeitung voll ab, stößt aber im Bereich der Datenverarbeitung an seine Leistungsgrenze.

Die Akzeptanz von Management-Unterstützungssystemen hängt von den realisierbaren Möglichkeiten ab. Dort, wo das Leistungsspektrum des Management-Unterstützungssystems deckungsgleich mit der menschlichen Fähigkeit ist, Informationen und Nachrichten zu verarbeiten, wird die größte Benutzerakzeptanz erreicht. Dabei gilt es, mit der Zunahme der Fähigkeiten von Management-Unterstützungssystemen Informationen zu verarbeiten, die die technischen Anforderungen an den Benutzer senken.

7. Erfolgsfaktoren für ein effizientes Management-Unterstützungssystem

Es gibt *kein* Standardrezept für die Einführung eines MUS, da Inhalt, Form und Umfang individuell von den Anforderungen des jeweiligen Unternehmens abhängig sind. Es gibt aber eine Reihe von Erfolgsfaktoren, die berücksichtigt werden müssen, wenn man kein MUS-Grab schaufeln will:

Falsche Erwartungshaltung revidieren
Ein MUS ist kein Ersatz für mangelhafte Führung. Es löst weder Fragen noch Probleme von selbst und trifft auch keine Entscheidungen per se. Mängel in der Ablauforganisation lassen sich nicht durch ein MUS beseitigen, sondern nur durch eine Umstrukturierung der Geschäftsprozesse. Ein MUS bietet eine bessere Informationsversorgung und unterstützt Management- und Entscheidungsprozesse.

Gesamtheitlich denken, aber in Teilen beginnen
Bei der Erarbeitung einer Konzeption und der Implementierung eines MUS muß immer das gesamte Unternehmen betrachtet werden, d.h., das eingesetzte System muß erweiterbar und ausbaufähig sein, um die letztlich angestrebte Gesamtlösung abzudecken. Anfangen sollte man jedoch mit der Lösung eines Teilbereichs, der schnell zu ersten Erfolgen und somit bereits nach den ersten Projektschritten zu einem positiven Ergebnis und zu Akzeptanz führt.

Promotion von oben, Akzeptanz von allen
Für die erfolgreiche Einführung eines MUS ist die wirksame Promotion der Unternehmensleitung zwingende Voraussetzung. Aufgabe des Promoters ist es jedoch auch, eine positive Identifikation aller Betroffenen mit dem Projekt zu erreichen, d.h. für eine adäquate Firmenkultur zu sorgen. Gelingt dies nicht, kann das Projekt trotz Förderung von oben von unten her unterlaufen werden.

Qualität statt Quantität der Informationen
Das System muß so konzipiert sein, daß jeder Beteiligte aus der Fülle der für das gesamte Unternehmen notwendigen Informationen nur die erhält, die er benötigt. Dabei müssen die erforderlichen Informationen aktuell und benutzerfreundlich aufbereitet und rechtzeitig zur Verfügung gestellt werden.

Einbeziehung externer Informationen
Externe Informationen, sofern sie für das Unternehmen von Bedeutung sind, müssen in das MUS eingebunden werden. Hier ist die Schwierigkeit, den Benutzern aus der Flut verfügbarer Informationen diejenigen selektiv zur Verfügung zu stellen, die sie wirklich benötigen.

Konsistenz der Daten
Bei einer unternehmensweiten Lösung muß gewährleistet sein, daß alle Benutzer auf denselben Datenfundus zugreifen können, unabhängig davon, wie und wo diese Daten gespeichert sind.

Benutzerkonforme Informationsdarstellung

Die effiziente Nutzung von MUS wird wesentlich durch die Akzeptanz seitens der Benutzer bestimmt. Die objektorientierte, benutzerfreundliche Bildschirmgestaltung bietet die Basis für einfache Handhabung auch für die Anwender, die nicht jeden Tag mit dem System hantieren. Durch "Icons" und Symbole lassen sich die dazugehören Funktionen "für sich selbst sprechend" darstellen; auch absolute DV-Laien sind somit in der Lage, diese Systeme mühelos zu nutzen. Wichtig für das Design der Bildschirme ist, daß der Bediener sich nur mit den Informationen selbst, nicht mit der Art und Weise, wie er an sie gelangt, auseinandersetzen muß.

<u>Hilfsfunktionen, die die Effizienz eines MUS steigern helfen:</u>

Exception Reporting

Das System muß dem Benutzer auf einen Blick Abweichungen und Ausnahmesituationen aufzeigen, in Abhängigkeit von den definierten kritischen Schwellwerten (absolut oder relativ).

Drill-Down

Drill-Down-Reporting ermöglicht es, bei Bedarf komprimierte Informationen bis zu den untersten Informationsebenen aufzubrechen. Schwachstellen im Unternehmen können somit ohne zusätzliche Anforderungen weiterer Detailinformationen direkt aus dem System erkannt werden.

Anbindung an andere Anwendungen

Für durchgängige, unternehmensweite Lösungen mit einem MUS ist es wichtig, daß alle damit im Zusammenhang stehenden Techniken, wie Bürokommunikation, Workflow Processing und Workgroup Processing, in das Gesamtkonzept mit eingebunden werden können, um Informationen und Ergebnisse aus diesen Anwendungen mit verwerten zu können.

Flexibilität und Dynamik

Aufgrund zunehmender Anforderungen an die Komplexität und den Integrationsgrad der DV-Anwendungen muß ein MUS ein flexibles und dynamisches änderbares System sein. Gleichzeitig müssen auch die individuellen Bedürfnisse der einzelnen Benutzer optimal berücksichtigt werden. Aus technischer Sicht entsprechen diesen Anforderungen am besten die objektorientierten Informationssysteme (Wesen und Möglichkeiten der OOP werden an anderer Stelle in diesem Buch beschrieben).

8. Ausblick: Entscheidungsunterstützung ja – Entscheidung nein

Eine der zentralen Fragen, die im Zusammenhang mit Management-Unterstützungssystemen gestellt werden, ist die Grenzziehung zu der menschlichen Kompetenz. Begriffe wie DV-unterstützte Entscheidungssysteme suggerieren eine Verdrängung des Menschen. Dies ist nicht die Zielsetzung von Management-Unterstützungssystemen. Die Intention ist, wie bereits der Name sagt, die Unterstützung. Der Mensch hat seine Grenzen bei der Daten- und Nachrichtenverarbeitung und seine Stärken in der Wissens- und Informationsverarbeitung. Beim Versuch, die Entscheidungsbefugnis auf den Rechner auszulagern, würde man von vornherein auf die Fähigkeiten, die nur der Mensch leisten kann, verzichten. Auch wenn Nomenklaturen wie Wissensverarbeitung oder Künstliche Intelligenz den Eindruck vermitteln, daß die Technik auch in diese Dimensionen vordringen könnte (vgl. Klotz 1993, S. 187-190), ändert dies nichts am Grundsatz, daß auch langfristig nur eine Unterstützungsfunktion möglich sein wird. Die Entscheidungskompetenz muß letztlich immer beim Menschen bleiben (vgl. Kattler 1993, S. 35-49), selbst wenn im Bereich von Teilfunktionen Entscheidungsautomatismen installiert sind (Abb. 10).

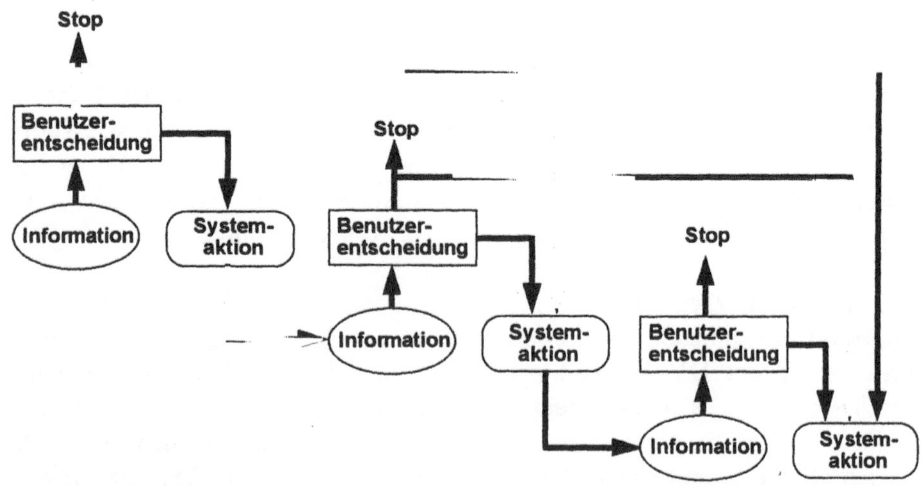

Abb. 10 Das Ablaufschema von Entscheidungs-Unterstützungssystemen

Die inhaltliche Trennungslinie zwischen systemeigener Entscheidungsbefugnis und menschlichem Entscheidungsvorbehalt ist dort zu ziehen, wo

Systementscheidungen irreversibel sind. Die inhaltliche Entscheidungsbefugnis von Management-Unterstützungssystemen bezieht sich somit nur auf die Bereiche, innerhalb derer es

- den Zugang zu Informationen erlaubt
- dem Empfänger inhaltlich relevante Informationen bereitstellt
- den Empfänger bei der Interpretation der Informationen durch Empfehlungen unterstützt
- dem Empfänger die Möglichkeit einräumt, die Informationen nachzuprüfen.

Literatur

Berthel, Jürgen: Informationen und Vorgänge ihrer Bearbeitung in der Unternehmung, Berlin 1967

Brombacher, Reinhard: Entscheidungsunterstützungssysteme für das Marketing-Management, Berlin, Heidelberg, New York, Tokyo 1988

Budin, Gerhard: Scientific Knowledge Structures. In: TKE'90. Terminology and Knowledge Engineering, Vol.1 hrsg.v. Czap, H.; Nebdobity, W.; Frankfurt 1990

Drucker, Peter: Die postkapitalistische Gesellschaft, 1993

Glaser, Horst: Informationswert. In: Handwörterbuch der Organisation, hrsg.v. Grochla, Erwin u.a., 2., völlig neugest. Aufl., Stuttgart 1980, Sp. 933-941

Kattler, Thomas: Offenheit in der Informationsverarbeitung: Die Neudefinition der Aufgabenstellung des Menschen. In: Unternehmensprinzip Offenheit, hrsg.v. Dorn, B., Bonn, Paris u.a. 1993, S. 35-49

Klotz, Ulrich: Vom Taylorismus zur Objektorientierung. In: Strukturwandel in Management und Organisation, hrsg.v. Scharfenberg, H., Baden-Baden 1993, S. 161-199

Peltzer, Michael (Hrsg.): Unternehmenserfolg und Informationsmanagement, Bonn, München, Paris, 1992

Porter, Michael: Wettbewerbsvorteile, 3. Aufl., Frankfurt/Main, New York 1992

Wahl, Manfred P.: Grundlagen eines Management-Informationssystems, Neuwied, Berlin 1969

Strukturwandel der Unternehmen und Folgen für die DV-Infrastruktur

Bedeutung eines Information Warehouse

Klaus Webersinke, Frank Lindenlaub

1. Die Situation in den Unternehmen ist kritisch

Die Situation der Informationsverarbeitung in den Unternehmen läßt sich treffend beschreiben durch die Explosion der Daten bzw. Informationen, die Heterogenität der Systeme und die zunehmende Machtlosigkeit angesichts schneller Veränderungen innerhalb und außerhalb der Unternehmenssphäre. Die Unternehmen unterliegen heute einem dynamischen Wandel von Paradigmen, Strukturen, Technologien und Denkweisen.

1.1 Informationsexplosion

Die Daten im Unternehmen verdoppeln sich nach Schätzungen alle fünf Jahre (laut einer Studie der Bell Laboratories). Dies liegt zum einen sicher an der ständig steigenden Zahl der Anwendungen, doch zumeist resultiert die Datenmenge aus der Annahme, daß der Überblick über die Vorgänge im Unternehmen und die Entscheidungen immer besser würden, je mehr Informationen man besitzt. Dabei kommt es darauf an, die richtigen Informationen zu besitzen!

Die Verwendung des Computers hat die Information objektiviert, wie es der japanische Zukunftsforscher *Masuda* formuliert. Von der anfänglichen Schriftform der Sprache auf Stein oder Pergament über die Vervielfältigungstechnik bis hin zum Computer, der die Information in beliebiger Menge speichern kann, vollzog sich die Trennung und Objektivierung der Nachricht vom Menschen als Überträger. Dies hat dazu geführt, daß auch die Masse und Verbreitung der Information überproportional gestiegen sind, so daß man von einer Informationsüberflutung sprechen kann.

1.2 Heterogenität der Systeme

Das Hauptproblem jedoch sind die abgeschlossenen operationalen Systeme, die nicht miteinander kommunizieren können. Die Daten werden in Abteilungen wie Geheimnisse "gehütet", bereichsübergreifende Informationen sind nicht oder nur schwer zu bekommen. Man steht darüber hinaus heterogenen und proprietären Rechnerarchitekturen, Datenbanksystemen, Datenstrukturen und Netzen gegenüber, über die man kaum den Überblick behalten kann. Zusätzlich zur Informationsexplosion geht das Wissen über die Lokationen der Daten verloren; nur schwer lassen sich Verbindungen schaffen, die für eine gemeinsame Nutzung der Ressourcen notwendig sind. Die Forderung nach einer Integrationsstrategie wird immer lauter.

1.3 Information Warehouse

Der Anforderung des Marktes entsprechend hat die IBM mit Information Warehouse ein Konzept entwickelt, das Produkte, Mechanismen und Vorgehensweisen zur Überwindung der Heterogenität und Bewältigung der Informationsexplosion vereint. In diesem Beitrag soll nicht das Konzept an sich diskutiert, sondern darauf eingegangen werden, warum gerade heute eine neue Informationsstrategie für die Unternehmenszukunft so wichtig ist.

Die Bedeutung einer Information Warehouse-Lösung wird nur klar, wenn alle Aspekte des raschen strukturellen Wandels aufgezeigt werden. Dabei muß es das Ziel zukunftsorientierter Unternehmen, Trends aktiv mitzugestalten.

2. Rascher struktureller Wandel

Die Entwicklung von den ersten Gleitflügen Lilienthals 1895 zu den Doppeldeckern im Ersten Weltkrieg, von dem ersten Düsenflugzeug im Jahre 1943 bis zur Mondlandung 1969 zeigt am Beispiel der Luft- und Raumfahrt das ungeheure Ausmaß des Wandels in einer für die Geschichte der Menschheit sehr kurzen Zeit.

Diese vergangene Periode ist durch eine gewisse Dramatik gekennzeichnet, die die Entwicklungen davor vergleichsweise unbedeutend und gemächlich erscheinen läßt. Die kommende Periode wird eine Zeit der Dynamik, in der sich der Wandel nicht mehr in großen Sprüngen vollzieht, sondern in einem schnellen, kontinuierlichen und durch die Vielschichtigkeit des Wandels auch weniger überschaubaren Prozeß. Für die Industrie sind der Aufbruch in den Märkten und der Umbruch in der Informationstechnik wesentliche Ausprägungen dieses Wandels.

2.1 Aufbruch in den Märkten

Aufbruch bedeutet, sich von etwas Altem zu lösen, um sich auf etwas Neues zuzubewegen. Genau dies trifft auf die Märkte zu, in denen die Unternehmen agieren. Das ökonomische Denken und Handeln vollzieht sich zusehends in neuen Dimensionen, in denen neue Wettbewerbsregeln beachtet werden müssen.

2.1.1 Neue Dimensionen

Immer mehr Unternehmen versuchen, ihre Aktivitäten auf Märkte anderer Länder auszuweiten. Auf dem Produktionssektor ist dies schon seit längerem zu beobachten. Es wird nicht mehr in nationalen, sondern in internationalen Zusammenhängen gedacht. Unternehmen gründen Tochtergesellschaften in anderen Ländern, gehen Kooperationen in Form von strategischen Allianzen ein und richten ihre Strategien global aus: Man spricht nicht nur von globalen Absatzmärkten, sondern globalisiert auch Beschaffungsstrategien und organisiert die Marketingaktivitäten länderspezifisch.

Was sind die Gründe für diese Aufbruchentwicklung? Zum einen liegt es sicher daran, daß politische Grenzen zunehmend an Bedeutung verlieren. Am deutlichsten wird dies am europäischen Binnenmarkt, bei dem 380 Millionen Menschen einen zusammenhängenden Markt darstellen werden. Die Welt ist in dem Maße zusammengerückt, wie durch neue Kommunikationstechnologien und Übertragungsmechanismen die Möglichkeiten des Informationsaustauschs gewachsen sind.

2.1.2 Neue Regeln des Wettbewerbs

Unter dem Einfluß neuer Verhältnisse auf den Märkten wandelt sich der Wettbewerb schnell und der Kunde rückt als beherrschende Kraft in den Mittelpunkt des Geschehens. Die Kundenwünsche werden immer individueller, es ist ein zunehmender Schwund der Markentreue zu erkennen, und ein gestiegenes Qualitätsbewußtsein zwingt die Unternehmen zu immer neuen Produkten, Varianten und Marketingstrategien. Es ist ein regelrechter Sog des Marktes zu erkennen, der die Unternehmen in seinem "Strudel" mitreißt.

Vielfalt an Produkten und Varianten

Die individueller werdenden Kundenwünsche und die damit einhergehende Marktsegmentierung zwingen zu kleineren Losgrößen, d.h. zu einem breiteren Produktprogramm und zu mehr Produktvarianten. Neben der Massenproduktion und der damit verbundenen kostengünstigeren Fertigung wird immer mehr die Kleinserienproduktion an Bedeutung gewinnen, die ihre Vorteile für das Unternehmen durch größere Marktanteile, höhere Preise und mehr Kundenzufriedenheit mit einer gewissen Markentreue erwirtschaften muß. Im Englischen spricht man von "Economy of Scale" und "Economy of Scope", der Wirtschaftlichkeit durch Menge und Vielfalt. Auch werden Nischenstrategien immer attraktiver, die mit besonderen Produkten oder Varianten schwach besetzte Marktsegmente zu erreichen suchen.

Kürzere Produktlebenszyklen

Die Produktlebenszyklen werden vor allem im Konsumgüterbereich immer kürzer. Auch im Automobilsektor ist eine immer schnellere Folge von Modellen zu beobachten. Während in westlichen Ländern innerhalb von fünf bis sieben Jahren neue Modelle entwickelt werden, arbeitet man in Japan schon seit längerer Zeit am Ein-Jahres-Entwicklungszyklus. Sinken die Lebenszyklen und werden neue Produkte zu spät eingeführt, kommt es zu Gewinneinbrüchen. Die hohen Kosten der Einführungsphase können nicht durch die hohen Erträge der anderen Produkte kompensiert werden. Sinkende Produktlebenszyklen erfordern deshalb schnellere Produktinnovationen.

Bessere Produktqualität schon im Design

Oft wird erst nach der Produkteinführung die Qualität am Kunden getestet. Die Folge sind Nachbesserungen, Modifikationen und im schlimmsten Fall Rückruf. In Zukunft wird es immer wichtiger, bereits bei Markteinführung ein ausgereiftes Produkt anzubieten. Die Kunden sind qualitätsbewußter geworden – höhere Preise können mit dem Argument der besseren Qualität gerechtfertigt werden. Modifikationen nach der Einführung oder zu ungenau erkannte Kundenanforderungen führen zu Zeit- und Marktanteilsverlusten gegenüber den Wettbewerbern. Zu späte oder zu schleppende Einführung senkt zudem die Chancen, die Entwicklungskosten zu amortisieren.

Gestiegene Bedeutung der Dienstleistungen

"Service und Dienstleistung rund um das Produkt oder sozusagen als Produkt selbst bestimmen den Wettbewerb. [...] Der größte Teil der Wertschöpfung entsteht nicht mehr in der Fabrik, sondern beim Dienst am Kunden." So beschreibt Jürgen Fuchs, Ploenzke Informatik GmbH, die aktuelle Situation.

Wir befinden uns in einem Wandel von der Industriegesellschaft zur Dienstleistungsgesellschaft. Dies ist am deutlichsten an den großen Wachstumszahlen des Dienstleistungssektors zu erkennen. Viele Firmen weiten ihre Aktivitäten auf den Service aus, denn ein Produkt nur zu verkaufen reicht schon lange nicht mehr aus. Ein weiterer Aspekt ist die Forderung der Kunden nach Mehrwert. Zusätzlich zum Produkt will der Kunde Service ohne Aufpreis. Die Dienstleistung und die Kompetenz, Service von der Bestellung bis über die Lieferung hinaus anzubieten, wird zu einem wichtigen Verkaufsargument. Durch die Dienstleistung wird es möglich, sich gegenüber dem Kunden deutlich von der Konkurrenz abzuheben.

Fazit

Diese Trends führen zu einem geänderten Wettbewerbsumfeld, in dem Produkt- und Preiswettbewerb zusehends von Differenzierungs- und Innovationswettbewerb und von Zeit- und Qualitätswettbewerb abgelöst werden. Diese neuen Regeln des Wettbewerbs geben einem "Marktsog" zusätzlichen Auftrieb. Die Zusammenhänge zwischen den Wettbewerbstrends, dem geänderten Wettbewerbsumfeld und dem Kunden im Mittelpunkt des Geschehens sind in Abb. 1 dargestellt.

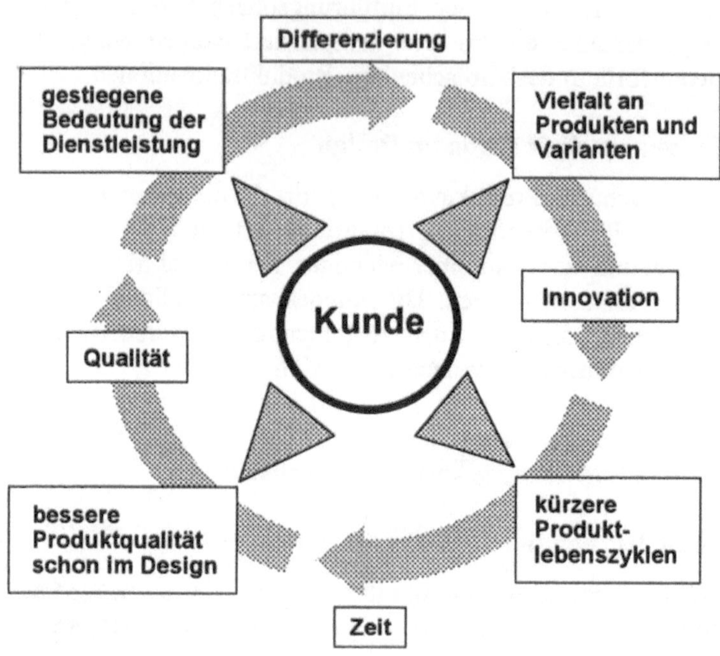

Abb. 1 Der Marktsog

2.2 Umbruch in der Informationstechnik

Die Informationstechnik steht vor einem Umbruch, der Prozeß des Informierens und das daraus zu ziehende Wissen werden immer wichtiger. Dadurch bekommt die Informationstechnik in den Unternehmen eine zentrale Bedeutung. Es entsteht eine Abhängigkeit von den Mechanismen des Datenzugriffs, der Geschwindigkeit der Informationsbeschaffung und der verfügbaren Hard- und Software im Unternehmen. Diese Dependenz wird durch den Wandel im technologischen Umfeld der Informationstechnik und durch neue Technologien noch verschärft.

Verändertes technologisches Umfeld

Über viele Jahre dominierte der Großrechner die Datenverarbeitung. Doch in den letzten Jahren erleben die PCs einen mächtigen Aufschwung. Mit der zunehmenden Vernetzung der PCs wird es auch ohne Großrechner möglich,

Ressourcen gemeinsam zu nutzen. Auch die Kommunikation in PC-Netzen ist komfortabel geworden und somit keine Domäne der Großrechner mehr. Zudem ist eine dramatische Veränderung der Leistungsfähigkeit der PCs zu erkennen. Waren noch bis vor wenigen Jahren eine Million Bits auf einem Chip integriert, so spricht man heute von einer Integration von 64 Millionen Bits. Ähnliches ist bei den Plattenspeichern zu erkennen – die Kosten je Megabyte Plattenspeicherplatz sind in den letzten zehn bis fünfzehn Jahren um den Faktor 20, auf weniger als 5 DM, gesunken.

Deswegen ist auch die Position des Großrechners immer mehr "ins Wanken" gekommen, kleinere Workstations und vernetzte PCs werden zu ernstzunehmenden Konkurrenten. In diesem Zusammenhang bezeichnet das Schlagwort "Rightsizing" den Trend vom Großrechner zu leistungsfähigen PC- und Workstation-Netzen.

Konsequenz

Die Unternehmen sehen sich nicht nur einem Wandel der Märkte gegenüber, sondern befinden sich auch mitten in einer dynamischen Entwicklung der Informations- und Kommunikationstechnik. Aufgrund der Abhängigkeit der Datenbestände und Anwendungen eines Unternehmens von der Informationstechnik ist es gerade innerhalb des technologischen Umbruchs eine Herausforderung, sich neuen Technologien zu stellen und neue zukunftsorientierte Wege zu gehen, dabei aber die bestehende Infrastruktur mit in die Überlegungen einzubeziehen.

3. Erfolgspotential der Information

Es muß erkannt werden, welchen Wert Informationen für das Unternehmen haben. Es ist wichtig, die Information als Produktionsfaktor aufzufassen, um sie als strategisches Element nutzen und den Nutzen für das Unternehmen durch optimal eingesetzte Informationssysteme ausschöpfen zu können. Die Information selbst und das Wissen durch bessere Informationen sind Vermögensbestandteile, die nicht bilanziert sind, aber dennoch die Erfolgsbilanz des Unternehmens nachhaltig beeinflussen.

3.1 Information als dispositiver Produktionsfaktor

Da Information, Wissen und Können in der Wirtschaft ungleich verteilt sind, können besser informierte Unternehmen Nutzen aus dem Informationsvorsprung ziehen. Wäre das Wissen immer gleich verteilt, bliebe kein Raum für unternehmerische Initiative. Das Erkennen der Informationsvorsprünge und die wirtschaftliche Auswertung in Form von Wissen und Know-how machen die Information zu einem machtvollen Faktor. So kommt Information heute einem dispositiven Produktionsfaktor gleich, da sämtliche Aufgabenerfüllungsprozesse in zunehmendem Maße durch Informationsbeziehungen verknüpft sind.

Informationslogistik

Jeder Elementarfaktor ist grundsätzlich nur in begrenztem Maße vorhanden - mit der Information verhält es sich ähnlich. Die Informationen außerhalb des Unternehmens sind ein knappes Gut, das auch seinen Preis hat. Innerhalb des Unternehmens stellen diese Informationen dann eine Ressource dar, die zwar nicht knapp, aber bei weitem nicht allgemein verfügbar ist. Denn der Charakter der Informationen wandelt sich, sobald sie in Form von Daten verfügbar sind. Dies äußert sich in dem Unterschied von Daten und Rohmaterialien: Daten sind beliebig duplizierbar.

Die aktuelle Situation in den Unternehmen ist durch eine steigende Datenflut bei gleichzeitigem Informationsdefizit gekennzeichnet. Um dieses Defizit zu überwinden und gleichzeitig die Datenflut in den Griff zu bekommen, stellt die Informationslogistik einen neuen Ansatz dar, der die Information als einen Produktionsfaktor betrachtet. Planende, koordinierende und orientierende Informationen sind in diesem Zusammenhang eine eigene produktive Größe, denn durch sie wird der Einsatz aller anderen Produktionsfaktoren plan- und steuerbar.

Die Informationslogistik umfaßt deshalb auch sämtliche Aktivitäten, durch die eine vollkommene Verfügbarkeit der Informationen sichergestellt wird. Dabei sind drei einander ergänzende Komponenten notwendig:

- Minimierung der Informationsdurchlaufzeit
- Optimierung der Informationsbestände
- Informationsverfügbarkeit "Just In Time".

Die Auffassung der Informationswelt im Unternehmen als Informationsversorgungssystem und die Anwendung logistischer Denk- und Handlungsweisen auf dieses Problemfeld machen es möglich, die Information als Produktionsfaktor zu verwenden und zur Verbesserung der Leistungsfähigkeit des Unternehmens einzusetzen. Wenn Daten als Rohmaterialien betrachtet werden, ist die daraus produzierte Information für das Unternehmen ein Aktivposten mit hohem Wert.

3.2 Information als strategisches Element

Strategien sollen gewährleisten, daß das Unternehmen sicher in die Zukunft steuert und dabei wächst. Warum wissen wir aber trotz der Fülle immens wachsender Informationen weniger über unsere Zukunft als früher, warum erleben Trendforscher einen immer größeren Zulauf? Die Zukunft ist immer weniger planbar, da sie sich ungleich dynamischer gestaltet als früher. Strategien müssen veränderbar sein, damit Unternehmen sich auf den Wandel einstellen und durch Veränderung wachsen können. Gefordert sind Informationen und Informationstechniken, die es erlauben, die Strategien ständig an neue Anforderungen anzupassen.

Unterstützung unternehmerischer Zielsetzungen

Man spricht immer häufiger von der Wertschöpfungskette eines Unternehmens, wobei sich alle Tätigkeiten von der Einkaufsaktivität bis zum Verkauf des Produktes oder der Erbringung einer Leistung zur Gesamtleistung ergänzen. Die Informationstechnik durchdringt die Wertschöpfungskette an jedem Punkt und verändert radikal Wertschöpfungsaktivitäten und die zwischen ihnen bestehenden Verbindungen. Jede Wertschöpfungsaktivität schafft und nutzt Informationen, beispielsweise in der Logistik mit Lieferterminen, Frachtdaten oder Produktionsplänen. Die Leistungsfähigkeit eines Unternehmens wird dadurch ebenso beeinflußt wie die Art und Weise, in der die Wünsche des Konsumenten befriedigt werden können. Diese grundlegenden Effekte erklären, daß die Informationstechnik strategische Bedeutung hat und sich die Information als Erfolgsfaktor von anderen abhebt.

Wettbewerbsvorteile durch Information

Unter Wettbewerbsvorteilen wird die Schaffung eines dauerhaften Vorsprungs vor der Konkurrenz verstanden. Dies kann sich in einem höheren Servicegrad im Vertrieb, dem Preis-Leistungs-Verhältnis der Produkte oder Dienstleistungen, im Firmenimage oder in den technologischen und innovativen Fähigkeiten des Unternehmens äußern. In jedem Unternehmen hat die Informationstechnik erhebliche Auswirkungen auf diese Wettbewerbsvorteile. Durch die Verbindung von Informationssystemen kommt es zu einer Veränderung der Wettbewerbsbreite. Die Informationstechnik schafft es, die Aktivitäten eines Unternehmens regional, national und global zu koordinieren. Dadurch können beträchtliche Wettbewerbsvorteile durch die Globalisierung der Unternehmensstrategien und eine größere Verbreitung der Produkte entstehen. *Dow Jones*, der Verlag des "Wall Street Journal", hatte als erster die elektronische Übermittlung seiner Zeitung an Druckereien eingeführt. Dadurch wurde diese Tageszeitung zur ersten landesweit verbreiteten Zeitung in den USA. Eine große Wettbewerbsbreite erlaubt es auch, Produkte für Nischenstrategien zu entwickeln, was früher nur Unternehmen mit wesentlich schmalerem Wettbewerb konnten. Die Kombination neuer Informations- und Kommunikationstechnologien ermöglicht es, die Beweglichkeit mittelständischer Unternehmen mit den Vorteilen niedriger Stückkosten in großen Unternehmen zu verbinden.

4. Eine neue Informations-Infrastruktur

Es wird immer wichtiger, relevante Informationen zu gewinnen, sie auszuwerten und richtig zu verwenden, um letztlich einen Vorteil im Wettbewerb zu erlangen. Der richtige Einsatz und die Verwendung von Informationen hängen einzig und allein von der Verfügbarkeit und der Auffindbarkeit im Unternehmen ab. Spartenübergreifend müssen Logistik, Planung, Finanz, Einkauf, Fertigung und Vertrieb auf diese Informationen zugreifen können. Mit "Informationen" sind nicht nur Daten in Tabellen gemeint, sondern auch vordefinierte Abfragen, gespeicherte Berichte, Spreadsheets, Dokumente und Bilder. Für dieses breite Anforderungsspektrum ist eine neue Informationsstrategie gefordert, die "den Strukturwandel meistern" kann.

4.1 Mit neuen Strategien den Strukturwandel meistern

Die in den vorangegangenen Abschnitten geschilderten Überlegungen sollen in einer **These** zusammengefaßt werden: *"Um im Strukturwandel bestehen zu können und die gegenwärtige Situation der Informationstechnik in den Unternehmen zu bewältigen, ist man auf neue Strategien für die Informationsverarbeitung angewiesen. Die bisherigen Konzepte können den neuen Anforderungen nicht mehr gerecht werden."* Diese These wird durch neue Anforderungen an die Informationstechnik erhärtet.

Integration der Unternehmensdaten

Die größten Feinde der Datenhaltung sind Redundanz und Inkonsistenz. Redundanz entsteht durch isolierte Anwendungen, Inkonsistenz durch Fehler in Datenbanken. Diese beiden Hindernisse müssen überwunden werden! Ein Datenmodell ist für eine transparente und konsistente Datenbasis unbedingte Voraussetzung. Es ist von enormer Wichtigkeit zu wissen, wo Daten stehen, wer sie verwaltet, wie aktuell sie sind und vor allem, was sie bedeuten. Dabei kommt es nicht auf ein detailliertes Datenmodell an, sondern es genügt ein Basisentwurf, der die Zusammenhänge aufdeckt und die Einheitlichkeit ge währleistet. Das Ergebnis muß ein Unternehmensdatenmodell sein, von dem ausgehend einzelne Anwendungen detaillierter modelliert werden können.

Zugriff auf alle Daten durch Überwindung der Heterogenität

Sind die Daten in einem einheitlichen Modell zusammengefaßt, stellt sich die Frage des Zugriffs auf diese Daten. Um alle relevanten Daten und Informationen im Unternehmen individuell verfügbar zu machen, müssen Mechanismen zur Verfügung stehen, die den Zugang zu verschiedenen Hardware-Plattformen und Datenbank-Managementsystemen ermöglichen. Daneben muß ein Verzeichnis existieren, durch das man alle Arten von Informationen auffinden und abrufen kann. Das Ziel ist, die im Unternehmen vorhandenen Daten ausschöpfen und sie zur Erfüllung der Unternehmensziele verwenden zu können. Dies geht nur, wenn mit integrierten Systemen und Daten die Basis dafür geschaffen ist.

Ein Informationspool für unternehmensweit relevante Daten

In bezug auf Integration und den Zugriff zu relevanten Daten wäre es falsch, den Zugriff zu allen Datenbanken von jedem Punkt im Unternehmen aus zu fordern. Dies wäre aus Gründen der Komplexität und Kapazität der Netzwerke und der zu erwartenden Antwortzeiten nicht vertretbar. Anzustreben ist allerdings ein "Sammelbecken" für Daten als logisches Datenzentrum im Unternehmen. Dies wäre mit einer weiteren Datenbank lösbar, in die eine Untermenge der verfügbaren Datenbestände eingestellt würde. Zusätzlich könnte dann für vorgefertigte Berichte nach wie vor auf operationale Daten zugegriffen werden, denn es ist nicht sinnvoll, alle Daten in eine neue Datenbank zu kopieren. Nur relevante Daten sollen in den "Informationspool" eingestellt werden, wobei die Daten aggregiert und aufbereitet werden können und sich aus der Kombination verschiedener Datenbanken neue Zusammenhänge ergeben.

Umsetzung von Daten in Informationen und von Informationen in Wissen

Wurde der Zugriff auf Daten ermöglicht, kommt es darauf an, die Ressource Information optimal auszuschöpfen. Man muß die Mitarbeiter befähigen, qualitativ hochwertige Informationen zu beziehen, die sie in ihrer Arbeit für den Kunden optimal einsetzen können. Mit Hilfe entscheidungsunterstützender Werkzeuge können Zusammenhänge klar werden; es darf keine Barrieren mehr geben, die produktiver und kreativer Arbeit und dem Dienst am Kunden entgegenstehen. Es kommt nicht mehr nur auf eine gute Informationsbasis an, sondern auch auf die Umwandlung von Information in Kontexte, in erklärende Rahmen. Die Umsetzung der Information anhand bestimmter Rahmenbedingungen und Erfahrungen zu Gesamtzusammenhängen erzeugt Wissen. Die Produktion von Kontexten bzw. Wissen gelingt jedoch nicht mit klassischen Informationsstrategien oder Informationsprozessen, sondern erfordert neue Konzepte.

4.2 Skizze einer neuen Lösung

Zu den genannten Forderungen hat *Gunton* die klare Vorstellung einer zukünftigen Systeminfrastruktur, die in Abb. 2 dargestellt ist. Er fordert drei wesentliche Komponenten: die Informations-Zugriffsdimension, die Dienstleistungsdimension und die Dimension des Austauschs und der Zusammenarbeit.

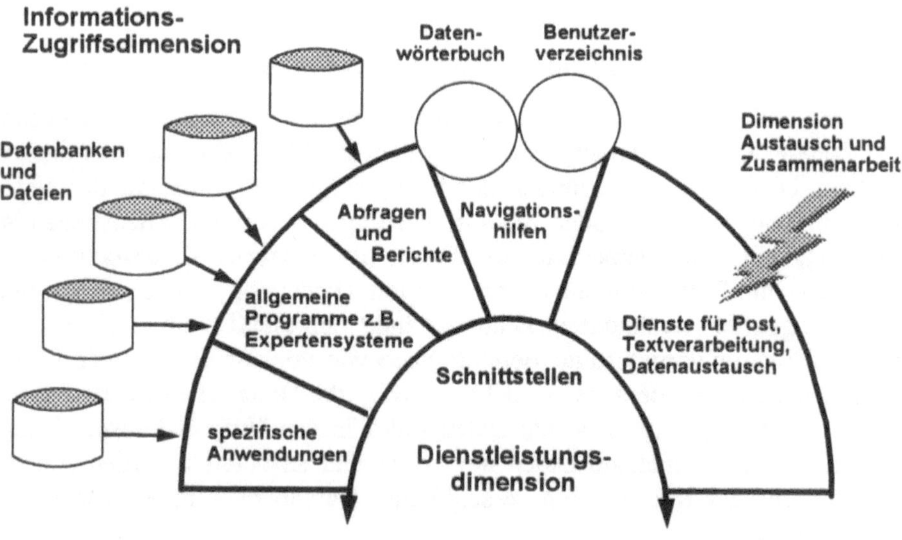

Abb. 2 Skizze einer neuen System-Infrastruktur

Die Informations-Zugriffsdimension stellt Werkzeuge für den Zugriff auf Daten und ihre Bearbeitung zur Verfügung. Die Aktivitäten der Endbenutzer werden von den operationalen Systemen abgekoppelt, womit sich die Flexibilität vergrößert und die Beeinflussung der eigentlichen Arbeit begrenzt wird. Das zentrale Ziel der Dienstleistungsdimension ist, Anwendungen zu schaffen, die die Endbenutzer in ihren Entscheidungen unterstützen. Dabei müssen alle Anwendungen zusammenhängend arbeiten und die Informationen zwischen den Anwendungen übertragbar sein. Die Kommunikation ist stark forciert worden, so daß Informationen elektronisch übertragen werden können. Die Dimension des Austauschs und der Zusammenarbeit fordert aber mehr, da der wirkliche Bedarf nicht in der Informationsübermittlung, sondern in der Zusammenarbeit liegt. Es müssen Anwendungen geschaffen werden, die die Zusammenarbeit über Netze ermöglichen.

Die Anforderungen an zukunftsorientierte Informationsstrategien lassen sich abschließend in drei Schwerpunkte zusammenfassen:

- konsistente und zeitgerechte Bereitstellung aller relevanten Daten im Unternehmen in einem Informationspool,
- einheitlicher Zugriff auf Daten verteilter heterogener Datenbanken und
- effektive Entscheidungsunterstützung durch informationale Anwendungen.

Die Beherrschbarkeit der wachsenden Komplexität der Anwendungs- und Datenlandschaft kann nur durch entwicklungsfähige Infrastrukturen und Architekturen gesichert werden.

5. Ein Blick auf Information Warehouse

Mit einer Information Warehouse-Architektur wird die Grundlage für die Integration aller Daten, die Gewährleistung des Zugriffs auf alle Daten auch für die Zukunft sowie die Basis für das Wachstum der Informations-Infrastruktur und des Unternehmens selbst geschaffen. Somit können dic im vierten Abschnitt dargestellten Anforderungen innerhalb des zuverlässigen Rahmens eines strategischen Konzepts erfüllt werden.

Die Bedeutung eines Information Warehouse ergibt sich dabei aus dem Wert, den die integrierte Information für das Unternehmen darstellt, aus der Bewältigung des informationstechnischen Umbruchs und aus der Mitgestaltung des raschen Wandels der Märkte.

Es wird in Zukunft von immenser Bedeutung sein, den Leistungserstellungsprozeß mit einer anforderungsgerechten Informations-Infrastruktur zu unterstützen. Durch Information Warehouse wird die Information zum "Motor des Wettbewerbs", werden die Management-Informationssysteme (MIS) zu Management-Unterstützungssystemen (MUS). Dies unterstützt den Trend vom passiven MIS-System – Abfragesystem –, zum aktiven Informationssystem, das prozeß- bzw. wertabhängig Informationen liefert, wenn diese zu Entscheidungen benötigt werden. Um diesen Vorsprung zu sichern, muß mit einer neuen Lösung heute begonnen werden, die den Anforderungen von morgen gerecht wird.

Literatur

Augustin, S.: Informationslogistik – worum es wirklich geht!, IO Management Zeitschrift 59 (1990), S. 31-34

Fuchs, J.: Vom Taylorismus zum Organismus - wie Unternehmen leben lernen. IBM Nachrichten 308 (1992), S. 14-23

Gerken, G.: Geist: Das Geheimnis der neuen Führung. Düsseldorf/New York: Econ 1991

Gunton, T.: Optimale Informationssysteme im Unternehmen: Die Informations-Infrastruktur bedarfsgerecht gestalten. Landsberg: Moderne Industrie; London: Prentice Hall International 1990

Heydenreich, N.: Der Turmbau zu Babel – Kommunikation und Organisation in der Informationsverarbeitung großer Unternehmen. In: Langenheder, Werner, Müller, Günter, Schinzel, Britta (Hrsg.): Informatik cui bono? GI-FB 8. Fachtagung, Berlin, Heidelberg: Springer 1992

Lettau, H.-G.: Zukunftsorientierte Unternehmensführung: Acht Faktoren des Erfolgs. Landsberg: Moderne Industrie 1992

Lübbe, H.: Der Lebenssinn der Technik, in: IBM Nachrichten 312 (1993), S. 6-15

Masuda, Y.: Managing in the Information Society. Cambridge: Basil Blackwell 1990

Peters, T., Pümpin, C.: Fit für den Wettbewerb der 90er Jahre? Aus einem Interview von Hoffmann, Jürgen. IO Management Zeitschrift 57 (1988), S. A8-A15

Picot, A.: Der Produktionsfaktor Information in der Unternehmensführung. Information Management 1 (1990), S. 6-14

Porter, M.E., Millar V.E.: Wettbewerbsvorteile durch Information. Simon, Hermann, Bohnenkamp, Joerg (Hrsg.): Wettbewerbsvorteile und Wettbewerbsfähigkeit. Stuttgart: Schaeffer 1988

Ronen, B., Spiegler, I.: Information as Inventory: A new conceptional view. Information & Management 21 (1991), S. 239-247

Rüttler, M.: Information als strategischer Erfolgsfaktor: Konzepte und Leitlinien für eine informationsorientierte Unternehmensführung. Berlin: Erich Schmidt 1991

Sinn, J., Weber, D.: Revolution im Management. Management Wissen 11 (1991), S. 16-27

Tiby, C.: Die Basis unternehmerischer Initiative: Systematisch neue Produkte und Leistungen entwickeln. In: Arthur D. Little International (Hrsg.): Management des geordneten Wandels. Wiesbaden: Gabler 1988

Warnecke, H.-J.: Die fraktale Fabrik: Effiziente Kommunikation für die Produktion von morgen. Springer-Magazin Jubiläumsheft, 1992, S. 56-62

Weule, H.: Information als Produktionsfaktor. In: Goerke, Winfried, Rininsland, Hermann, Syrbe, Max (Hrsg.): Information als Produktionsfaktor. 22. GI-Jahrestagung, Berlin: Springer 1992

Die Vision einer effizienten Unternehmenssteuerung auf der Basis innovativer Führungs-Informationssysteme

Wolfgang Kornblum

1. Problemstellung

In einem Zeitalter des Wandels des wirtschaftlichen, gesellschaftlichen und politischen Umfeldes der Unternehmen, in dem laufend neue, nicht vorhersehbare Probleme und Turbulenzen auftreten – für deren Lösung es keine oder nur wenige Bezugspunkte in der Vergangenheit gibt –, wird die Führung von Unternehmen zu einer zunehmend schwierigen Aufgabe. Eine solche extreme Lage ist vergleichbar mit der Navigation in unbekannten Gewässern, ohne zuverlässige Karte und ohne sichere Orientierung.

1.1 Unternehmerisches Umfeld

Die beschleunigte technische Innovation, die sich in der reduzierten Lebensdauer der Produkte und dadurch auch in den Produktionsanlagen und -verfahren niederschlägt, ist ein Merkmal des intensiven Wandels. Die zunehmende Konzentration, internationale Verflechtung und Globalisierung der Märkte und die damit verbundene Verschärfung des Wettbewerbs sind weitere Merkmale einer strukturellen Veränderung. Zudem gewinnen restriktive Einflüsse des gesellschaftlichen und politischen Umfeldes an Bedeutung. Durch die erhöhte Veränderungsgeschwindigkeit, harten Wettbewerb und hohen Kostendruck wird heute die Geschäftspolitik bestimmt. Der Spielraum für unternehmerische Entscheidungen wird mehr und mehr eingeschränkt. Fehlentwicklungen zu revidieren ist schwieriger geworden.

Gleichzeitig mit den Veränderungen ihres Umfeldes haben sich viele Unternehmen ebenfalls verändert. Die betrieblichen Abläufe sind komplexer und dadurch weniger transparent geworden. Die Vielzahl der externen und internen Einflußfaktoren, ihre wechselseitigen Beziehungen und die Unsicherheit über ihre zukünftigen Entwicklungen führen ständig zu neuen Problemen bei Entscheidungen für die Verantwortlichen der einzelnen Funktionsbereiche eines Unternehmens. Daraus resultiert ein wachsender Informationsbedarf der Entscheidungsträger und ihrer Mitarbeiter, was zu einer Informationsflut geführt hat.

Unternehmen, die nur in einem einzigen Geschäftsfeld agieren, sind selten geworden. Viele Unternehmen haben ihre Angebotspalette erweitert, um die Märkte besser zu bedienen, Risiken zu minimieren oder freiwerdende Kapazitäten zu nutzen. Die wachsende Komplexität dieser Organisationen läßt es nicht mehr zu, sie auf der Basis von Intuition und Improvisation zu führen.

Welche Konsequenzen ergeben sich hieraus für die Führungskräfte und Mitarbeiter eines Unternehmens? Die traditionellen Instrumente und Verfahren des Informationsmanagements werden den resultierenden Anforderungen kaum gerecht. Notwendig ist, daß das Management einen *"Instrumenten-*

kasten" mit Werkzeugen zur sicheren Navigation bereithält. Dies zwingt die Unternehmen, ihre

- Strategien,
- Beziehungen zu den Wettbewerbern,
- Führungssysteme sowie
- Organisationsstrukturen

ständig neu zu durchdenken und sich ändernden Verhältnissen anzupassen.

Diese Herausforderungen ergeben sich aus der Notwendigkeit, im Wettbewerb mit der Konkurrenz zu bestehen und das langfristige Überleben bzw. die Wettbewerbsfähigkeit des Unternehmens unter Berücksichtigung einer Reihe von Randbedingungen, wie Erhaltung der Umwelt, Arbeitszufriedenheit etc., zu verbessern. Für viele Unternehmen bedeutet dieser Wettbewerb ein "Kopf-an-Kopf-Rennen", in dem Produktivität, Effizienz, Schnelligkeit, Innovation und Flexibilität entscheiden. Die Maßstäbe des Unternehmenserfolges sind gleichgeblieben: *Marktanteile, Gewinn* und *finanzielle Solidität*. Neben diesen zentralen Erfolgsvoraussetzungen gewinnen in Zukunft Faktoren wie *Schnelligkeit, Flexibilität* und *Sensivität* gegenüber den Signalen des Marktes sowie *Antizipation* der Bedürfnisse und Erwartungen der Kunden immer mehr an Gewicht. Mit zunehmender Fragmentierung der Nachfrage gewinnt der Begriff "Qualität" eine neue Dimension.

1.2 Die neue Dimension der Qualität

Die *Qualität* ist in diesem Zusammenhang nicht mehr bloß Merkmal eines Produktes, sondern wird zu einer ganzheitlichen Beziehung zwischen dem Unternehmen und dem Kunden.

Die Fähigkeit des Unternehmens, die Erwartungen der Kunden rechtzeitig zu erkennen und zu erfüllen, die Flexibilität und Offenheit gegenüber neuen Kundenwünschen sowie Angebote von Problemlösungen, die weit über die traditionelle materielle Dimension hinausgehen, kennzeichnen den Begriff "Qualität des Leistungsbündels" eines Unternehmens.

Hier die beste Qualität zu erreichen, ist mehr eine Führungsaufgabe als eine Frage der Technologie. Diese Aufgabe erfordert ein neues Durchdenken der internen Funktionen des Unternehmens und seiner Relationen zu Lieferanten, Kunden, Kapitalgebern, Mitbewerbern und der Gesellschaft im Sinne der Umweltaspekte. Notwendig ist ein Denken in einer neuen Dimension. Neben dem simplen "Ursache-Wirkung-Denken" der Vergangenheit, das sich an Einzelproblemen orientiert und auch beachtliche Erfolge erzielt hat, ist die Hinwendung zu einem Denken in größeren Zusammenhängen notwendig – zu einem Verständnis der komplexen Systeme, aus denen das Umfeld des Unternehmens und das Unternehmen selbst bestehen. Neue Konzepte müssen erarbeitet werden. Wer nicht die richtigen Weichen stellt, wird langfristig zu den Verlierern gehören.

Mit starren Strukturen, die durchkonstruiert sind wie eine Maschine, stoßen die Unternehmen heute bei den schnellen Innovationszyklen, der wachsenden Komplexität, der Dynamik und der Globalisierung der Märkte, aber auch bei dem beschleunigten Wandel der Informationsanforderungen und der Geschwindigkeit des Informationstransports (moderne Informations- und Kommunikationstechniken) an ihre Grenzen. Die daraus resultierende enorm wachsende Komplexität der Führung von Unternehmen bekommt man nicht mehr in den Griff durch noch mehr Spezialisierung, noch mehr Regeln, noch mehr Kontrolle und noch mehr Bürokratie. Den erwähnten dynamischen und von Diskontinuitäten geprägten "Umweltbedingungen" kann mit innovativen Unternehmensstrategien besser begegnet werden als mit traditionellen, konformistischen Strategiemustern, die in einer Zeit relativ stabiler Umweltgegebenheiten entstanden sind. Anders formuliert ist demnach die Frage zu beantworten: "Wie sieht das zukünftige Erfolgsfaktorenprofil innovativer Unternehmen aus?"
Mit zunehmender Intensivierung des Wettbewerbs lassen sich Wettbewerbsvorteile nicht mehr – wie in der Vergangenheit – dadurch erzielen, daß mehr Innovation in Automatisierung und Modernisierung der Anlagen oder in Software für die technischen und administrativen Prozesse des Unternehmens investiert wird. Der Erfolg eines Unternehmens im Wettbewerb hängt in der Zukunft mehr denn je davon ab, neue Entwicklungen und Trends im Markt- und Technologieumfeld rechtzeitig zu erkennen und genau so flexibel wie innovativ auf die Signale dieses Wandels zu reagieren. Dazu braucht man ein leistungsfähiges, modernes Unternehmensführungskonzept. Unternehmerischen Erfolgsfaktoren der Zukunft sind u.a.:

- konsequente Orientierung am Kundennutzen,
- Streben nach langfristiger Wettbewerbsfähigkeit und damit Überlebenssicherung,
- Strategie der Differenzierung und Innovation,
- Flexibilität, Schnelligkeit und Sensibilität gegenüber den Signalen des Marktes,
- Strategie der Antizipation der Bedürfnisse und Erwartungen der Kunden,
- Sensibilität für den ökologischen Wandel,
- flexible und schlanke Organisationen,
- konsequentes Kostenmanagement,
- Mitarbeiterführung zu Spitzenleistungen,
- "intelligente" Führungsinformationen.

Je höher das technische und organisatorische Niveau der Produktions- und Verwaltungsprozesse ist, desto selbstverständlicher werden die Qualität der Produkte und die Zuverlässigkeit der Leistungen (materielle Erfolgsfaktoren). Die Unternehmen müssen sich deshalb zusätzlich auf andere Aspekte wie z.B. den Kundenservice, die Lieferzeiten, die Schnelligkeit in der Erfüllung von Kundenwünschen, die Beratung sowie die Kommunikation mit den Kunden konzentrieren, damit den immer individuelleren Anforderungen des Marktes entsprochen werden kann. Diese im wesentlichen immateriellen Erfolgsfaktoren setzen voraus, daß die Führungskräfte und Mitarbeiter auf allen Verantwortungsebenen und an allen Stellen in der Organisation Leistungen erbringen, mit denen sie Werte schaffen und ihrer Umwelt Nutzen bringen. Der Kunde schätzt, pragmatisch formuliert, die "Qualität der Leistungen", die ihm ein Unternehmen bietet. Damit sind nicht nur die Sortimentsbreite und -tiefe sowie die Produkteigenschaften gemeint, sondern auch die Gesamtheit der Beziehungen, die der Kunde mit dem Unternehmen aufrechterhält (z.B. Kundendienst, Verkäufer-Einkäuferverbindung) und über die das Unternehmen die Kunden zu beeinflussen versucht (z.B. Werbung, Unternehmensimage, Verkaufsnetzwerk).

Die Beziehung der Unternehmen zu den Märkten ist jedoch nur eine Seite der Herausforderung. Die andere Seite betrifft die unterschiedlichsten Faktoren der Kooperation mit anderen Unternehmen und Institutionen (z.B. im Logistikbereich, in der Produktion).

1.3 Die Vision des Unternehmens

In einer Zeit, die durch das Fehlen von klassischen Orientierungspunkten geprägt ist, müssen die Unternehmen flexible Strategien entwickeln. Sie müssen vorbereitet sein, rechtzeitig Nutzen aus nicht vorhersehbaren Möglichkeiten zu ziehen und schlecht kalkulierte Risiken abzuwenden. Unter den eben skizzierten Bedingungen muß neben dem strategischen Plan, der auf Prognosen und Szenarien aufbaut, eine *Vision* existieren, die die Richtung weist, die Existenz des Unternehmens langfristig sichert und damit die Führungskräfte und Mitarbeiter motiviert.

Antizipation zukünftiger Potentiale und Risiken, Einbeziehung des Zufalls im Rahmen der Unternehmenspolitik, Reaktionsfähigkeit, Schnelligkeit, Anpassung, konzertiertes und auch individuelles Handeln auf der Grundlage einer Führungskonzeption sowie klare und explizite Strategien sind nur möglich, wenn auch die Führungs-Informationssysteme diese Bedürfnisse abbilden.

Je mehr die Komplexität der Umwelt und des Unternehmens zunimmt, desto wichtiger wird die Fähigkeit zum innovativen Lernen, zur Vorwegnahme der Wünsche und Erwartungen der Abnehmer sowie zum selbständigen, initiativen Handeln. Die Vision des Unternehmens sowie Unternehmenspolitik und Unternehmensstrategien müssen entsprechend den sich stets ändernden Verhältnissen weiterentwickelt werden. Alle Komponenten der Führung müssen ständig neu durchdacht werden, wenn das Unternehmen auf Dauer zu den führenden Wettbewerbern zählen will. In Anlehnung an ein ökologisches Gesetz gilt, daß nur diejenigen Unternehmen überleben werden, deren Führungskräfte und Mitarbeiter besser und schneller lernen als ihre Konkurrenten.

1.4 Das Unternehmen im Wandel

Unternehmen müssen lernfähig und lebensfähig, ja überlebensfähig gemacht werden. Das Leben hat Millionen von Jahren nur dadurch überstanden, daß es sich nicht an starre Strukturen geklammert, sondern ständig geändert, gewandelt, weiterentwickelt und flexibel den Umweltbedingungen angepaßt hat. Wenn einzelne Arten dies versäumt haben, sind sie ausgestorben, wie z.B. die Dinosaurier. Diese waren so groß und gewichtig geworden, daß sie nur noch im Wasser leben konnten und dauernd fressen mußten, wie einige Großkonzerne, die auch nur noch unbeweglich in Liquidität überleben können und ständig neue Firmen kaufen. Wenn die Liquidität aber absinkt, kommt es zu gigantischen Zusammenbrüchen.

Neben dem *Phänomen der Größe und Kumulation von Geschäftsfeldern* rütteln zwei weitere Trends an den starren Strukturen der Unternehmen:

- die wachsende *Freizügigkeit der Informationen* und damit das Entstehen von *"Informations-Osmosen"*
- der *Wandel* der Industrienationen in *Dienstleistungs- und Kommunikationsgesellschaften*.

Die wachsende Freizügigkeit von Informationen hebt allerdings auch die Informationsmonopole innerhalb der Organisationsstruktur des Unternehmens auf und emanzipiert die Kunden zu mehr Informationsunterstützung. Computer, Datenbanken und Netzwerke übernehmen die operativen Planungsprozesse und die Disposition der Produktionsabläufe und der logistischen Kette. Sie erlauben Dezentralisierung der Verantwortung und schnellen Informationsfluß durch die Hierarchie-Ebenen. Netzwerke helfen der Kommunikation. Sie sind das "Nervensystem" in den Organisationseinheiten Unternehmen und Umfeld.

Damit verlagern sich die Schwerpunkte des Informationsmanagements vom Prinzip der hierarchischen, relativ starren und mechanistischen Führung und der budgetgesteuerten Geschäftsvorfälle hin zu flexiblen, qualifizierten und entscheidungsrelevanten Führungssystemen und zu lernenden, flexiblen Unternehmensmodellen. Moderne und umfassende Computernetze und eine "intelligente" Software fördern und verstärken die Fähigkeiten der Mitarbeiter: ihre Kreativität und Initiative, ihr Wissen und ihre Kommunikationsfähigkeit. Die Computer verwalten also keinen vierten Produktionsfaktor "Information", sondern sie helfen durch unternehmensweite und -übergreifende Informationssysteme und anwendungsorientierte Netzwerke, die Innovationskraft als Schlüsselfaktor der langfristigen Wettbewerbsfähigkeit der Unternehmen zu steigern. Dazu genügt es allerdings nicht, mit "rechnerunterstützten Arbeitsplätzen" zu wuchern. Viel wichtiger ist es, die Organisationsstrukturen und Führungskonzepte der Unternehmen wesentlich zu ändern.

Die beiden Trends, die *wachsende "Freizügigkeit der Informationen"* und der steigende Anteil der *"Dienstleistungen"*, bedingen einander und verstärken sich gegenseitig. Um diesen Anforderungen gerecht zu werden, bedarf es kreativer, kommunikativer, entscheidungsrelevanter und endnutzerorientierter Führungs-Informationssysteme sowie kompetenter Mitarbeiter. Ein effizientes Informationsmanagement, das auf diese Anforderungen abgestellt ist, ist ein Schlüsselfaktor für den Erfolg der Unternehmen in den 90er Jahren.

Wer die heutige Situation eines Unternehmens mit der in den 80er Jahren vergleicht, wird wesentliche Unterschiede erkennen. Während einer Zeit schnellen Wachstums, stabiler Umweltverhältnisse und eines begrenzten Wettbewerbs wurden wichtige unternehmenspolitische Entscheidungen oft nur intuitiv gefällt. Heute jedoch, in einer Zeit verlangsamten Wachstums, einer härteren nationalen und internationalen Konkurrenz und wachsender Kostenblöcke ist es schwieriger, Fehlentscheidungen zu revidieren. Die Veränderungen der Umwelt und der Unternehmen selbst haben dazu geführt, daß Fehlentscheidungen eine größere Tragweite haben. Dies erfordert von den Unternehmen flexible Anpassungs- und Aktionsstrategien sowie Wirtschaftlichkeit in allen Unternehmensbereichen. Hieraus ergibt sich auch ein breites Aktionsfeld für die Anwendung geeigneter Instrumente der Unternehmenssteuerung.

Jeder Manager zählt die Entwicklung von Strategien und die Planung zu seinen wichtigsten Aufgaben. Der Vorsitzende der Geschäftsleitung oder eines Vorstandes befaßt sich vorrangig mit strategischen Problemen; und doch unterliegen die Zukunftsentscheidungen vielfach dem Zufall – nicht zuletzt deswegen, weil eine rationale Basis für die Entscheidung oft nicht zu finden ist. Dies hat sicher nichts mit mangelnder Qualifikation der Manager zu rationalen Entscheidungen zu tun, sondern ist vielmehr auf den weitgehenden Mangel an brauchbaren Regeln und Informationen für die Entscheidungsfindung zurückzuführen.

Die vorgenannten Gründe zwingen Unternehmen heute, nach neuen Ansätzen und Methoden zu suchen, die es ihnen ermöglichen, Strategien zu entwickeln, um auch künftig den Herausforderungen der Märkte erfolgreich zu begegnen.

Unternehmen als soziale Organisationen haben die Chance und die Möglichkeit zur "Metamorphose". Sie müssen sich ihrer Ziele, Stärken und Schwächen bewußt werden und darauf ihre Strukturen, Abläufe und Geschäftsprozesse gezielt einstellen. Unternehmen haben die Verpflichtung, sich selbst zu verändern, dauernd zu lernen und lernfähig zu bleiben – zum verantwortlichen Handeln und zum zukunftsorientierten Wandel, und nicht nur zur "blinden Evolution".

Erste Schritte in die richtige Richtung sind die Einführung von Netzwerkstrukturen, wie z.B. die Entwicklung von "Verkaufsnetzwerken", das Kippen der Matrix von der Funktionsverantwortung zur Markt- und Produktverantwortung, die Einführung von Geschäftsfeldeinheiten und Profit-Centern, der Trend zu flachen Hierarchien und die Auflösung von Zentralstäben, an deren Stelle bereichsübergreifende Projektteams treten. Für den Erfolg des Wandels ist jedoch Voraussetzung, daß flexible Führungs- und Organisationskonzepte existieren und von der Unternehmensleitung nicht nur gewollt und gesagt, sondern auch gelebt werden.

Zur Unterstützung dieser Führungs- und Organisationskonzepte stellen Führungs-Informationssysteme eine der wichtigsten Entwicklungen im Bereich Informationsmanagement für die 90er Jahre dar.

1.5 Konsequente Kundenorientierung

Um im zunehmend verschärften Wettbewerb zu bestehen, reicht es längst nicht mehr aus, auf Produkt und Technologie allein zu vertrauen. Vielmehr muß die zukünftige Schlagkraft der Organisation wesentlich stärker in den Fokus gestellt werden: Früher haben die Großen die Kleinen verspeist, jetzt verschlingen die Schnellen die Langsamen. Darüber hinaus tendieren die Kunden zu pluralistischem Verbraucherverhalten und bilden häufig keine Stammkundschaft mehr. Zwar bleiben Produkt und Technologie selbstverständlich wichtige Erfolgsfaktoren im Wettbewerb, doch stößt das reine Mengendenken und die primäre Produktorientierung zunehmend an Grenzen – insbesondere angesichts der zu beobachtenden Änderung des Engpasses. Waren in der Vergangenheit die Produktionskapazität, die Vertriebsorganisation, die Informationstechnologie oder andere interne Organisationseinheiten die Engpässe, so zeigt sich heute eindeutig der Markt und damit der Kunde als Engpaßfaktor.

Die daraus abgeleitete Strategie heißt: Märkte und Kunden müssen entwickelt und in ein Konzept zur konsequenten Kundenorientierung eingebunden werden. Für die meisten Unternehmen bedeutet dies u.a., daß sie sich die Fähigkeit erarbeiten müssen, die gesamte Wertschöpfungskette so zu managen, daß hierüber eine hohe Kundenzufriedenheit erreicht werden kann.

Schlüsselkriterien zur Verbesserung des Kunden-Nutzen-Managements sind u.a.:

- Kundennetzwerk (Datenkommunikation, Informationssystem, Logistik und Warenausstattung)
- Service-Indikatoren gemessen durch:
  - Lieferbereitschaft
  - Lieferschnelligkeit ("Just in Time")
  - Termintreue
  - fehlerfreie Anlieferung
  - Qualitätsmanagement
  - anwendungstechnische Beratung und Kundendienst
  - Antizipation von Sonderwünschen
  - Kompetenz in Umweltfragen
  - marktkonforme Preispolitik und Leistung.

Daß ein solcher Ansatz künftig unerläßlich ist, um im Wettbewerb zu bestehen, wird aus der Dynamik der Entwicklung der Märkte ersichtlich. Den meisten Unternehmen fehlt heute eine durchgängige, übergreifende Philosophie der Kundenentwicklung und ein darauf abgestimmtes Kunden-Nutzen-Management.

2. Unternehmenssteuerung – eine strategische Aufgabe des Managements

Wenn sich alarmierende volkswirtschaftliche Entwicklungen wie Wachstumsrückgang oder -verlangsamung und damit verbundene Strukturveränderungen in der Wirtschaft abzeichnen – insbesondere wenn sie über das gewohnte Maß von Konjunkturschwankungen hinausgehen –, erscheint es für die Unternehmen immer schwieriger, lang- und mittelfristige Planungen zu erstellen. Die konventionellen Drei- bis Fünf-Jahres-Pläne sind oft bei ihrer Fertigstellung schon veraltet. Werden darüber hinaus Vergangenheits- und Gegenwartswerte lediglich extrapoliert – wie vielfach üblich –, dann sind die "Planungen" nur als Prognose- bzw. Vorschaurechnungen zu betrachten. Mit ihnen läßt sich jedoch kein Unternehmen in eine fernere und damit unsichere Zukunft steuern.

2.1 Die Marktmechanismen

Am Beispiel der Papierindustrie werden in diesem Artikel Marktmechanismen beschrieben, die sich auch auf andere Industriezweige ohne weiteres übertragen lassen.

Die Analyse der Vergangenheit verdeutlicht, daß die Marktentwicklung durch einen ständigen Wechsel wirtschaftlicher Hochphasen mit darauffolgenden Nachfrageeinbrüchen gekennzeichnet ist. Diese Einbrüche sind durch ein Auseinanderlaufen von Kapazität (Angebot) und Nachfrage charakterisiert. Die Ursachen hierfür liegen bei mangelnder Nachfrage, aber auch bei zu optimistischer Kapazitätsplanung.

Rationalisierungsinvestitionen bei gleichzeitiger Überschätzung des Marktwachstums führen zu Überkapazitäten und damit zu einem potentiellen Überangebot. In einem Markt, der durch freien Zugang konkurrierender Papiererzeuger des In- und Auslands bei weitgehender Substituierbarkeit der konkurrierenden Produkte, hohe Transparenz und schnelle Reaktionsmöglichkeiten von seiten der Anbieter und Nachfrager gekennzeichnet ist, können sich Ungleichgewichte von Angebot und Nachfrage schnell auf die Preisgestaltung auswirken.

Zeitreihen der Vergangenheit haben gezeigt, daß dieser Markt-Preis-Mechanismus nach unten hin sehr schnell, nach oben hin aber langsam funktioniert. Analysen der statistischen Zeitreihen belegen, daß in Phasen guter Nachfrage die Preise nahezu parallel zu der steigenden Kostenentwicklung verlaufen. Sie orientieren sich nicht voll an der Marktkraft des relativen Unterangebotes. In Zeiten rückläufiger Nachfrage und Beschäftigung hingegen funktioniert der Marktmechanismus: Die Preise sinken.

Auf die Frage, warum der Marktmechanismus nur einseitig funktioniert, wird die Befürchtung, Marktanteile zu verlieren, als möglicher Grund genannt. Die auch bei Unterbeschäftigung aus Tradition gestellte Forderung nach Vollauslastung und die Meinung, hohe Kapitalintensität verlange Maximalauslastung, gibt dem Mengendenken nur zu oft Vorrang vor dem Ergebnisdenken. Dabei wird oft übersehen, daß einem Anbieter, der das Preiskarussell in Bewegung setzt, in kurzfristiger Reaktion die Konkurrenten folgen. Letztlich finden sich alle auf einem niedrigeren Preisniveau wieder.

2.2 Die Marktanforderungen verändern sich

Hinzu kommt, daß sich die Engpaßsituation für die Unternehmen geändert hat. Während in der Vergangenheit die Produktionslinien (Kapazitäten) den Engpaß darstellten, hat sich dieser nun in den Markt (Kunde) verlagert. Dies bedeutet u.a. eine Neuorientierung des betriebswirtschaftlichen Denkens.

Nicht die Menge und die Produktivität alleine, sondern die Qualität der Gesamtleistung für den Kunden ist Erfolgsfaktor.

Geht die Nachfrage strukturell, konjunkturell oder saisonal bedingt zurück, so kann auch ein Nachgeben in der Preishärte die Nachfrage nicht stimulieren. Es tritt vielmehr die Situation ein, daß Preise und Mengen zurückgehen.

Betrachtet man dazu noch die Wettbewerbssituation der Unternehmen, so zeigt die Anbieterstruktur mehrere gleichwertige, leistungsstarke Anbieter (Polypol). Der starke Konkurrenzdruck wird außerhalb der Bundesrepublik Deutschland durch die Integration von Industrie und Feinpapiergroßhandel noch verstärkt. Die zunehmende Internationalisierung und Globalisierung der Märkte, wettbewerbsverzerrender Kostendruck, Wechselkursdevaluierung und der Importdruck ehemaliger "Ostblockländer" und der "Drittländer" verstärken die Situation.

Vor diesem Hintergrund ist die Unternehmenssteuerung eine hohe Herausforderung an das Management der Unternehmen, verlangt sie doch Verantwortungsgefühl für das eigene Unternehmen und die gesamte Branche, richtige Einschätzung der Entwicklung, rechtzeitiges Vorausdenken und entsprechende Vorsteuerung von Logistik, Produktion, Verkauf und Finanzen.

Aus dieser Problemstellung heraus ergibt sich die Forderung nach Neuorientierung und systematischer Erarbeitung und Realisierung von zielorientierten Strategien und Maßnahmen. Dies darf nicht verwechselt werden mit langfristigen Unternehmensplänen, die so gut das "Gewissen" beruhigen und den Anschein geben, daß nur operative Probleme bestehen und das Unternehmen langfristig erfolgreich ist, also strategisch von selbst richtig liegt.

Um im zunehmend verschärften Wettbewerb zu bestehen, reicht es längst nicht mehr aus, nur auf das Produkt und den Kunden zu vertrauen. Vielmehr müssen zukünftige Märkte und Kunden entwickelt und in ein Konzept zur konsequenten Kundenorientierung eingebunden werden (Kunden-Nutzen-Management).

Gewinner von morgen werden insbesondere diejenigen Unternehmen sein, die die Anforderungen des Marktes im Hinblick auf Innovationshäufigkeit, Reaktionsfähigkeit (einschließlich Antizipation) sowie logistische Leistungsfähigkeit und Serviceorientierung besser und schneller als der Wettbewerb zu erfüllen vermögen.

In den zukünftigen Märkten ist nur derjenige wettbewerbsfähig, der über eine effiziente Organisation verfügt. Zugleich stellt dies ganz andere Anforderungen an das Controlling und die Informationsverarbeitung, als das vorher der Fall war.

Zusammenfassend bedeutet eine *wirkungsvolle Unternehmenssteuerung:*

- strategisch denken
- über Ziele führen statt durch den täglichen "Sattelbefehl"

- Daten der Jahresplanung nicht in eine längere Zukunft extrapolieren (Hockey-Schläger-Effekt)
- Marktveränderungen so früh wie möglich transparent machen
- gegensteuern, d.h. anhand von Tendenzanalysen rechtzeitig merken, daß Verluste entstehen könnten, und dem entgegenwirken
- eine Balance zwischen Agieren und Reagieren am Markt
- nutzen von Chancen und erkennen von Risiken
- Erfolgspotentiale schaffen (Szenarien, Vision, ...)
- Frühwarnung und Optimierung
- Forecast und Simulation von Entwicklungen
- Maßnahmen vorher im Kopf haben, damit man sie nachher nicht bloß in den Beinen haben muß (Schuhsohleneffekt).

Zur wirkungsvollen Unternehmenssteuerung ergibt sich eine Vielzahl von Wegen und Möglichkeiten, wie ein Unternehmen im Markt zu steuern ist und wie Managementinformationen aufbereitet werden müssen. Hier muß ein *"Werkzeugsystem"*, bestehend aus den Komponenten

- Data Support
- Decision Support
- Executive Support
- Knowledge-based Support,

bereitstehen.

3. Anforderungsprofil an ein "Werkzeugsystem"

Zur Unternehmensstrategie gehört es heute, kritische Erfolgsfaktoren festzulegen und zu verfolgen. Werkzeuge dafür sind *computerunterstützte Führungs-Informationssysteme*, die die generelle Aufgabe haben, dem Management als *Navigationsinstrument* zu dienen.

Die traditionellen Instrumente und Verfahren der Informationsverarbeitung werden hieraus resultierenden Anforderungen kaum gerecht.

Die Versorgung des Managements mit Führungsinformationen erfolgt in der überwiegenden Mehrzahl mit Hilfe gedruckter Berichte oder überfrachteter Bildschirmseiten, die positive wie negative Entwicklungen ex post darstellen. Die dahinterstehenden Systeme sind jedoch von der zu verarbeitenden Flut interner und externer Daten vermehrt überfordert und ersticken ihrerseits das Management mit einer enormen Flut an Informationen. Im gleichen Zuge wird ein Mangel an "*echter Information*" offenbar, d.h. an situativ selektierten, visuell aufbereiteten und nicht zuletzt bei Bedarf unmittelbar zur Verfügung stehenden Daten.

Hinzu kommt, daß sich das Profil des Informationsbedarfs der Fachabteilungen gewandelt hat (Abb. 1).

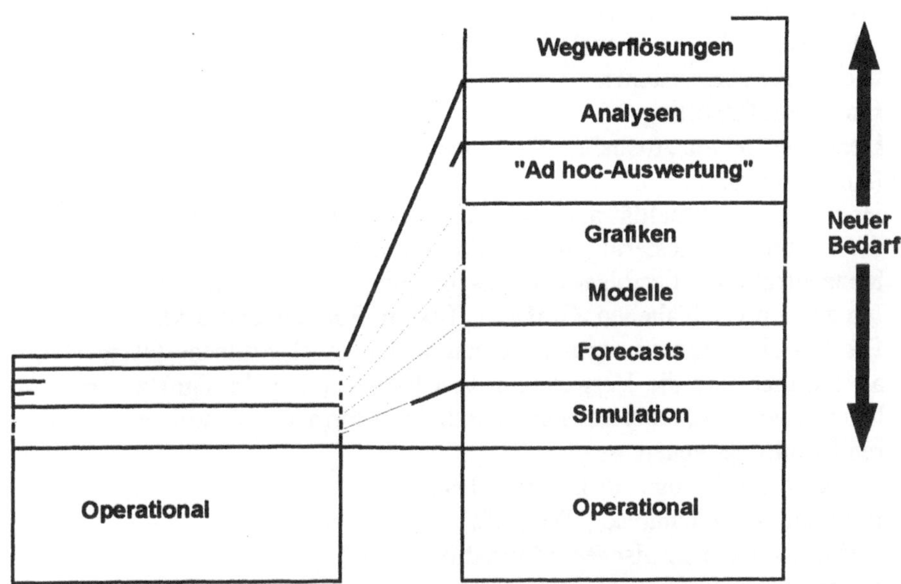

Abb. 1 Das Informations-Anforderungsprofil der Fachbereiche

Welche Anforderungen sind also an einen zeitgemäßen "Werkzeugkasten" zur Unternehmenssteuerung zu stellen?

Qualitative Informationsdarstellung

- Noch so vollständige Informationen aus einem Teilbereich sind von geringem Wert (oder können sogar kontraproduktiv sein), wenn dabei komplexe Kausalbeziehungen vernachlässigt werden. Für unternehmerische Entscheidungen müssen Informationen aus allen Bereichen des Unternehmens und seines ökonomischen Umfelds (Zugriff auf externe Daten) in einer hoch verdichteten und für die jeweiligen Managementebenen geeigneten Aussageform verfügbar gemacht werden. Diese Verdichtung darf jedoch den gezielten Zugriff auf Detailinformationen nicht erschweren.
- Es muß die Möglichkeit bestehen, die Extraktion einer Datenbasis nach individuell formulierten Such- und Selektionskriterien vorzunehmen, d.h.

Implementierung von "Drill-Down" und Führung des Benutzers beim Navigieren.

- Trendanalyse und Disaggregation von Informationen:
  Es ist weniger Präzision im Sinne von Dezimalstellen gefordert. Vielmehr müssen Ergebnisse und Entwicklungen möglichst genau widergespiegelt werden. Dies setzt einmal mehr absolute Aktualität voraus. Bei numerischer Information sind zusätzlich Möglichkeiten der Trendextrapolation und der Disaggregation bereits kumulierter Vergangenheitswerte wünschenswert, d.h. es bedarf einer Dynamisierung der bisher durchweg statischen Berichtssysteme.
- Exception Reporting:
  Hervorheben von Ausnahmesituationen auf der Basis von Schwellenwerten (Ampeldesign)
- Höhere Datenaktualität als in monatlichen Berichten ("Nichts ist so alt wie die Zeitung von gestern!") und Schlüsselinformationen
- Konzentration auf erfolgs- und entscheidungsrelevante Informationen
- Integration von Tabellen, Grafiken, Texten, Sprache und Bild:
  Die Berichte müssen ergänzt werden durch soviel grafische Interpretation als möglich und die Verwendung von Farben (Ampeldesign) zur Hervorhebung von Problembereichen. Textliche Informationen sollten zur weiteren Erklärung dienen.
- Einfache Werkzeuge zur Datenanalyse
- Einfache Modellanalyse ("What if?", Simulation)
- Aufbereitung strategischer Informationen
- Breiteres Informationsspektrum:
  - Verknüpfung von Informationen aus verschiedenen Quellen einschließlich externer Daten
  - Vergleichende Darstellung von Informationen (wenn möglich auch der Konkurrenz)
  - Informationen über Markt- und Wirtschaftstrends
- Übersichtliche, individuelle Szenarien.

Flexibler Informationszugang

- Extrem komfortable Benutzungsoberfläche und Bedienung, z.B. durch Menüs, Hot Spots, Icons, Maus etc.
- Integration in die Unternehmenskommunikation, z.B. Schnittstelle "Bürokommunikation"
- Anschluß an externe Datenbanken
- Zuschnitt auf den kognitiven Stil des Managements
- Systemarchitektur muß schnelle Änderungen (Flexibilität) und Wachstumspotentiale ermöglichen (Systemrevolution). Ein statisches System ist ein totes System.

- Instrument zur proaktiven Bewältigung von Problembereichen, d.h. die Werkzeuge müssen zu mehr Produktivität und Effizienz des Managements führen und nicht nur der Darstellung von Informationen dienen.
- Bestandteil der Unternehmenskultur
- Durchdringung der Gesamtorganisation.

4. Neue Herausforderungen an die Unternehmensführung und Abschied von alten Zöpfen

Neue Marktstrukturen erfordern andere Unternehmensstrategien und darauf zugeschnittene Organisationsformen, unabhängig davon, welche strategische Neuorientierung maßgebend ist: Ob stärkere Segmentierung nach Geschäftsfeldern, globale Vermarktung, Zeitoptimierung oder Konzentration auf Kernkompetenzen – die Unternehmensstruktur ändert sich in jedem Fall. Häufig führt das zu einer Neuabgrenzung von Geschäftsfeldern, die jeweils eigene Anforderungen an den Markt stellen und für die spezifische Erfolgsfaktoren gelten, und zu selbständig operierenden Geschäftsbereichen (Profit- oder Cost-Center).

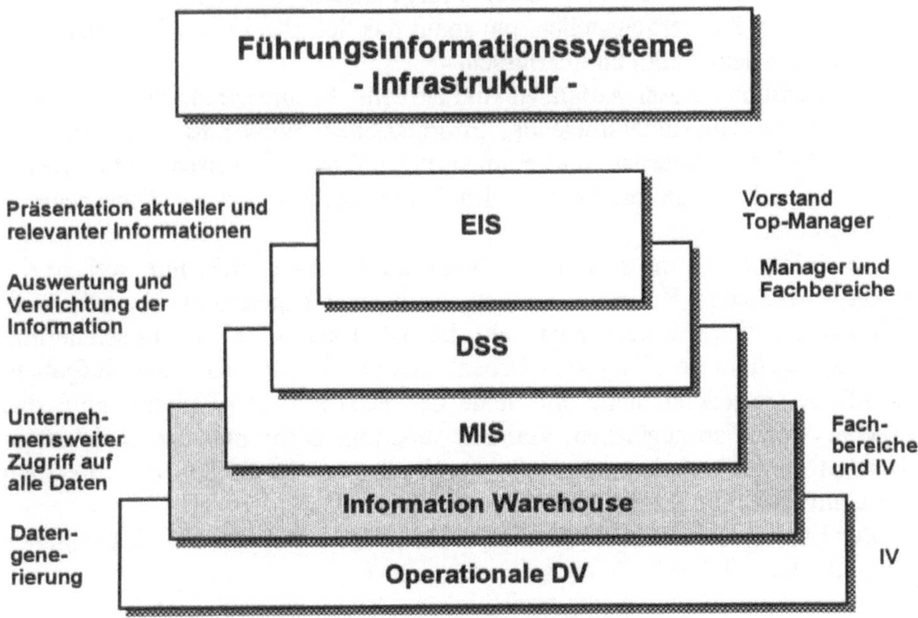

Abb. 2 Infrastruktur von Führungsinformationssystemen

Das vom Markt her inspirierte neue Denken bleibt nicht ohne Rückwirkungen auf die Aufgaben der Unternehmensführung. Deren Infrastruktur ist in vielen Unternehmen noch auf die Verhältnisse der 80er Jahre zugeschnitten. Das hemmt die Fähigkeit, auf veränderte Anforderungen zu reagieren, die der Markt an das Unternehmen und dessen organisatorische Leistungsfähigkeit stellt.

Die hier skizzierten Herausforderungen, Zusammenhänge und Entwicklungen erfordern andere Schwerpunkte. Im folgenden werden einige dieser neuen Säulen des Aufgabenspektrums erläutert:

Elemente und Säulen

Während sich das Gestern in erster Linie auf reine Abwicklungs- sowie Berichts- und Kontrollsysteme bezog, stützt sich die vorgenannte Aufgabenstellung heute im wesentlichen auf die Ebene der entscheidungsunterstützenden und Executive-Information-Systeme.

Um ein Unternehmen an die sich ständig ändernden Verhältnisse des Umfeldes (z.B. Markt) anzupassen, ist es unbedingt erforderlich, von den Bedingungen der Gegenwart in die überschaubare Zukunft zu blicken. Über die Vergangenheit liegen zuverlässige Aussagen vor, die aber nicht mehr zu ändern sind; über die Zukunft kann man zwar keine sicheren Aussagen machen, man kann sich aber durch systematische, strategische Aktivitäten besser auf die Zukunft einstellen, um somit das Schicksal eines Unternehmens nicht zu sehr dem Zufall zu überlassen.

Zur Erfüllung dieser Aufgaben sind aktuelle, benutzerfreundliche und lesbare entscheidungsunterstützende Informationen notwendig. Sie müssen darüber hinaus "Forecast- und Frühwarncharakter" aufweisen, damit rechtzeitig Veränderungen im Umfeld des Unternehmens und im Unternehmen selbst erkannt werden.

So verlangt z.B. die strategische Verkaufssteuerung nicht nur, weit in die Zukunft reichende Konzepte zu entwickeln und gegenseitig abzustimmen. Solange nur dieses Ergebnis entsteht, ist die strategische Verkaufssteuerung eine "Wolke über dem Tagesgeschehen". Sie überschattet die Tagesaufgaben, beeinflußt sie jedoch nicht. Im Sinne der Feed-Forward-Planung muß das Ergebnis einer strategischen Verkaufssteuerung nicht nur das langfristige Konzept zeigen, sondern auch die unmittelbar nächsten Schritte, die man heute tun muß, um Erfolgspotentiale aufzubauen.

Zur Lösung der unterschiedlichen Problemstellung ergibt sich das folgende Methodenbündel:

- Abweichungsanalyse
- Simulation
- Sensitivanalyse

- Forecast
- Frühwarnung
- Optimierungsrechnung
- Grafik
- Berichte.

Eckpfeiler und Elemente solcher Systeme zur Unternehmenssteuerung sind:

- Modelle zur Anpassung von Beschäftigungsänderungen
    - Produktions- und Verkaufsoptimierung mit Hilfe der "Linearen Optimierung"
    - Simulation und Sensitivitätsanalysen
    - Ergebnisauswirkungen (Verkaufspreis, Deckungsbeitrag, Unternehmenserfolg, Finanzen)
- Strategische Verkaufssteuerung
    - Verkaufserfolgsrechnung (DB[1] pro Mengeneinheit, DB pro Maschinenstunde, DB-Volumen)
    - Sortimentsanalyse (Sortimentsmatrix, strategische Klassifizierung)
- Produktionsoptimierung
    - Produkterfolgsrechnung (Produktivität, DB pro Maschinenstunde, Rangfolgenrechnung)
    - Auslastungsrechnung von Kapazitäten
    - Optimierungsrechnungen (Produktionsplan, Maschinenbelegung)
- Planungs- und Forecast-Modelle
    - lfd. Monat
    - lfd. Geschäftsjahr
- Finanzmodelle
    - Ergebnis
    - Bilanz
    - Finanzplan
    - Kapitalbewegung
    - Cash Flow und ROI[2]
    - Investitionsrechnungen
    - Vergleichsrechnungen
- Frühwarnsysteme
    - Auftragseingang
    - Auftragsbestand
    - Absatz

---

[1] Deckungsbeitrag

[2] Return on Investment

    - Verkaufspreise
    - Deckungsbeitrag einschl. Fixkostendeckungsrechnung
    - Bestandsmanagement
    - Lieferzeit und Lieferbereitschaft
    - Kostenmanagement
- Profit-Center-Analysen
    - Sortiment
    - Region
    - Vertriebsweg
    - Kunde
    - Auftrag
- Marketing-Modelle
- "Customer Measurement".

Aus der Vielzahl der Systeme sollen die "Modelle zur Anpassung an Beschäftigungsänderungen" und zur "Strategischen Verkaufssteuerung" diskutiert werden.

Modelle zur Anpassung an Beschäftigungsänderungen

Diese Modelle untersuchen, wie sich ein Unternehmen an veränderte Marktsituationen anpassen kann. Für den Fall rückläufiger Nachfrage bieten sich unterschiedliche Maßnahmen an. Hierbei lassen sich zum einen langfristige, einer Krise vorbeugende und zum anderen relativ kurzfristige Maßnahmen unterscheiden. Überlegungen, die eine mengenmäßige Entlastung des Marktes zur Folge haben, ist daher der Vorrang einzuräumen. Es ist empfehlenswert, die möglichen Maßnahmen vorausschauend zu durchdenken und Alternativrechnungen anzustellen, um für den Fall der Krise komplette Pläne und Strategien "in der Schublade" zu haben. Dies schützt vor Improvisation und Maßnahmen, die zwar kurzfristig hilfreich sein können, aber langfristig dem Unternehmen schaden. Im einzelnen sind zu nennen:

- Stillstände
  Sie haben zur Folge:
    - Fabrikstillstand
    - Abstellen von einzelnen Produktionslinien
    - Kurzarbeit
    - Änderung des Schichtsystems
    - Betriebsferien
    - Kombination der vorgenannten Maßnahmen

- Lagerproduktion
  Sie ist nur sinnvoll, wenn der Lagerabbau in einem überschaubaren Zeitraum zusätzlich zu der laufenden Produktion erwartet wird. Die Lageraufstockung muß gezielt vorgenommen werden, d.h. für umschlagshäufige Produkte. Überlagern sich saisonale und konjunkturelle Nachfrageeinbrüche, ist ein Lageraufbau mit Vorsicht zu betrachten, da die aufgebauten Lagermengen irgendwann auf den Markt drängen.
- Ventilmärkte
  Als "Ventilmärkte" sind z.B. Überseemärkte zu verstehen, auf denen kurzfristig Mengen untergebracht werden, die die Stammärkte nicht aufnehmen. Es besteht die Gefahr der Rückkoppelung auf den Stammarkt (Gefahr von Preiseinbrüchen).
- Sortimentssubstitution
  Hier werden Sorten durch solche mit einem höheren DB1 pro Mengeneinheit oder DB pro Maschinenstunde ersetzt (Zielkonflikte zwischen Produktion und Verkauf).

Welcher der o.a. Maßnahmen der Vorzug zu geben ist, sollte aufgrund einer Modellrechnung beurteilt werden. Eine solche Modellrechnung beantwortet die Fragen:

- Wie wirkt sich die durch Stillstand induzierte Mengenreduzierung auf den durchschnittlichen Verkaufspreis, den DB pro Mengeneinheit und das Ergebnis aus?
- Was entsteht an höheren Kosten durch Stillstand und Wiederanfahren der Produktionslinien?
- Welche der Produktionslinien sollen in welchem Umfang abgestellt werden (Kostenvergleichsrechnung)?

Die Entscheidung, welche der aufgeführten Alternativen zu wählen sind, wird durch Rechenmodelle unterstützt. Diese Entscheidung ist mit einer Vielzahl von Risikofaktoren verbunden. Dem gegenüber steht aber die sichere Erkenntnis, daß Nichtanpassung zu Preisverfall und Bilanzverlusten führt.

Modelle zur strategischen Verkaufssteuerung

Auf der Basis der Ergebnisse der Modellrechnung wird nun versucht, das Sortiment zu klassifizieren. Ausgangspunkt für die Sortimentsmatrix ist eine Verkaufserfolgsrechnung, die das Sortiment nach den Erfolgskriterien DB pro Mengeneinheit, DB pro Maschinenstunde und DB-Volumen in Rangfolgen gliedert. Das Prinzip der Sortimentsmatrix beruht darauf, daß man versucht, die einzelnen Sortimentsgruppen zu positionieren. Die Matrix basiert auf den Dimensionen DB pro Mengeneinheit, DB pro Maschinenstunde und DB-Volumen und umfaßt in stark vereinfachter Weise lediglich vier Felder (Portfolio nach der Boston Consulting Group). Mit der Positionierung in einem der Felder ergeben sich bereits prinzipielle strategische Schlußfolgerungen:

- "Cash Cows" müssen "gemolken" werden.
- Der durch die "Cash Cows" gewonnene "Cash" sollte zur Förderung der "Stars" eingesetzt werden.
- "Poor Dogs" sind zu liquidieren.
- Im Falle der "Question Marks" ist zu prüfen, welche der positionierten Sortimentsgruppen zu "Stars" (oder auch "Cash Cows") gemacht werden können und auf welche man angesichts knapper Ressourcen (oder auch aus anderen Gründen) verzichten muß.

Die durch solche Modellrechnungen herausgearbeiteten Informationen dienen zur Unterstützung der Entscheidungsfindung. Die Entscheidung, welche Strategien einzuschlagen sind, muß das Management selbst fällen.

4.1 Bereitstellung bereichsübergreifender Methoden- und Modellbanken

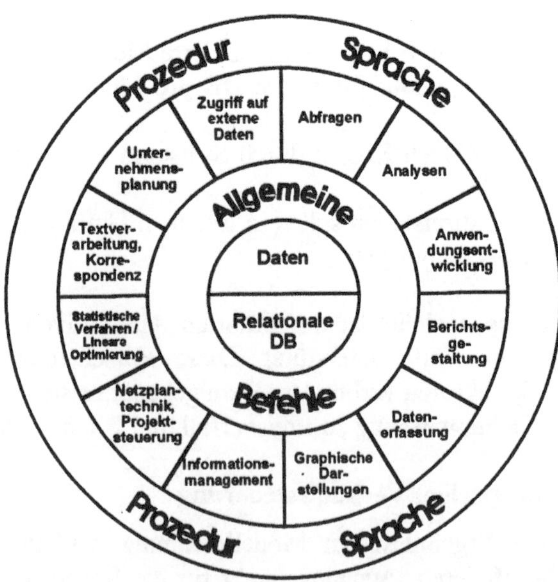

Abb. 3 Werkzeugkasten für Führungsinformationssysteme

Mit einem solchen *"Werkzeugsystem"* werden zur Zeit neben den bereichsübergreifenden strategischen und operativen Planungsrechnungen die folgenden Anwendungen geleistet:

- Abweichungsanalyse, Interpretation und Diagnose
- Sensitivitätsanalyse ("Was wäre, wenn ...?" bzw. "Wie ist zu erreichen, daß ... ?")
- Simulationsrechnungen
- Forecast-Rechnungen
- Modellrechnungen
- Frühwarnung
- Mathematische und statistische Anwendungen (z.B. Optimierung, Netzplantechnik)
- Analysen, Berichte und Ad-hoc-Auswertungen.

Die Ergebnisse dieser Anwendungen werden in Form von farbigen Grafiken übersichtlich und in mit wenigen Zahlen versehenen Tabellen und standardisierten Berichten ausgegeben. Die Grafiken dienen insbesondere dazu, auf einfache Weise Sachverhalte wie z.B. Trends, Abweichungen, Vergleiche und Beziehungen sofort deutlich zu machen, und das viel einprägsamer als jede Tabelle oder Liste. Welche Form der Darstellung man wählt, hängt von den Daten und der Aussage ab, die man machen will.

Die Entwicklung der Problemlösung und die Arbeit am Bildschirm wird in gleichem Umfang von den Bereichsleitern, ihren Abteilungsleitern und Mitarbeitern getan.
Die Einordnung des "Werkzeugkastens" als Instrument der entscheidungsunterstützenden Informationsverarbeitung in die existierende Informationslandschaft zeigt Abb. 4.

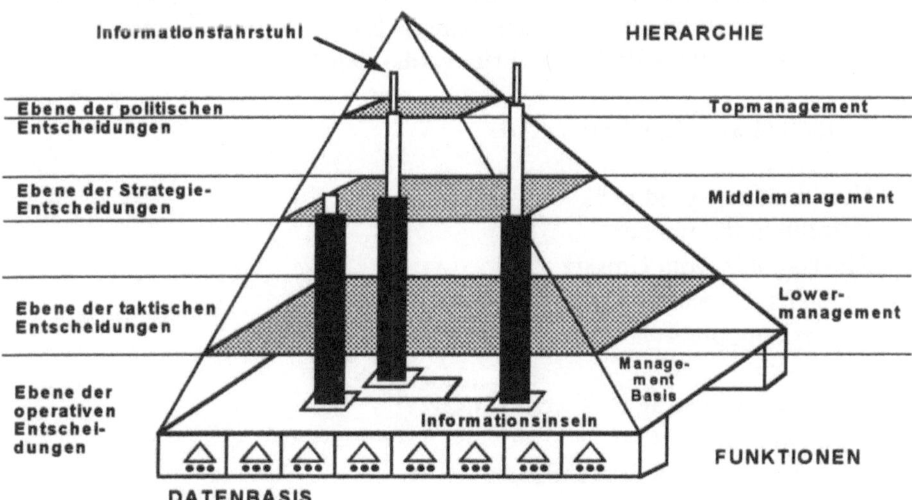

Abb. 4 Verbindung zwischen Organisations- und Informationspyramide

Dieses "Werkzeugsystem" ist Basis zur Problemlösung von Aufgaben sowohl der Unternehmensplanung als auch aus dem kaufmännischen, technischen und mathematisch-statistischen Bereich. Die Verwendung dieser Möglichkeiten – einzeln oder kombiniert – machen es zu einem wirtschaftlich arbeitenden Instrument für die Lösung von Problemen, die in den unterschiedlichen Fachabteilungen auftreten. Der Nutzen beim Einsatz dieses Systems wird durch die schnelle Durchführung im Dialog erreicht, was besonders bei der Durchleuchtung alternativer Strategien wichtig ist. Die Fähigkeit, sofort präsentierbare Berichte und Grafiken zu erzeugen, beschleunigt die Entscheidungsprozesse. Der Anwender (= Auftraggeber) entwickelt, betreibt und pflegt seine Problemlösung im Dialog mit dem Computer und kennt damit seine Anwendung am besten. Er ist "Know-how-Besitzer". Die Informationsverarbeitung wird somit entlastet, Kommunikationsverluste werden vermieden.

4.2 Unterstützung im Rahmen des Krisenmanagements

Die Hauptgründe einer Krise lassen sich wie folgt formulieren:

- mangelnde Anpassung
- mangelnde Kontrolle
- zu hohe Risikofreudigkeit
- externe Einflüsse.

Die Sensibilisierung einer Krise läßt sich über Krisenindikatoren (quantitativer und qualitativer Art) steuern. Einige dieser Indikatoren sind im folgenden aufgezeigt (Stichwort "Frühwarnsystem"):

Krisenindikatoren quantitativer Art:

- Verschuldungsgrad in %
- Nettoumlaufvermögen
- Zinslast in % vom Umsatz
- Ergebniskompetenzen
  - Verkaufspreis
  - Absatz
  - Deckungsbeitrag in % vom Umsatz
  - Gewinn absolut
- Debitoren- und Kreditorenfristen
- Lagerumschlagshäufigkeit
- Anzahl Reklamationen
- Personalfluktuation, Krankenquote etc.

Krisenfaktoren qualitativer Art:

- Management
  - erkennt und kontrolliert die Ereignisse nicht
  - reagiert, statt zu agieren
- Personal/Organisation
  - schlechte Stimmung
  - "Schönreden"-Mentalität
  - Jammern
  - keine klaren Verantwortungen / Kompetenzen
- Kunden wenden sich ab
- Lieferanten verlangen Voraus- und Barzahlungen
- Schlechte Kontakte zu Banken
- Führungsinformationen
  - unpräzise, unvollständig, zu spät
- Schulden werden bei Fälligkeit nicht bezahlt.

Bei der Bewältigung von mittel- und langfristigen Krisen sind einige Fallen zu beachten und zu meistern:

- DB-Falle
- Break-even-Falle
- ABC-Falle
- Losgrößen-Falle.

4.3 Lean Reporting

Angebotene und nachgefragte Führungsinformationen müssen kritisch auf ihre objektive Relevanz geprüft werden. Ziel ist es, durch intensive Abstimmungsgespräche und durch Entrümpelung des Berichtswesens nachgefragte, angebotene und objektiv notwendige Informationen zunehmend zur Deckung zu bringen.

Durch die Definition von wesentlichen Erfolgsfaktoren für das Unternehmen (Geschäftsprozesse, Organisationseinheiten) sowie die Meßarbeit und Bewertung relevanter Indikatoren läßt sich der Informationsbedarf objektiv ableiten.

"Nackte" Daten gibt es heute in fast allen Unternehmen im Überfluß (Informationsflut), an steuerungsrelevanten Informationen indes herrscht akuter Mangel. Die Notwendigkeit, auch dem Berichtswesen eine "Entschlackungskur" zu verordnen, ist evident.

Ein richtig genutztes "Lean Reporting" bringt:

- marktbezogene Nutzeffekte
- interne Nutzeffekte und
- Zufriedenheit der Benutzer (Management, Controller).

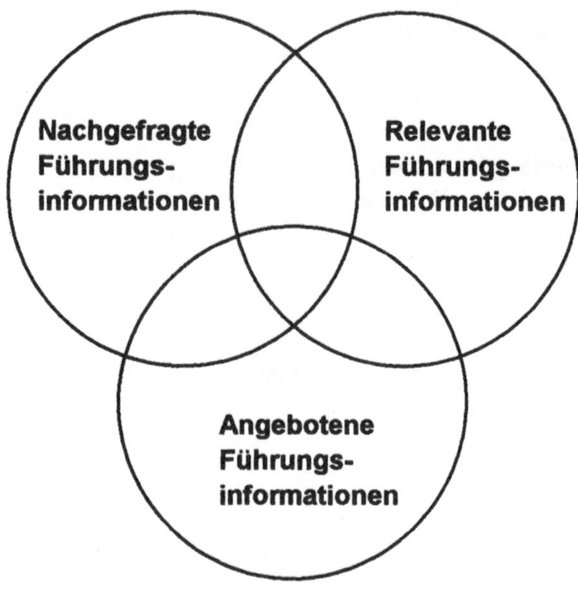

Abb. 5 Festlegung objektiv richtiger Führungsinformationen

"Lean Reporting" schafft darüber hinaus im Management ein neues Bewußtsein für die Wichtigkeit markt- und erfolgsrelevanter Führungsinformationen.

4.4 Effizientes Maßnahmen-Controlling

Die konsequente, bereichsübergreifende und problemorientierte Umsetzung von Maßnahmen und deren Verfolgung ist einer der Schlüsselfaktoren für ein effizientes Controlling im Unternehmen. Die Funktionsfähigkeit eines solchen Maßnahmen-Controlling hängt entscheidend von den Antworten auf die folgenden Fragen ab:

- Besteht ein aussagefähiges betriebswirtschaftliches Rechnungswesen? (Stichworte: marktorientierte Fixkosten-Deckungsrechnung, strategische Geschäftseinheiten und Profit-Center, Prozeßkostenrechnung etc.)
- Ist die Struktur der Geschäftsbereiche und/oder der Sortimente sinnvoll, d.h.
  - logisch
  - homogen
  - marktorientiert?

  (Stichworte: innovatives Produktmanagement, permanente Durchleuchtung des Sortiments, der Kunden und regionalen Märkte)
- Wie kann die Qualität der Führungskräfte und Mitarbeiter, ihre Einstellung, ihre Motivation und ihr Engagement sowie ihre Fähigkeit und Bereitschaft zum "Mannschaftsspiel" beurteilt werden?
  (Stichwort: Human Resources).

Im folgenden werden am Problembereich "Überwinden einer Krise" beispielhaft einige ausgewählte Maßnahmen aufgezeigt:

- Kostensenkung
  - Make or buy (Stichwort: Outsourcing)
  - Umwandeln von fixen in variable Kosten
  - Verminderung der Fertigungstiefe (Stichwort: Lean Production)
  - Streichen von Führungsebenen (Stichwort: Lean Organisation)
  - Keine "Zukunfts"-Investitionen (Schließen, Abstoßen unrentabler Geschäftsbereiche) und kein "Management by Hope".

Methodisch lassen sich die Kostensenkungspotentiale herausfinden durch:

- Tools
  - ABC-Analyse der Kostenarten
  - strukturelle Analysen
  - Prozeßkostenrechnung
  - Wertanalysen
- Konzentrierte Sortimentspolitik
- Konzentrierte Distributionspolitik
  (Kunden, Vertriebskanäle, Regionen)
- Kapazitätsanpassung
- Produktivitätserhöhung und Rationalisierung.

Wie die eigene Nabelschau ausfällt, hängt nicht zuletzt vom grundlegenden Managementverhalten, der Fähigkeit zur Selbstdiagnose sowie der konsequenten Einleitung entsprechender "therapeutischer" Maßnahmen ab.

5. Ausblick

Informationssysteme sind das Resultat eines evolutionären Prozesses, an dem unterschiedliche Computertechniken beteiligt sind. MIS werden oft aus dem Blickwinkel eines Auftraggebers für nur einen Unternehmensbereich konzipiert. So entstehen für verschiedene Aufgaben bzw. Zwecke separate Berichtssysteme. Die Folge sind inkonsistente Informationen. Das Management bedient sich der Informationen aus unterschiedlichen Systemen mit dem Ergebnis, daß häufig darüber diskutiert wird, wer über die richtigen Informationen verfügt, statt die Berichte zu analysieren.

Aus diesen Unzulänglichkeiten resultieren die Anforderungen an DSS[1] und EIS[2] . Vor diesem Hintergrund sind die DSS und EIS eine natürliche Weiterentwicklung von Informationssystemen.

Für betriebswirtschaftliche Belange lassen sich die DSS am effizientesten nutzen. Sie erläutern die rasche Realisierung betrieblicher Analyse-, Planungs- und Berichtssysteme. Die Erfahrung hat gezeigt, daß das Management zwar die Informationen nutzt, mit den Systemen aber schlecht oder nur wenig arbeitet. Aus diesem Bedürfnis heraus entwickelte sich die neue Technologie der Führungs-Informationssysteme. EIS sind flexible, endnutzerfreundliche Navigationsinstrumente für den Aufbau unternehmensindividueller Informationssysteme.

EIS muß in das Zentrum der Informationsmanagement-Strategie gestellt werden. Dies bedingt eine enge Verknüpfung des EIS mit den im Unternehmen verwendeten DSS-Tools und den anderen MIS[3]-Datenbanken. Neben den Möglichkeiten zur Aufbereitung von Informationen muß das EIS das Management befähigen, Daten zu analysieren, kurzfristige Probleme zu bewältigen, Trends zu verfolgen, Schlüsselthemen zu durchleuchten und Ausnahmesituationen zu identifizieren. EIS hat die Aufgabe, den Wert der Arbeit des Managements zu steigern, in dem es seine Leistungsfähigkeit stimuliert und erhöht.

Die Führungs-Informationssysteme sind als Werkzeuge zur Lösung unterschiedlicher Problemstellungen zu verstehen. Sie nehmen dem verantwortlichen Mitarbeiter im Unternehmen die Entscheidungen nicht ab. Sie liefern ihm aber die notwendigen Informationen, zugeschnitten auf seinen Arbeitsplatz, und machen damit seine Entscheidungen sicherer.

"Unternehmensstrategie" ist das Resultat eines evolutionären Prozesses, an dem Menschen und Werkzeuge in offener Integration beteiligt sind. Ein "Total System Approach" nach dem Motto "Alles auf einmal" ist daher illusorisch.

---

[1] Decision Support System (Entscheidungsunterstützende Systeme)

[2] Executive Information Systems (Führungs-Informationssysteme)

[3] Management-Informationssysteme

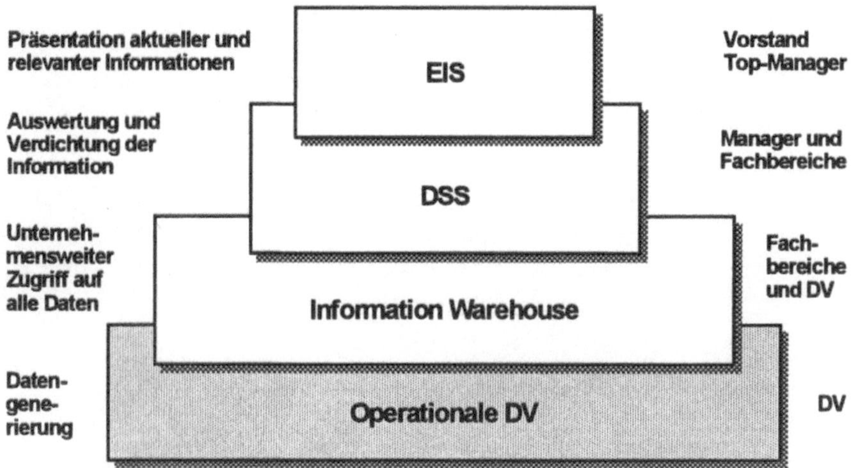

Abb. 6 EIS-Infrastruktur (herkömmliche Lösung)

DSS	EIS
Decision Reports: • Simulieren • Prognostizieren • What-if-Analysen • Modellieren • Optimieren etc.	<u>Standardstrukturen</u> Standard - Reports: • Informieren • Analysieren • Visualisieren <u>Individuelle Strukturen</u> Flexible Reports: • Informieren • Analysieren • Visualisieren
Information Warehouse	
Operationale Informationsverarbeitung	
Datenbanken und Rechnertopologie	

Abb. 7 EIS-Infrastruktur (Nordland Papier)

Trotzdem lohnt es sich, diesen neuen Weg

Vom "Paradigma des Machens"
zum "Paradigma des Dienens"

zu gehen.

Kritische Erfolgsfaktoren für Management-Informationssysteme

Claudia Keusch

1. Vorwort

Untersuchungen in den USA belegen, daß 80% aller Versuche, ein Management-Informationssystem zu entwickeln, im ersten Anlauf scheitern. In Deutschland liegt die Mißerfolgsquote bei geschätzten 60%. Die Ursache dafür kann in einer falschen Zielsetzung des Gesamtvorhabens ebenso liegen wie in ungeeigneter Entwicklungsmethodik, fehlendem Technologiekonzept oder mangelnder Motivation der Mitarbeiter.

Im folgenden werden Faktoren für eine erfolgreiche Entwicklung von Controlling- und Management-Informationssystemen herausgearbeitet. Sie sind im wahrsten Sinne des Wortes *kritische Erfolgsfaktoren*: Ihre Beachtung hilft, das Risiko der Entwicklung von Informationssystemen zu minimieren, ihre Geringschätzung führt sehr häufig zu einem MIS-Flop.

2. Einleitung

Vor drei Jahren begann an der Treuhandanstalt die Entwicklung von Informationssystemen für das Management und die Controlling-Bereiche. Damit ist das Kapitel "Informationssysteme an der Treuhandanstalt" fast genau so alt wie das Unternehmen selbst, wodurch einige entscheidende Randbedingungen für die Entwicklung gesetzt wurden wie:

1. Dynamik der Anforderungen an den gesamten DV-Bereich
Fast zeitgleich mit dem Aufbau von Informationssystemen begannen in der Treuhandanstalt der Aufbau der korrespondierenden Datenbanken, der Aufbau von Netzen und die Installation von Servern, die hardwaretechnische Ausrüstung der Nutzer mit PC-Arbeitsplätzen, Einführungen von Bürosystemen und individueller Standard-Software, der Aufbau von Kommunikationsschienen zu den Außenstellen der Treuhandanstalt und die erste Nutzung von operativen Erfassungs- und Auswertungsprogrammen.

2. Leidensdruck der Anwender
Wie in keinem anderen Unternehmen standen die Entwickler von DV-Anwendungen der Treuhandanstalt unter Termindruck und Erfolgszwang. Wo andere in Jahresfristen denken und planen können, galten für Treuhand-Mitarbeiter Wochenfristen. Die Geschäftsbereiche mußten innerhalb von Tagen arbeitsfähig werden, und die DV durfte nicht zum Flaschenhals werden.

3. Kaum nachnutzbare Lösungen
Aufgrund der Einzigartigkeit des Unternehmens Treuhandanstalt und seines Auftrages zur schnellen Privatisierung, Sanierung und Abwicklung des Volksvermögens der ehemaligen DDR gab es auf dem Software-Markt kaum geeignete Lösungen.

4. Datenexplosion
Innerhalb von Wochen mußten die Daten von ca. 12.500 Unternehmen, 12.000 Bilanzen, 32.000 Eigentumsverhältnissen, 180.000 Kommunalisierungsanträgen, 50.000 Liegenschaftsobjekten und 4,5 Mio. Flurstücken erfaßt und in zentralen Datenbanken bereitgestellt werden.

Das Management der Treuhandanstalt und die verschiedenen Controlling-Bereiche hatten spezielle Anforderungen und Wünsche an die DV. Für die Bewältigung dieser Aufgaben wurde daher ein Team von zehn Mitarbeitern gebildet mit dem Ziel, den ganz spezifischen Informations- und Analysebedarf dieser Bereiche zu decken. Bis heute wurde eine Reihe großer und kleiner Projekte in die DV-Produktion überführt. Weitere bereichsübergreifende Informationssysteme, die den nunmehr veränderten Anforderungen in der Treuhand-Phase 2 gerecht werden, sind in Entwicklung. Die Teammitglieder werden mehr und mehr als Unternehmensberater, Projektleiter und Programmentwickler intern und extern gefragt. Dabei zeigt sich, daß der in Projekten aufgebaute Erfahrungsschatz durchaus verallgemeinert werden kann. Manches Herangehen, das wir anfänglich als Besonderheit der Treuhandanstalt ansahen, erweist sich heute als echter Vorzug und als Schlüsselfaktor für den Erfolg unserer Anwendungen überhaupt.

Diese kritischen Erfolgsfaktoren (KEF) für den Gesamtprozeß der Erstellung von Informationssystemen im Unternehmen werden im folgenden näher beleuchtet.

3. Fokussierung auf die kritischen Erfolgsfaktoren des Unternehmens (KEF Nr. 1)

Der erste kritische Erfolgsfaktor für ein Management-Informationssystem (MIS) besteht in der richtigen Wahl des Ziels: *Was* will ich mit einem MIS erreichen? Welche strategischen Entscheidungen des Unternehmens soll das MIS vorbereiten helfen?

Beim Start eines MIS-Projektes ist seine globale Zielsetzung durchaus klar: Ein MIS ist ein DV-unterstütztes System, das das Management des Unternehmens mit Informationen versorgen soll. Einigkeit besteht im allgemeinen auch darin, daß die vorhandenen Systeme dieses nicht leisten und die im Unternehmen existierenden Daten bzw. Informationen nicht geeignet sind, das Top-Management in seiner Arbeit unmittelbar zu unterstützen. Aber *welche* Informationen werden eigentlich benötigt?

Eine in vielen Unternehmen gängige Herangehensweise zu dieser Frage ist eine umfangreiche Anwenderbefragung. Wie zu erwarten war, gingen die Meinungen und Erwartungshaltungen der potentiellen MIS-Nutzer weit auseinander. Das Meinungsspektrum wird dann sauber dokumentiert: Die Summe der Erwartungen wird zum Soll-Konzept für das MIS. Die darauf aufbauende Aufwandsschätzung ergibt – wie auch nicht anders zu erwarten – ein Jahrhundertprojekt mit unvertretbar hohen Kosten. Die scheinbar unabwendbare Folge: Das Projektkonzept verschwindet in der Schreibtischschublade. Ein MIS ist beendet, ehe es begonnen hat.

Meinungsumfragen und Anwender-Interviews sind von großem Wert, um ein Bild von der Ist-Situation zu erhalten. Setzt man sie aber als alleinige Grundlage für ein MIS ein, werden bestenfalls die bestehenden Geschäftsprozesse perfektioniert. Ziele eines MIS sind aber in letzter Konsequenz:

- schlankere Strukturen,
- effizientere Prozesse,
- bessere Wettbewerbspositionen und
- neue Geschäftsfelder.

Es ist ein Instrument des aktiven Krisenmanagements und der strategischen Planung, hilft bei der Aufdeckung von Schwachstellen und stellt die Steuerbarkeit des Unternehmens sicher. Um das zu erreichen, müssen auch bestehende Strukturen, Strategien und Abläufe in Frage gestellt werden. Ein MIS muß also zuerst genau die Kernfrage des Unternehmens treffen: Was macht den Erfolg des Unternehmens aus? Was ist die richtige strategische Zielsetzung des Unternehmens (Mission, Unternehmensphilosophie, "Erfolg" des Unternehmens)?

These: Der Inhalt des Management-Informationssystems muß der Unternehmensstrategie entsprechen.

Folgende Ziele eines MIS sollten daher größte Priorität haben :

- Identifizierung der für den Unternehmenserfolg relevanten Faktoren (kritische Erfolgsfaktoren)

- Identifizierung der für die Steuerung des Unternehmens relevanten Faktoren (Leistungskennzahlen)
- Verfügbarkeit der wichtigsten Analysearten (Zeitreihen, Abweichungsanalysen, Zielwertanalysen, What-if-Analysen)
- Definition des Planungsmodells.

Gerade die Forderung nach einem Planungsmodell sollte nicht unterschätzt werden. Ein MIS, das sich nur auf die Sichtung der vorhandenen Ist-Daten des Unternehmens konzentriert, wird seiner Funktion als Führungsinstrument nicht gerecht. Unternehmen müssen sich heute viel schneller und flexibler auf geänderte Rahmenbedingungen einstellen. Das sichert Wettbewerbsvorteile und Marktpositionen. Daher gehören Prognosen, Trendrechnungen, Faktorenanalysen oder komplexe Simulationsrechnungen unverzichtbar zu einem MIS. Sie sind aber nur möglich, wenn auch externe Informationen und Planungsdaten in das MIS einfließen.

These: Ziele wie größtmögliche Tiefe bzw. größtmögliche Breite an Information haben für ein MIS geringe Priorität.

Eine häufig anzutreffende Forderung an ein MIS lautet: Drill-Down bis zum letzten Datensatz operativer Datenbestände. Welche Motive stehen eigentlich hinter diesem Wunsch?

1. Zielsetzung des MIS ist unklar
Unklares Ziel und unklare Strategie bedeuten: Der Top-down-Entwurf des MIS funktioniert nicht. Automatisch wird "bottom-up" begonnen, d.h. bci dcr Einzelinformation und dem einzelnen Datenfeld. Das Risiko bei ausschließlichem Bottom-up-Entwurf besteht darin, daß Zusammenhänge und Abhängigkeiten der Daten nicht erkannt oder nicht berücksichtigt werden, daß nicht die strategisch relevanten Daten herausgefiltert werden, sondern lediglich ein perfekteres Abbild des existierenden Datenchaos entsteht. "Bottom-up" begonnene MIS-Projekte leisten in der Regel nicht mehr als die bisher vorhandenen Systeme auch – sie sind nur ein bißchen bunter, schöner und teurer.

2. "Detailverliebtheit" des Managements
Einzelinformationen eines operativen Datenbestandes sind nur in den seltensten Fällen für eine Entscheidung des Managements notwendig. Strategische Entscheidungen vollziehen sich auf Basis hochverdichteter Datenbestände. Hier ist der einzelne Datensatz sogar hinderlich, da er die Aufmerksamkeit und Analysekapazität auf Details fokussiert, von denen keinerlei Handlungsbedarf ausgeht. Ohnehin verbringen Manager nur 8% ihrer Arbeitszeit mit analytischen Arbeiten (Kremer, IIR 5/93). Man darf und muß hier also die 80/20-Regel der DV-Entwicklung ansetzen, die besagt: 80% der gewünschten

Informationen erfordern nur 20% des Gesamtaufwandes eines Projektes. Der Zugriff zu operativen Datenbeständen gehört ganz unzweifelhaft zu den restlichen 20% Informationen, die relativ wenig Informationsgehalt liefern, aber unverhältnismäßig hohe Kosten verursachen. Daher gehen mehr und mehr MIS-Manager dazu über, für ihr Projekt den Zugriff auf die operativen Datenbestände regelrecht zu verbieten. Was sieht denn der Manager, der mit seinem MIS eine operative Anwendung verfolgt und sich daran erfreut, wie sein Unternehmen in jeder Minute einen neuen Vertrag geschlossen hat oder eine neue Bestellung eingegangen ist oder wieder ein Produkt verkauft wurde? Er kann in den operativen Datenbanken weder seinen Umsatz noch seinen Absatz und erst recht nicht seine Gesamtkosten und seinen Gewinn verfolgen. Er kann lediglich sehen, wie produktiv seine Datenerfasserinnen am Terminal arbeiten oder ob sie gerade Mittagpause machen.

3. MIS dienen der operativen Steuerung von Funktionen, Produkten oder Prozessen

In kleinen und mittleren Unternehmen haben MIS-Projekte andere Ziele und eine andere Bedeutung als in Großunternehmen, weil dort auch das Management andere Aufgaben und andere Bedürfnisse hat. Das vorrangige Ziel eines MIS in einem Kleinunternehmen besteht darin, ein einheitliches Informationssystem für das gesamte Unternehmen aufzubauen, das alle Planungs-, Kontroll- und Steuerungsdaten in einem System vereint. Geringere Führungshierarchien, wenige Tochterunternehmen, keine oder wenige Auslandstöchter und schlanke Sortimente bedingen eine geringere Komplexität des entstehenden Systems und sichern kurze Realisierungszeiten. MIS-Projekte in mittelständischen Unternehmen dienen in weit stärkerem Maße als in Großunternehmen der direkten Steuerung des Unternehmens. Nicht selten werden hier auch operative betriebswirtschaftliche Daten erfaßt und gespeichert. Module z.B. für Bilanzen, Erfolgsrechnung, Kostenrechnung, Liquidität, Investitionen oder Produktion sind integraler Bestandteil dieser Systeme.

Während also in großen Unternehmen die Forderung nach größtmöglicher Breite und Tiefe der abzubildenden Informationen eine "Nice-to-have"-Forderung ist, hat sie bei kleinen und mittleren Unternehmen eine höhere Priorität. Im Sinne der ersten These ist aber auch hier ein an den Unternehmenszielen orientierter Top-down-Entwurf unabdingbar.

4. Die DV des Unternehmens ist mit sich selbst und ihren Altlasten beschäftigt (KEF Nr. 2)

Die zweite Seite der Zielorientierung eines Management-Informationssystems besteht in der richtigen Einordnung in die Gesamt-DV-Strategie des Unternehmens. Knackpunkt ist hier nur: Diese DV-Strategie muß gefunden, als Unternehmensziel formuliert und dann auch durchgesetzt werden.

Wer kennt nicht die zeitraubenden Debatten darüber, ob nun UNIX oder OS/2 oder Windows die richtige Plattform sei oder ob man noch auf Windows NT wartet oder darauf, daß OS/2 seinen Marktanteil erhöht, oder welches Netzwerkbetriebssystem man nimmt oder ob man schon in die Richtung "Objektorientierte Programmierung" geht oder lieber noch wartet. Es werden umfangreiche Studien erstellt, die die richtige technologische Ausrichtung des Unternehmens untermauern sollen, aber niemand nimmt das Risiko einer Entscheidung auf sich. Manchmal versteckt man sich auch ganz einfach hinter den zum Gesetz erhobenen DV-Handbüchern oder DV-Entwicklungsrichtlinien. Dabei wird übersehen, daß diese hoffnungslos hinter den Möglichkeiten des Marktes und dem neuen Anforderungsspektrum der Nutzer zurückgeblieben sind.

These: DV-Bereiche der Unternehmen sind keine Informatik-Institute. Eine vordergründige Technologiediskussion und fehlende pragmatische Entscheidungen werden zum Bremsklotz für die Unternehmensentwicklung überhaupt.

Es ist anzuerkennen, daß die Entscheidung für oder gegen eine DV-Technologieplattform enorm brisant ist. Sie entscheidet letztlich über Effektivität oder Nicht-Effektivität und damit über Erfolg oder Mißerfolg des gesamten Unternehmens, auch unter Berücksichtigung der damit verbundenen, nicht unerheblichen Kosten. Andererseits sind verhinderte oder verzögerte Entscheidungen ebenso ein enormer Kostenfaktor. Bei nüchterner Betrachtung zeigt sich häufig, daß alle vorhandenen DV-Kapazitäten mit Wartung und Anpassung von DV-Altprogrammen beschäftigt sind – und da wird das Altprogramm schnell zur Altlast. Und je länger man diese Altlast mitschleppt und den Einsatz moderner Technologien verzögert, um so teurer wird es. Wenn niemand im DV-Bereich in der Lage ist, sich den neuen Anforderungen seiner Kunden in den Fachbereichen zu stellen, greifen diese dann zur Selbsthilfe. Sie gründen eine eigene "Schatten-DV", sind bald den alteingesessenen Programmierern in puncto Schnelligkeit und Effektivität weit voraus und fordern schließlich nicht einmal unberechtigt ein Outsourcing der unflexiblen DV. Im Zweifelsfall sage man sich deshalb: Jedwede getroffene Entscheidung ist besser als keine Entscheidung. Wenn nötig, lasse man sich diesen Vorschlag auch durch einen externen Unternehmensberater bestätigen. Vielleicht ist hier das Vorhaben "MIS" auch der letzte Impuls, strategische DV-Entscheidungen nun endlich zu fällen und mit dem frischen Wind eines neuen Projektes auch unternehmensweit durchzusetzen.

MIS-Entwicklungen an der Treuhandanstalt als technologische Speerspitze der EDV

An der Treuhandanstalt waren Informationssysteme für das Management Vorreiter für den Einsatz modernster DV-Technologien. Das erste MIS "Beteiligungsführung" wurde für die Beteiligungs-Controller der Treuhandanstalt entwickelt. Auch wenn für dieses System echte verteilte Verarbeitung oder Objektorientierung oder LU 6.2 noch Fremdwörter waren, bildete es einen Meilenstein in der DV-Entwicklung. Erstmals wurden die Vorteile zentraler Datenhaltung (Host als "Number Cruncher") mit den grafischen Möglichkeiten des dezentralen Arbeitsplatzes vereint (Verarbeitungslogik und grafische Benutzerschnittstelle auf PC). Vor allem schuf die Schnelligkeit und der Komfort des Umgangs mit MIS-Werkzeugen die Basis für eine DV-technische Umsetzung der Vorstellungen der Nutzer in einem bis dahin unvorstellbar kurzen Zeitraum. Das brachte dem MIS-Entwicklerteam schlagartig Akzeptanz und entwickelte bei den Nutzern auch das Verständnis für den viel schwierigeren und langwierigeren Prozeß des Aufbaus der verschiedenen Aggregations-Levels der Datenbanken. Wenn wir heute über eine Ablösung der ersten MIS-Entwicklungen nachdenken, dann in dem Bewußtsein, daß die ersten MIS-Systeme ihre Funktion voll erfüllt haben. Sie gaben entscheidende Impulse zur Entwicklung der Kommunikationsbeziehungen und einer Informationsplattform sowie zur Gewöhnung der Entwickler an objektorientierte Denkweisen und grafische Gestaltungsmittel. Darüber hinaus verstärkten sie die Bindung der Nutzer an die zentralen Datenbanken und vereinheitlichten damit den Datenfluß und die Informationsbeziehungen in der Treuhandanstalt.

Unter den Bedingungen einer Treuhand-Phase 2 wird es zwar auch noch eine Beteiligungsführung geben, aber in ganz anderen Dimensionen und mit ganz anderen Prioritäten. Insofern können und werden wir das erste MIS ersatzlos ablösen. Es entsteht nun ein neues MIS unter Verwendung der modernsten Technologien und Tools. Es gibt dem Nutzer noch wesentlich mehr Analysemöglichkeiten und stellt ihm eine einheitliche Plattform für alle von ihm genutzten Programme und die Standard-Software zur Verfügung.

5. Pragmatismus in der Projektrealisierung (KEF Nr. 3)

Der dritte kritische Erfolgsfaktor für ein Management-Informationssystem betrifft das *Wie*: Welche Methoden und Herangehensweisen muß ich wählen, damit mein Projekt zu einem Erfolg wird.

Immer noch gültig ist hier die schon viel zitierte Vorgehensweise: Think big, start small. Dem sei hinzugefügt: Start *very small* and do it *very fast*. Nach einer gründlichen Konzeptionsphase, in der die Geschäftsprozeßketten im Unternehmen identifiziert und Subsysteme für das MIS definiert werden, muß die Realisierung so beginnen, daß ein erstes Modul in maximal zwei bis drei Monaten erstellt ist. Die Erfahrungen vieler erfolgreicher MIS-Entwicklungen zeigen, daß diese Zeitvorstellungen auch realistisch sind. Je länger die Erstentwicklung eines MIS dauert, desto geringer werden die Chancen, daß es sich unternehmensweit durchsetzt.

Dabei gelten gerade für die Startphase eines MIS die folgenden Grundregeln:

- "Nerv" des Managers treffen: Ein MIS muß für ein gerade hochaktuelles und brisantes Problem eine Lösung bieten.
- wenige, aber gut ausgewählte Informationen visuell perfekt präsentieren
- Darstellungsart so übersichtlich wie möglich – keine "Zahlenfriedhöfe"
- Wettbewerberinformationen integrieren.

These: Die Entwicklungsmethode Prototyping ist für MIS-Systeme unverzichtbar.

Als überraschend großes Hindernis für MIS-Entwicklungen erweisen sich traditionelle Projektierungs- und Entwicklungsmethoden. Anwendungen für die Führungsebene und das mittlere Management "leben" wie keine andere Entwicklung. Sie müssen so gestaltet werden, daß sie sich dem ständig wechselnden Anforderungsspektrum anpassen können und maximale Flexibilität und Variabilität in der Nutzung garantieren. Zumeist weiß der angehende Nutzer am Beginn einer MIS-Entwicklung noch gar nicht, was denn dabei am Ende herauskommen soll. Er hat weder detaillierte Anforderungen an die inhaltlichen Analyse- und Recherchemöglichkeiten noch eine optische Vorstellung von der konkreten grafischen Umsetzung. Phasenkonzepte oder Pflichtenhefte sind daher völlig fehl am Platz. Es ist dem Anwender nicht damit gedient, wenn der DV-Bereich ihm ein Dokument abverlangt, das er objektiv gar nicht liefern kann. Und es ist dem DV-Bereich nicht gedient, wenn das nach einem Pflichtenheft entstandene Projekt nicht nutzbar ist, da es am Bedarf vorbei entwickelt wurde.

Die Lösung heißt: konsequentes Prototyping. Das erfordert einen ständigen direkten Kontakt zwischen Entwickler und Nutzer schon während der Design- und Entwicklungsphase. Dabei muß sich in einer aufgeschlossenen Atmosphäre ein solches Vertrauensverhältnis entwickeln, daß es z.B. nicht mehr notwendig wird, jeden realisierten oder nicht realisierten Projektierungsschritt haarklein zu begründen. Die Zeit, die beim Schreiben von Abstimmprotokollen verschenkt wird, kann viel besser und sinnvoller in die Entwicklung verschiedener Varianten gesteckt werden. Nutzerwünsche werden im Tages- oder sogar Stundenrhythmus visualisiert und umgesetzt. Erst in der unmittelbaren Konfrontation mit der entstehenden Anwendung kann der Nutzer erkennen, ob die von ihm vorgeschlagenen Analysearten effektiv sind, ob die angezeigten Daten den gewünschten Informationsbedarf tatsächlich decken und ob die Darstellungsweise und das Screen-Layout seinen Bedürfnissen entsprechen.

Die Entwicklungsmethodik Prototyping hat natürlich auch Risiken. Bei dieser sehr engen Zusammenarbeit zwischen Entwickler und Prototypnutzer wird der Entwickler quasi zum "Haus-und-Hof-Programmierer" des Auftraggebers. Da werden dann auch mal Zierleisten um die Anwendung gebaut, wird eigentlich Unwichtiges priorisiert, und mitunter muß das gestern geforderte morgen wieder rückgängig gemacht werden. Will man das Projekt einem größeren Nutzerkreis zugänglich machen, so müssen aber auch Fragen wie z.B. Qualitätssicherung, Überführung in die Produktion, Zugriffe, Installationen, Dokumentation oder Wartung der Anwendung geklärt werden. Um das zu erreichen, werden Prototyping und zielgerichtete Entwicklung von Releases und Versionen miteinander verbunden. Ab einem gewissen Entwicklungsstadium des Prototypprojektes wird ein konkreter Termin für die Produktionseinführung und die breite Nutzerinstallation gesetzt. Der privilegierte Erstnutzer muß dafür Verständnis aufbringen, daß auch diese Arbeit Zeit und Aufwand kostet. Vorteil für ihn ist aber: Der nächste Versionsstand kann schon parallel als neue Prototyping-Phase in Angriff genommen werden.

Konsequentes Prototyping in der Treuhandanstalt

In der Treuhandanstalt sind alle realisierten Systeme zur Informationsversorgung und Entscheidungsunterstützung Prototyping-Entwicklungen. Für das MIS "Beteiligungen" wurden sowohl das Programm für die Berechnung der aggregierten Beteiligungsdaten und das Füllen der dem MIS zugrunde liegenden Informationsplattform als auch die Oberfläche zur Anzeige dieser Daten im Prototyping entwickelt. Sukzessive wurden die sehr komplexe Aggregationslogik definiert, die unterschiedlichen Analysearten implementiert, die Farbkompositionen abgestimmt und Grafiktypen festgelegt. Der Prototypnutzer konnte direkt den Weg der Anwendung verfolgen und sofort überprüfen, ob die von ihm vorgeschlagene Umsatzanalyse oder Kostenstrukturanalyse oder auch die Berechnungsvorschriften zur Aggregation richtig waren. Die erste Version war nach dreimonatiger Entwicklungszeit fertig und wurde einem größeren Nutzerkreis zugänglich gemacht. An ihr arbeiteten parallel drei Mini-Entwicklerteams: Ein Team beschäftigte sich mit dem Datenmodell und der Datenversorgung, ein zweites mit dem Design der Oberfläche und der Reporteinbindung und ein drittes mit dem Server- und Installationskonzept. Diese Dreiteilung erwies sich bei uns in zweierlei Hinsicht als sehr günstig: Zum einen konnten – nach einer sauberen Definition der Berichts- und Recherchestruktur des MIS – die ersten beiden Teams fast unabhängig voneinander ihre Entwicklung vorantreiben, keiner mußte auf die Ergebnisse des anderen warten. Zum anderen wurden die Entwickler nicht belastet mit der sehr zeitaufwendigen Installation der Kommunikationsschnittstelle und der erforderlichen Feinabstimmung des Kommunikationsprozesses zwischen PC und Host.

6. MIS nicht als Insellösung, sondern als Spitze eines unternehmensweiten Informationssystems (KEF Nr. 4)

Ein MIS wird nicht "auf der grünen Wiese" entwickelt, sondern in einem mehr oder minder gut funktionierenden Unternehmensgefüge. Es hat dabei die existierende Unternehmenshierarchie und deren Berichtspfade genau so zu berücksichtigen wie die unterschiedlichen Verdichtungsstufen in den vorhandenen Datenbanken. Insofern muß sich jedes Entwicklerteam – auch wenn es dem Grundsatz "Do it fast" folgt – davor hüten, letztlich isolierte Lösungen zu schaffen.

These: Ein MIS definiert eindeutige Informationsbeziehungen im Unternehmen. Jeder weitere Berichtsweg außerhalb eines MIS ist zu unterbinden.

Die Gefahr der Entstehung von Insellösungen ist insbesondere dann gegeben, wenn im Informationsgefüge des Unternehmens Bruchstellen existieren. Nicht selten findet man im Unternehmen einen aufgeblähten Apparat des mittleren Managements, dessen Aufgabe es ist, vorhandene Daten zu sichten und zu analysieren und neue zu produzieren. Je nach Bedarf werden dann Daten und Informationen freigegeben oder zurückgehalten, und dieses Informationsmonopol sichert Machtpositionen. Der Mitarbeiter wird unverzichtbar, genauer: Er macht sich unverzichtbar. Vielfach ist dann auch gar nicht mehr nachvollziehbar, wie denn eine Information für das Top-Management überhaupt zustande kam. Ist sie Ergebnis einer Datenbankabfrage und, wenn ja, welcher? Oder ist sie Ergebnis einer Single-Software-Lösung, für die z.B. Daten von Hand zusammengetragen oder auch nur schlicht von Listen abgeschrieben wurden? Oder ist sie vielleicht Ergebnis einer Vorzimmerdiskussion, bei der die Wunschinformation zur De-facto-Information gemacht wurde?

Das Design eines MIS muß zwingend einhergehen mit einer Überprüfung und Neuordnung der Informationsbeziehungen im Unternehmen. Dazu sind unverzichtbar:

- ein Management Commitment: Es muß jedem Mitarbeiter von vornherein klar sein, daß ein MIS auch zum Ziel hat, schlanke Strukturen und effektive Abläufe zu definieren;
- ein starker Informations-Manager im Unternehmen, der idealerweise auch gleichzeitig MIS-Manager ist;
- die Einbeziehung des mittleren Managements in die Entwicklung des MIS: Ein MIS muß so breit angelegt sein, daß es auch dem mittleren Management Vorteile bringt. Dadurch wird das Interesse am MIS geweckt und der Widerstand gegen die Einführung gering gehalten.

Das MIS muß selbst Teil der gesamten Unternehmensstrategie werden.

These: Eindeutige Begriffsdefinitionen und Dateninhalte sind Voraussetzungen für das Funktionieren eines MIS. Das kann im Extremfall sogar dazu führen, daß ein Redesign von operationalen Anwendungen im Unternehmen notwendig wird.

Eine zweite große Gefahr für MIS-Entwicklungen resultiert aus der fehlenden Datenintegrität und mangelnden Datenqualität in den Originaldatenbanken. Wenn unterschiedliche Dateninhalte mit gleichen Begriffen belegt sind oder der gleiche Inhalt mit unterschiedlichen Begriffen umschrieben wird, sind falsche oder divergierende Aussagen vorprogrammiert. Sehr häufig finden wir auch den Fall, daß für eine ganzheitliche Betrachtung im Unternehmen notwendige Einzeldaten noch gar nicht erfaßt oder datentechnisch so ungünstig gespeichert sind, daß sie nicht aggregiert werden können (z.B. bei Speicherung von Kennzeichen oder Zahlen als Textfeld). Schlechtes Datenbankdesign und redundante Datenhaltung tun dann noch ein übriges. Da diese Unzulänglichkeiten zumeist nicht beim Gebrauch eines einzelnen operativen Anwendungssystems entdeckt werden, sondern erst in den höheren Aggregations-Levels der Informationspyramide zum Tragen kommen, erscheint eine MIS-Entwicklung vielen DV-Programmierern als "Störenfried". Dabei gilt die ganz simple Logik: Die Qualität der Daten und Anwendungen des höchsten Levels kann nur so gut sein wie die des Basislevels. Ein MIS-Manager muß also auch die Kompetenz und Akzeptanz besitzen, Veränderungen in den operativen Systemen zu initiieren, wenn sie sich als notwendig erweisen.

These: Operative Daten sind als Datenbasis für ein MIS kaum nutzbar.

Häufig gestellte erste Forderung an ein MIS: Es muß den Zugriff auf die operativen Datenbestände sichern. Auch wir stellten diese Bedingung an die MIS-Tool-Hersteller – allerdings hatten wir zu diesem Zeitpunkt auch noch keine anderen Datenbestände. Es zeigte sich aber sehr schnell, daß für ein MIS der Aufbau von Informationsdatenbanken unerläßlich ist, und die im Rahmen des ersten MIS bei uns entstandene Aggregationsdatenbank "Beteiligungen" war der erste Bestandteil der Ebene der dispositiven Datenbestände überhaupt (siehe dazu Abb. 1 und 2 der Treuhand-Hardware- und der Treuhand-Anwendungsarchitektur).

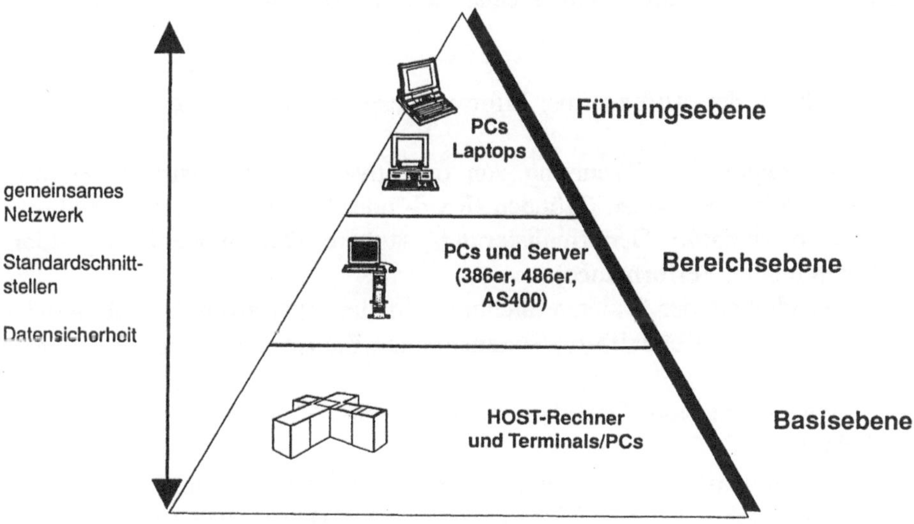

Abb. 1 Hardware-Pyramide der Treuhandanstalt

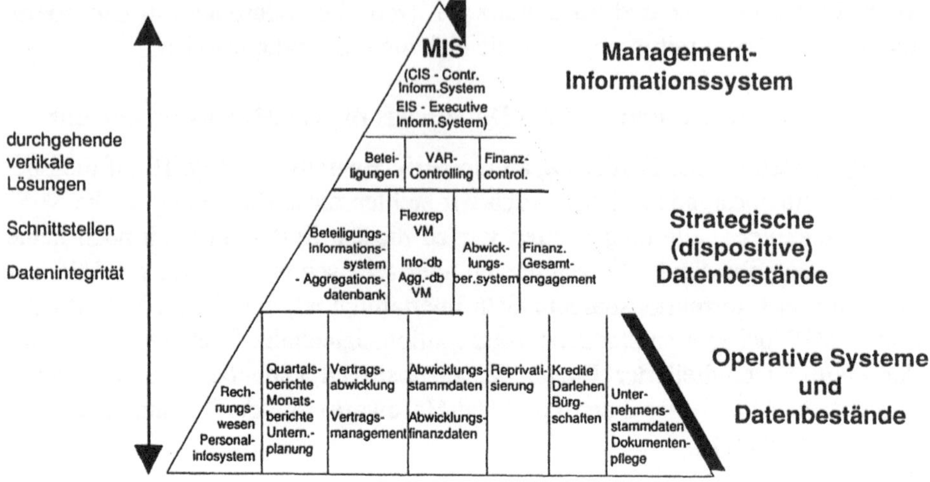

Abb. 2 Anwendungsarchitektur Treuhandanstalt (Ausschnitt)

Gründe für den Aufbau einer Informationsplattform im Unternehmen sind:

1. Notwendigkeit der Trennung von operativen und dispositiven Auswertungen aus technischen Gründen (Read- oder Write-optimierte Strukturen, Join-Problematik, Denormalisierung, saubere Datenmodellierung, klare Dateninhalte, Performance)
2. Notwendigkeit der Datenverdichtung: In den operativen Datenbeständen fehlen zumeist Kennziffern, Summenfelder, Zählerfelder, Konsolidierungen u.ä.
3. Notwendigkeit von Datenbereinigungen oder Auffüllungen von Datenfeldern
4. Neues, einheitliches Datenmodell entsprechend Auswertungsbedarf
5. Gleiche Sicht für alle Nutzer (zeitgleiche Daten, vollständige Daten, selbsterklärende Daten).

Gerade der Zeitaufwand für das Finden eines Datenmodells ist nicht gering zu schätzen, wirken sich doch Fehler, die hier gemacht werden, kaskadenartig auf alle weiteren Teile des Informationssystems aus. Erster und wichtigster Schritt der Datenmodellierung ist die Festlegung der Dimensionen. Dazu erweist es sich als hilfreich, von flachen Spreadsheet- oder relationalen Tabellenstrukturen zu abstrahieren und sich das Datenmodell in Form eines n-dimensionalen Würfels vorzustellen.

Alle typischen Planungs-, Berichts- und Controlling-Prozesse in der Treuhandanstalt konnten mit Hilfe einer solchen würfelähnlichen Datenstruktur adäquat abgebildet werden. In jedem Fall traten auf:

Dimension 1: Zeit (Monate, Quartale, Jahre)

Dimension 2: Variablen, die den Prozeß charakterisieren (Umsatz, Kosten, Cash Flow, Deckungsbeitrag, Einnahmen, Saldi, Bilanzpositionen usw.)

Dimension 3: Struktureinheiten des Unternehmens (in unserem Fall die Treuhand-Hierarchie: Treuhand-Gesamt – Vorstandsbereiche – Direktorate/Kostenstellen – Einzelunternehmen/Einzelvertrag)

Dimension 4: Datenarten (Ist, Plan, Vorschau, Vertragsstatus, Vertragskategorien usw.).

Weitere Dimensionen sind dann abhängig von dem konkreten Informationsbedarf. Denkbar sind z.B. Regionen, Branchen, Produktgruppen, Käufergruppen/Kundengruppen und ähnliches.

7. Motivation und Fähigkeiten von Projektleitung und Projektmitarbeitern (KEF Nr. 5)

Eine nicht zu unterschätzende Bedeutung hat die richtige Wahl von Projektleitern und Projektmitarbeitern, also die Frage: *Wer* entwickelt das Management-Informationssystem und wer hat konzeptionell "den Hut auf"? Je nach Stellung, Ansehen und Selbstverständnis der DV im Unternehmen wird diese Frage auch ganz unterschiedlich beantwortet.

In Unternehmen mit starken Entwicklerkapazitäten im DV-Bereich können sowohl das Entwicklerteam als auch die Projektleitung im DV-Bereich liegen; mitunter werden MIS-Projekte auch durch den DV-Bereich initiiert. Dort, wo der DV-Bereich sich lediglich als RZ-Betrieb versteht und maximal noch die operativen Anwendungen betreut und wartet, wird die Entwicklung in den Fachbereichen erfolgen.

Wie auch immer: In jedem Fall muß es eine ganz starke Beziehung zwischen Fachbereich und Entwickler geben. Der Entwickler muß dabei eine Kundenberaterrolle annehmen und ausfüllen, d.h. er ist nicht der "Code-Hacker", sondern umfassender Berater der Fachfunktion. Das geht über eine rein technische Realisierung weit hinaus.

These: MIS-Anwendungen verlangen einen neuen Entwicklertyp. Der Programmierer "alten Stils" hat ausgedient.

Dieser neue Entwicklertyp muß z.B. in der Lage sein, inhaltliche Prozesse und Abläufe zu definieren, Simulationsformeln oder Berechnungsvorschriften zu entwerfen und ein komplettes Berichtswesen aufzubauen. Betriebswirtschaftliche Grundkenntnisse sind genau so notwendig wie kommunikative und organisatorische Fähigkeiten. Nicht selten muß der MIS-Entwickler in eine Moderatorrolle schlüpfen, um widerstreitende Interessen verschiedener Nutzergruppen zu kanalisieren und einen Konsens herbeizuführen.

Nicht jeder alteingesessene Programmierer kann oder will eine solche Kundenberaterrolle ausfüllen, nicht jeder Assembler-Spezialist wird zum C++-Freak, nicht jeder Mitarbeiter läßt sich zum Unternehmensberater entwickeln.

Bei der Auswahl der Mitglieder eines MIS-Teams ist also äußerste Sorgfalt geboten. Besonders in der Startphase sollte auch auf die Erfahrung externer Experten zurückgegriffen werden – das mindert das Risiko, daß das MIS zum Flop wird, ehe es richtig begonnen hat.

These: Innerbetriebliches Marketing für MIS bringt Motivationsschub, Akzeptanz und Sicherheit.

Ein MIS steht in einem Maße im Mittelpunkt der Unternehmensöffentlichkeit wie kaum ein zweites DV-Projekt. Somit lastet natürlich auch auf den beteiligten Entwicklern und dem MIS-Projektleiter ein ungeheurer Druck. Sie werden plötzlich aus der Anonymität eines großen DV-Bereiches herausgehoben, sind Partner für die unterschiedlichen Nutzergruppen, müssen sich in ihrer Arbeitszeit ihrem Kunden anpassen (und welcher Manager hat schon einen Acht-Stunden-Arbeitstag). Sie werden auch recht schnell zum Abladeplatz für alles andere, was sonst im Verhältnis DV-Bereich/Kunde nicht klappt. Das verlangt von den Mitarbeitern sehr viel Engagement und hohen persönlichen Einsatz, es erfordert aber auch eine ordentliche materielle Vergütung und eine ideelle Aufwertung der Arbeit.

Ein sehr einfaches und effektives Mittel zur Motivierung der Mitarbeiter ist ein ausgeprägtes innerbetriebliches Marketing für das MIS. Schon wenn die ersten Module fertig sind, sollten das Projekt und die zukünftigen Projektstufen dem Vorstand präsentiert und eine Nutzergruppe gegründet werden, die die weitere MIS-Entwicklung mitbestimmt. Außerdem sollten Flyer, Faltkarten und Kurzbeschreibungen produziert werden. Dabei sind ganz gezielt die schon existierenden Prototypanwender einzubeziehen – zufriedene Kunden sichern eine schnelle Verbreitung und Akzeptanz. Da MIS-Entwicklungen sich in der Regel hinsichtlich Nutzerfreundlichkeit, Komfort und Flexibilität deutlich von anderen DV-Entwicklungen abheben, kann sich das Entwicklerteam nach einer erfolgreichen Präsentation nicht mehr vor Installationswünschen retten. Das MIS setzt sich dann fast von selbst durch.

8. Richtige Wahl der Werkzeuge (KEF Nr. 6)

In erster, zweiter und dritter Linie sind MIS-Fragen inhaltliche und keine technologischen Fragen. Daher steht dieser kritische Erfolgsfaktor auch bewußt an letzter Stelle. Dennoch muß, wenn das Ziel fixiert und der Prozeßablauf klar ist, entschieden werden: Make or buy? Mit welchen Werkzeugen soll eine MIS-Entwicklung begonnen werden?

Von dieser Entscheidung hängt dann ganz maßgeblich ab, wie lange die Entwicklung dauert, ob das Resultat in die Technologie-Welt des Unternehmens paßt und wie hoch die Gesamtkosten werden.

These: Billigste Lösung: MIS "von der Stange". Teuerste Lösung: MIS als Eigenentwicklung.

Die Bandbreite möglicher Entscheidungen reicht vom MIS als fertigem Produkt bis zur kompletten Eigenentwicklung. Dazwischen liegen zahlreiche Varianten, bei denen Tool-Baukästen, Module oder Generatoren eingekauft werden, mit deren Hilfe das MIS zusammengesetzt wird. Ein MIS Marke Eigenbau ist dabei normalerweise das teuerste. Wenn man hier die eigenen Personalkosten nüchtern gegenrechnet, ist man sehr schnell bei einem Aufwand von Dutzenden von Mannjahren und damit in der Millionen-DM-Region. Ganz abgesehen von den hohen Kosten ist dieser Weg auch immer der zeitintensivste, womit auch überproportional die Gefahr wächst, daß das gesamte Vorhaben stirbt. Demgegenüber ist der Einsatz einer vorgefertigten Lösung extrem billig. Es ist hier allerdings fraglich, ob ein Standard-MIS die Flexibilität mitbringt, die der Endanwender benötigt. Nicht selten werden fertige MIS-Produkte in einer Vorphase eingesetzt, um schnelle Prototypen zu bauen und den Gesamtumfang des MIS abzustecken. Da die Grenzen eines solchen Produktes aber sehr schnell erreicht sind, haben viele dieser MIS-Versuche nur eine sehr begrenzte Lebensdauer.

These: Nach Ausschluß von K.-o.-Kriterien ist bei der Wahl von MIS-Tools von folgenden drei Kriterien auszugehen: 1. Budget, 2. Zeit, 3. Lebenszyklus und Marktposition des in Frage kommenden Produktes.

Über den Auswahlprozeß von MIS-Tools wurden schon viele Artikel geschrieben und hochkomplizierte Bewertungsverfahren entwickelt. Es sind teure Studien im Angebot, die einen Marktvergleich der wichtigsten Anbieter enthalten. Um es vorwegzunehmen: *Den* Weg zur optimalen Produktauswahl gibt es nicht. Vielen der in der Fachpresse propagierten Methoden ist ein solch hohes Maß an Formalismus und Zeitaufwand eigen, daß sie kaum praktischen Nutzwert besitzen – es sei denn, man benötigt einen wissenschaftlichen Anstrich, um sein MIS-Budget vom Vorstand bestätigt zu bekommen.

Am Beginn des Auswahlprozesses für MIS-Tools steht die Frage: Reichen die mir zur Verfügung stehenden "Bordmittel" für das MIS aus? Ein MIS-Projekt kann schon mit sehr geringem Aufwand erstellt werden. Es bieten sich z.B. an: Excel-Add-Ons und -Add-Ins, Visual Basic, Improve, Compete oder andere PC-Programme, Sprachen oder Generatoren, die zur Standardausrüstung oder Entwickler-Plattform des Unternehmens gehören, die mit geringen Kosten beschafft werden können und keine monatelange Einarbeitungszeit benötigen. In anderen Unternehmen sind möglicherweise auf der Basis von Klassenbibliotheken eigene Programm-Module entstanden, die sinnvoll für ein MIS eingesetzt werden können.

Reichen die unternehmenseigenen Kapazitäten und Erfahrungen für ein MIS nicht aus, müssen geeignete MIS-Werkzeuge oder -Produkte gefunden werden. Es bringt nach unseren Erfahrungen nichts, alle möglichen Kriterien mit einem Punktesystem zu bewerten und am Ende das System auszuwählen, das den höchsten Punktwert realisiert. Viel sinnvoller ist es, die K.-o.-Kriterien für eine Nutzung zu definieren. K.-o.-Kriterien sind z.B.: Direktdurchgriff auf Host-basierte Datenbanken, Datenaustausch via DDE (Dynamic Data Exchange), Plattformen, Zeitverhalten oder Sicherheit. Danach bleiben in der Regel nur noch wenige Anbieter übrig. Ausschlaggebend für eine Entscheidung sind dann folgende Überlegungen:

- Kann ich mit dem angebotenen MIS-Produkt das von mir konzipierte Projekt in der mir vorgegebenen Zeit lösen?
- Überschreite ich dabei nicht den Budgetrahmen?
- Welche Unterstützung finde ich beim Anbieter bzw. auf dem Beratermarkt?
- Welche Marktposition hat der Anbieter, und wie ist die deutsche Vertriebsunterstützung organisiert?
- In welchem Software-Lebenszyklus-Stadium befindet sich das Produkt?
- In welche Richtung geht die Produktentwicklung künftig?

Da das Unternehmens-MIS ja auch eine längere Lebensdauer haben soll, ist es nicht unwichtig, nach der Lebensdauer des eingesetzten MIS-Werkzeugs oder -Produkts zu fragen. Hier haben schon einige Kunden böse Überraschungen erlebt, weil Herstellerfirmen aufgekauft, Produktentwicklungslinien gestoppt oder angekündigte Veränderungen nicht realisiert wurden. Wenn immer möglich, hole man sich die benötigten Informationen nicht vom Anbieter selbst, sondern von Kunden des Anbieters. MIS-Konferenzen oder -Workshops sind ebenfalls sehr gut geeignet, um Hintergrundinformationen zu erhalten, die nicht in den Glanzbroschüren der Anbieter stehen.

These: Die Marktpositionen der klassischen MIS-Tool-Anbieter geraten ins Wanken.

Noch vor wenigen Jahren hatten die Anbieter von MIS-Produkten auf dem Markt beste Wettbewerbschancen. Sie waren die ersten, die grafische Oberflächen mit sehr einfachen Mitteln erstellen konnten. Da war an Windows- oder Presentation-Manager-Oberflächen noch nicht zu denken. Dazu kam die enge Verbindung zwischen MIS-Produkten und DSS-Produkten (Decision Support System). Diese Systeme enthielten mächtige Werkzeuge zum Aufbau und zur Berechnung von Modellen, häufig verknüpft mit umfangreichen Regelwerken, finanzmathematischen Funktionen oder Statistikfunktionen. Pipelines zu gängigen Datenbanken oder eigene, hocheffektive Datenhaltungssysteme komplettierten das MIS-DSS-Paket. Dieses Leistungsspektrum erfüllte die dringendsten Bedürfnisse des Nutzers: einheitliche Informationsplattform, Logik in Form von Formeln und Funktionen oder sogar eine eigene Programmiersprache der 4. Generation und grafische Oberflächen.

Heute werden proprietäre Datenhaltungslösungen mehr und mehr abgelöst durch SQL-fähige Datenbanken. Grafische Oberflächen mit voller Window-Funktionalität, Offenlegung der Schnittstellen, Integrationsfähigkeit und kompilierbare Anwendungen sind gefragt. Hier sind die meisten klassischen MIS-Tool-Anbieter hinter der technologischen Entwicklung zurückgeblieben. Zwar können ihre Produkte unverändert auf allen gängigen Plattformen eingesetzt (Host-Terminal, DOS, Windows, OS/2 bis hin zu Apple oder UNIX), und "alte" MIS-Anwendungen ohne größere Probleme auf neue Releases übertragen werden, aber in letzter Konsequenz entstehen Insellösungen. Jeder DV-Bereich, der sich heute über eine langfristige DV-Strategie Gedanken macht und neue Anwendungsentwicklungen dieser Strategie unterordnet, wird in die Richtung Client-Server-Anwendungen, objektorientierte Programmierung und offene Architekturen gehen. Dafür bieten die Tools der klassischen MIS-Anbieter zu wenig, ihre Neu-Akquisitionschancen sinken.

9. Zusammenfassung

An der Treuhandanstalt werden Informationssysteme für das Controlling und das Management breit und erfolgreich eingesetzt. Der Prozeß des Designs, der Entwicklung und der Einführung dieser Systeme lieferte viele verallgemeinerbare Erfahrungen. Richtige Wahl des Ziels (Was), Entwicklungsmethoden und Technologiekonzeption (Wie), motivierte Mitarbeiter (Wer) und geeignete Werkzeuge (Womit) sind Voraussetzungen für einen Erfolg des MIS. Maßstab für die Entwicklung sind dabei absolute technische Aktualität, spezifische Funktionalität, exzellente grafische Oberfläche und Bedienerfreundlichkeit. Ein Management-Informationssystem ist Abbild und zugleich selbst Element der Unternehmensstrategie. Als Spitze der Informationspyramide im Unternehmen ist es eine Anwendung von höchstem Komplexitäts- und Integrationsgrad. Ein richtig konzipiertes MIS unterstützt direkt die Entscheidungsfindung des Managements, schafft die Voraussetzungen für eine durchgängige Informationsstruktur, macht Vorgänge im Unternehmen und auf dem Markt transparent und wahrt somit die Erfolgschancen des Unternehmens.

Teil II

Komponenten eines zukunftsorientierten MUS

Geschäftsprozeßmanagement

Basis für das Reengineering von Anwendungen

Reinhard Faßhauer

1. Einleitung

Das Geschäftsprozeßmanagement stellt eine zur Strukturierung von Arbeitsabläufen gut geeignete Methode dar. Es handelt sich also um ein Hilfsmittel, das zur Optimierung der *Ablauf*organisation eingesetzt wird. Die Methode unterstützt die Qualitätsziele des Unternehmens und stellt die Basis für das nach DIN/ISO 9000 zertifizierte Qualitätssicherungssystem dar.

Bevor im Detail dargestellt wird, auf welche Weise das Geschäftsprozeßmanagement für das Reengineering von Anwendungen genutzt werden kann, wird zunächst an einem Lösungsbeispiel beschrieben, was darunter verstanden wird und wie es realisiert wurde.

Auf dieser Grundlage wird erläutert, wie das Geschäftsprozeßmanagement

- als Analysemethode,
- als Steuerungsmethode,
- als Methode zur Restrukturierung der Geschäftsabläufe,
- als Basis für das Reengineering von DV-Anwendungen und
- zur Ermittlung des geschäftsprozeßbezogenen Informationsbedarfs für die Anforderungen und effizienten Vorgaben an ein Management- bzw. Entscheidungs-Unterstützungssystem.

genutzt wird.

2. Geschäftsprozeßmanagement – Inhalt und Realisierung

Ein Geschäftsprozeß ist ein wohldefinierter und strukturierter Arbeitsablauf. Das Ziel eines solchen Arbeitsablaufs ist die Erstellung einer Leistung. Diese Leistung wird, in Anlehnung an die Prozeßsteuerung in der Produktion, als Produkt bezeichnet.

Dabei wird zwischen externen und internen Produkten unterschieden. Als extern werden die Produkte bezeichnet, die für externe Kunden erstellt werden. Der Begriff des Produktes wird dabei sehr weit gefaßt. Ein Personalsystem, das dem Kunden zur Verfügung gestellt wird, ist z.B. ein solches Produkt. Als Produkt wird aber auch die Rechnung bezeichnet, die in einem völlig anderen Arbeitsablauf entsteht und die der Kunde im Zusammenhang mit der Lieferung des Personalsystems erhält. Aber auch Dienstleistungen, die im Rahmen von Serviceverträgen erbracht werden, sind das Ergebnis solcher Arbeitsabläufe und stellen in diesem Sinne externe Produkte dar.

Daneben gibt es auch unternehmensinterne Produkte. Ein Beispiel ist die monatliche Gehaltsabrechnung für die Mitarbeiter. Das Ergebnis dieses Arbeitsablaufs sind der Gehaltszettel und die Anweisung für die Überweisung des Gehalts, das der Mitarbeiter monatlich ausgezahlt bekommt. Ergebnis dieses Prozesses sind auch die Überweisungen an das Finanzamt und an die Sozialversicherungsträger sowie entsprechende Nachweise für öffentliche Institutionen.

2.1 Die Kunden

So wie bei den Arbeitsabläufen zwischen externen und internen Produkten unterschieden wird, wird analog dazu auch zwischen externen und internen Kunden unterschieden. Am Beispiel der Gehaltsabrechnung wird dies deutlich. Der interne Kunde ist hier der Mitarbeiter, die externen Kunden sind z.B. das Finanzamt oder die Bundesversicherungsanstalt.

Eine derartige Strukturierung und Abbildung von Arbeitsabläufen wird konsequent in allen Vertriebs- und Verwaltungsfunktionen angewandt. Bestandteil der Methode ist auch die Ermittlung der in den Arbeitsabläufen gebundenen Ressourcen, also der Mitarbeiter, die für die einzelnen Tätigkeiten in dem Prozeß tätig sind. Ende 1992 waren in den Vertriebs- und Verwaltungsbereichen der IBM Deutschland ca. 14.000 Mitarbeiter beschäftigt. Bis zu diesem Zeitpunkt waren Tätigkeiten von 10.500 Mitarbeitern in Prozessen abgebildet. Die restlichen 3.500 Mitarbeiter, vorwiegend Vertriebsbeauftragte und Systemingenieure, waren noch nicht in formale Prozesse eingebunden.

2.2 Geschäftsprozeßmanagement zur Unterstützung der Qualität

Die Idee, das Geschäftsprozeßmanagement konsequent in allen Bereichen des Unternehmens anzuwenden, hat ihre Wurzel im Qualitätsdenken, wie es in der Produktion seit geraumer Zeit vorherrscht. Die bei der IBM angewandte Methode stellt eine Analogie zur Prozeßsteuerung in der Produktion dar. In der Produktionssteuerung werden Daten permanent erfaßt, um Transparenz über das gesamte Produktionsgeschehen zu erhalten. Das sind Daten wie z.B.

- Durchlaufzeiten
- Kosten
- Engpässe
- Leerzeiten oder
- Fehler.

Mit Hilfe dieser Daten wird das Produktionsmanagement unterstützt. Die Qualität der Abläufe – also Qualität in einem umfassenden Sinn und nicht nur die des Produktes – wird dadurch transparenter.

Das Geschäftsprozeßmanagement in den Vertriebs- und Verwaltungsbereichen wird mit der gleichen Zielsetzung angewandt: Transparenz und Optimierung der Arbeitsabläufe.

Im folgenden wird erläutert, wie diese Methode

- als Analysemethode eingesetzt
- zur Steuerung von Abläufen genutzt
- zum Reengineering angewendet

wird.

3. Geschäftsprozeßmanagement als Analysemethode

Die Analysemethode des Geschäftsprozeßmanagements besteht aus einer Reihe von Schritten und Elementen, die wohldefiniert sind und in einem Planungsleitfaden zusammengefaßt wurden.

3.1 Das Ziel

Das *erste Element* im Rahmen der Analyse ist die Zielbestimmung. Mit ihr wird der Auftrag, die "Mission", eines Prozesses festgelegt. Sie gibt also eine präzise Definition seines Zwecks und seiner Aufgabe. Aus der Mission wird die Abgrenzung und damit der Umfang des Prozesses abgeleitet. Ein Prozeß beginnt mit der Anforderung einer bestimmten Leistung (durch einen Kunden) und endet mit ihrer Auslieferung/Übergabe an den Auftraggeber (den Kunden). Dafür arbeiten im allgemeinen mehrere Funktionen unterschiedlicher Unternehmensbereiche zusammen.

3.2 Die Bestandsaufnahme

Das *zweite Element* im Rahmen der Analyse ist die Bestandsaufnahme aller Aktivitäten, die zum Erstellen des definierten Produktes notwendig sind. Diese werden anhand der Analyse der Arbeitsabläufe ermittelt. Die Ergebnisse einer solchen Bestandsaufnahme bestehen aus:

1. einer Übersicht aller Tätigkeiten eines Prozesses sowie der dafür erforderlichen Vorleistungen. Um die Tätigkeiten transparent darzustellen, werden sie sowohl in hierarchischen Strukturbäumen als auch in Ablaufdiagrammen dokumentiert. Die hierarchische Darstellung gibt Auskunft über funktionale Abhängigkeiten, während die Ablaufdiagramme logische Abhängigkeiten aufzeigen.
2. einer Erfassung aller Abhängigkeiten des definierten Geschäftsprozesses von externen Faktoren (z.B. von anderen Prozessen bzw. Funktionen)
3. den im Prozeß eingesetzten DV-Anwendungen
4. der Dokumentation der erkannten Schwachstellen in den Verfahren
5. den Prozeßindikatoren, die für die Kontrolle der Qualität der einzelnen Prozeßschritte genutzt werden.

Eine solche Bestandsaufnahme und ihre Komponenten sind auf den ersten Blick nichts Außergewöhnliches, können aber teilweise für jemanden, der nicht in Produktionsprozessen denkt, durchaus neues Gedankengut enthalten.

3.3 Die Synthese

Auf der Basis dieser Bestandsaufnahme und der Analysen werden in einer Art Synthese sogenannte Subprozesse gebildet.

Abbildung 1 zeigt alle Elemente, die Bestandteile eines Subprozesses sind:

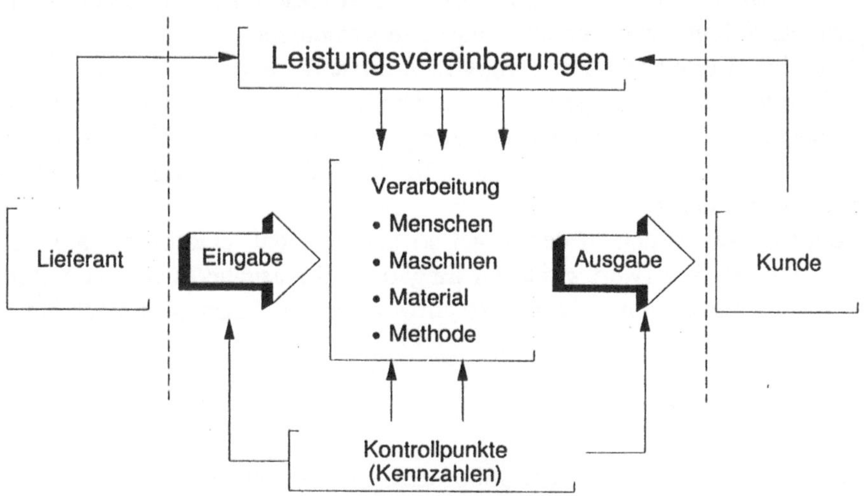

Abb. 1 Die Bestandteile eines Subprozesses

- Die *Eingabe* in den Subprozeß ist entweder ein Vorprodukt oder ein Produktionsauftrag für die Erstellung einer Leistung.
- Verbunden mit der Eingabe ist die *Eingangsschnittstelle*, das zweite wesentliche Element eines Subprozesses. Mit ihr sind nicht nur der Auftraggeber, sondern auch die Definition der Qualität der Eingabe verbunden.
- Das dritte Element ist die Definition des *Leistungsumfangs* des Prozesses. Er ergibt sich aus der Bearbeitung der Eingabe unter Zuhilfenahme von Maschinen, zusätzlichem Material und dem Einsatz von Mitarbeitern.
- Die Qualität dieser Leistung wird nun an der *Ausgabeschnittstelle* des Subprozesses, dem vierten Element, gemessen.

3.4 Die Qualitätsmessung

Die Qualität eines Subprozesses wird anhand von vier Kenngrößen bewertet:

1. Durchlaufzeiten
2. die Anzahl von Fehlern
3. die Kosten
4. die Kundenzufriedenheit.

Die Ausgabeschnittstelle ist gleichzeitig die Eingabeschnittstelle für den nächsten Subprozeß. Um nun ein bestimmtes Qualitätsniveau zu gewährleisten, werden zwischen den einzelnen Subprozessen an den Schnittstellen sogenannte Schnittstellenvereinbarungen abgeschlossen.

Mit der Definition der *Eingabeschnittstelle* und den dazugehörigen *Schnittstellenvereinbarungen* wird der Umfang für die Erbringung der Leistung festgelegt, zu der sich der *Subprozeßverantwortliche* verpflichtet und an der er auch gemessen wird. Damit wird der Subprozeß zu einem Teil des Managementsystems.

Subprozesse werden in der Regel so gebildet, daß eine organisatorische Einheit, die den Mehrwert zwischen Eingabe und Ausgabe in eigener Verantwortung erbringen kann, auch die Verantwortung für diesen Subprozeß hat.

3.5 Die Struktur

Auf der Basis der so definierten Subprozesse kann dann der Gesamtprozeß in zwei Formen dargestellt werden: als Struktur aus *funktionaler Sicht* und *hierarchisch*. Die Abbildung 2 zeigt alle Aktivitäten und Subprozesse des

Geschäftsprozesses Leasing in der hierarchisch strukturierten Form. Der gesamte Prozeß ist in drei große Aufgabengebiete gegliedert:

1. die Aufgaben im Zusammenhang mit der Preisfindung und der Angebotserstellung
2. die Aufgaben, die mit dem Management des Leasing-Portfolios verbunden sind
3. die Aufgaben, die im Zusammenhang mit der Verwertung von Gebrauchtmaschinen am Ende eines Leasingvertrages notwendig sind.

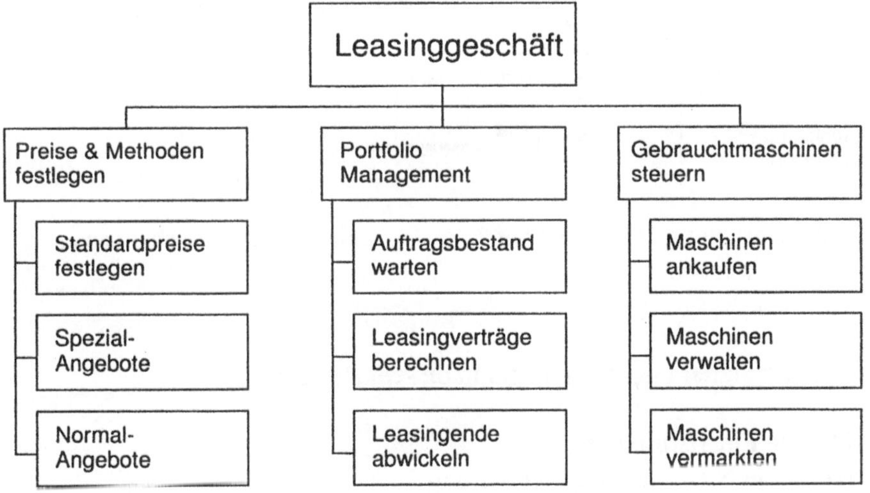

Abb. 2 Strukturierte Abbildung aller Aktivitäten und Subprozesse am Beispiel des Leasingprozesses

Diese rein funktionale Finanzsicht des Leasinggeschäfts zeigt jedoch nicht, welche anderen Funktionen noch mitwirken müssen, um einen Leasingvertrag unter Dach und Fach zu bringen.
Abbildung 3 zeigt nun *alle* Funktionen, die in den Prozeß der Erstellung eines Leasingzahlungsplanes eingebunden sind. Über die in Abb. 2 gezeigte funktionale Struktur aus Finanzsicht hinaus werden hier auch die Abhängigkeiten unterschiedlicher Subprozesse erkennbar. In den Zeilen sind die einzelnen Subprozesse aufgeführt. In den Spalten sind die Funktionen dargestellt, die an diesem Geschäftsprozeß beteiligt sind.

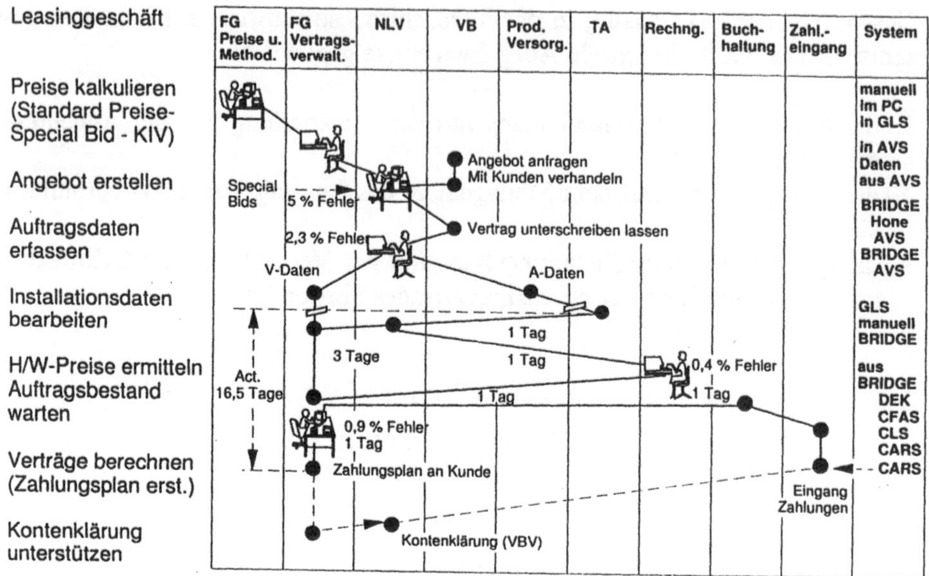

Abb. 3 Darstellung aller im Prozeß "Leasingzahlungsplan" eingebundenen Funktionen

Die beteiligten Funktionen sind in diesem Beispiel:

- FG, die Finanzfunktion
- NLV, die Niederlassungsverwaltung
- VB, der Verkäufer
- die Produktversorgung
- TA, der Technische Außendienst
- die Rechnungsschreibung
- die Buchhaltung
- die Überwachung des Zahlungseingangs.

Neben der Darstellung, welche Funktionen am Prozeß beteiligt sind, wird ermittelt, welche DV-Anwendungen für die Aufgabenerledigung in einem Subprozeß benutzt werden (Abb. 3, letzte Spalte: System).

Diese ablauforientierte, bereichsübergreifende Sicht zeigt alle Abhängigkeiten auf, die zwischen den einzelnen Aktivitäten bestehen.

Wenn ein Prozeß auf diese Weise analysiert und strukturiert ist und auch alle Schnittstellenvereinbarungen vorliegen, mit denen die geforderte Qualität definiert ist, kann der Prozeß zur Steuerung des Arbeitsablaufs benutzt werden.

3.6 Das Managementsystem

Entscheidend für das Funktionieren eines Prozesses ist die eindeutige, aufgabenbezogene Zuordnung der Verantwortung. Diese wird im Rahmen des Managementsystems geregelt, das Bestandteil der Implementierung der Geschäftsprozesse ist.

Wie aus Abb. 3 ersichtlich, beinhaltet der Prozeß Arbeitsabläufe aus unterschiedlichen Geschäftsbereichen, die verschiedenen Geschäftsführern unterstehen. Um sicherzustellen, daß der Prozeß in seiner Gesamtheit optimal läuft und nicht nur die Partikulärinteressen einzelner Funktionen die Qualität des Gesamtablaufs bestimmen, ist es notwendig, einen für den Gesamtprozeß Verantwortlichen zu haben. Dies wird am besten dadurch erreicht, daß die Aufgabe für die Analyse und Strukturierung des Gesamtprozesses der Führungskraft übertragen wird, die an dem Endprodukt des Prozesses das größte Interesse hat.

Aus diesem bereichsübergreifenden Ansatz können Friktionen entstehen. Um sicherzustellen, daß sie möglichst rasch geklärt werden, wurde bei der IBM festgelegt, daß die für einen Geschäftsprozeß verantwortliche Führungskraft an einen der Geschäftsführer berichtet. Auf diese Weise lassen sich eventuelle Meinungsverschiedenheiten zwischen unterschiedlichen Funktionen rasch klären.

3.7 Die Umsetzung

Anhand dieses Vorgehens ist es auch möglich, die Anzahl der Geschäftsprozesse innerhalb des Unternehmens zu beschränken. Das zeigt Abb. 4. Die Geschäftsprozesse sind den Bereichen

- Marketing
- Auftragsabwicklung
- Finanz und Planung
- technischer Außendienst
- Dienstleistungen
- Personal
- Informationssysteme

zugeordnet.

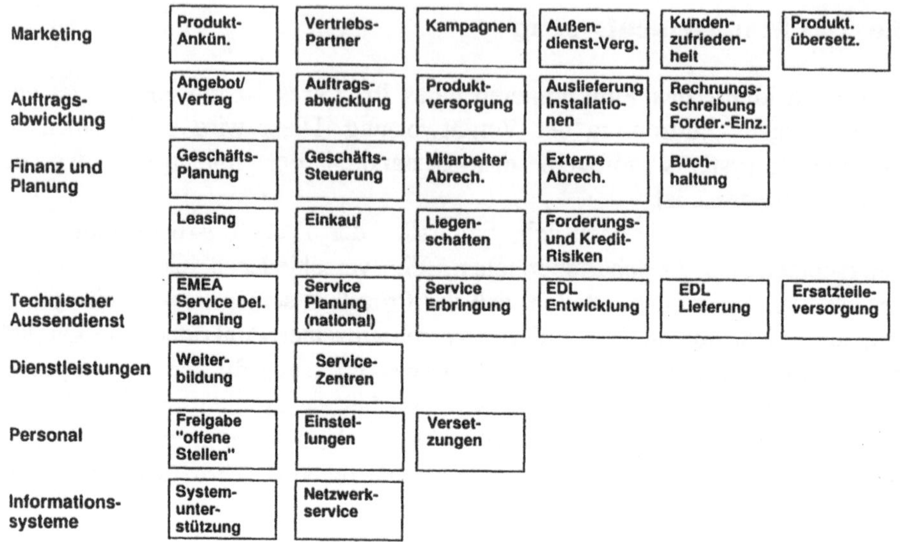

Abb. 4 Überblick über die Anzahl und Struktur der in der IBM Deutschland derzeit bestehenden Geschäftsprozesse (1993)

Am Beispiel der Gehaltsabrechnung wurden bereits die Produkte und die Kunden aufgezeigt, die Bestandteil dieses Prozesses sind, der in Abb. 4 im Bereich Finanz und Planung unter Mitarbeiterabrechnung dargestellt ist. Im Bereich Finanz und Planung findet sich auch der eben erläuterte Prozeß Leasing.

Im Geschäftsbereich Marketing findet man z.B. den Geschäftsprozeß Produktankündigungen. Sein Ergebnis, also seine Produkte, sind die Unterlagen, die im Zusammenhang mit einer Produktankündigung erstellt werden und die der Außendienst und die Kunden erhalten.

Hier sind die Kunden sowohl die externen Geschäftspartner als auch die internen Funktionen, in diesem Fall die Vertriebsmitarbeiter. In diesem Prozeß sind u.a. die Marketingabteilungen, Funktionen wie Finanz, die bei der Preisfestsetzung eine maßgebliche Rolle spielt, aber auch die Verwaltung, die die logistischen Prozesse sicherstellen muß, eingebunden.

Ein Produkt des Prozesses Produktankündigung sind z.B. alle Schulungsmaßnahmen, die mit dem anzukündigenden Produkt verbunden sind. Dies sind sowohl Schulungen interner Natur, mit denen die internen Kunden (die eigene Mannschaft) ausgebildet werden, als auch Ausbildungen für externe Kunden, die die Eigenschaften der neuen Produkte kennenlernen sollen.

4. Geschäftsprozeßmanagement zur Steuerung von Abläufen

4.1 Die Leistungsvereinbarungen

Ansatzpunkt für die Steuerung ist das Prozeßergebnis, der Ausgang eines Subprozesses. Mit dem Empfänger der Leistung, also mit dem Kunden, der die Leistung am Ausgang abnimmt, werden als Bestandteil der Prozeßstruktur Vereinbarungen in bezug auf die Qualität getroffen.

Die getroffenen Vereinbarungen müssen im Sinne der Subprozeßqualität meßbar sein. Die Qualität eines jeden Subprozesses wird kontinuierlich erfaßt und bewertet. Die erfaßten Informationen werden auch zur Verbesserung der operationalen DV-Verfahren genutzt, die den Prozeß unterstützen.

4.2 Die Steuerung

Am Beispiel des Leasingprozesses (Abb. 3) wird ersichtlich, wie das Geschäftsprozeßmanagement zur Steuerung genutzt wird. Abbildung 3 zeigt die Abhängigkeiten zwischen den einzelnen Subprozessen und den beteiligten Funktionen.

Die Qualität eines jeden Subprozesses ist dadurch gekennzeichnet, daß beim Erbringen der Leistung möglichst wenig Fehler entstehen. In Abb. 3 sind die Funktionen, die Quellen für Fehler sind, explizit hervorgehoben. Ebenso wird die Durchlaufzeit erfaßt, d.h. die Zeit, die zwischen dem Eingang in den Subprozeß und dem Ausgang aus ihm, also bis zur Weitergabe in den nächsten, benötigt wird. Auch hier sollen bestimmte Vorgabewerte eingehalten werden.

Steuerung bedeutet, daß die für das Erreichen eines Zieles vorgegebenen Leistungen an den vereinbarten Schnittstellen erfaßt, die auftretenden Abweichungen analysiert und die Ursachen für diese Abweichungen ermittelt werden. Steuerung bedeutet, auf der Basis dieser Informationen gezielt korrektive Maßnahmen einzuleiten.

4.3 Die Ergebnisse

Als die Analyse und Strukturierung des hier beschriebenen Leasingprozesses abgeschlossen war, stellten wir fest, daß zu diesem Zeitpunkt die an die Kunden geschickten Zahlungspläne zu 8,6% fehlerhaft waren. Die Fehlerquote von 8,6% war relativ einfach zu ermitteln, da mit dem Versand der Zahlungspläne an die Kunden gleichzeitig diese Forderungen in der Buchhaltung festgehalten wurden.

Die Anzahl der Stornobuchungen, auf der Basis von Reklamationen der Kunden, war genau wieder 8,6%. Als erstes wurde nun analysiert, welche Fehler in welchen Subprozessen aufgetreten waren. Mit der Analyse wurde am Ende des Prozesses begonnen. Durch diese Fehlerursachenanalyse konnte genau festgestellt werden, in welchem Subprozeß welcher Fehlerprozentsatz entstand.

Es wurde festgestellt, daß 5% der Fehler bereits in dem Subprozeß "Angebot erstellen" entstanden waren (siehe Abb. 3). Da dies ganz am Anfang des gesamten Prozesses liegt, war es nicht mehr möglich, dort gemachte Fehler anderswo zu korrigieren. Das heißt aber auch, daß selbst wenn alle nachfolgenden Subprozesse fehlerfrei gearbeitet hätten, es am Ende noch immer 5% fehlerhafte Zahlungspläne gegeben hätte. Auf der Basis der Erkenntnisse dieser Fehleranalysen wurden die Arbeitsabläufe in den entsprechenden Subprozessen so verändert, daß heute, nach zwei Jahren Prozeßarbeit, nicht mehr 8,6%, sondern "nur" noch 1,8% fehlerhafte Zahlungspläne in diesem Prozeß entstehen.

Die Durchlaufzeiten in den Subprozessen werden in gleicher Weise wie die Fehler analysiert. So wurde festgestellt, daß ab dem Zeitpunkt, an dem die Maschine vom Technischen Außendienst beim Kunden installiert war, bis zu dem Zeitpunkt, an dem der Kunde den Zahlungsplan erhielt, durchschnittlich 16,5 Tage vergingen. Da gemäß den Zahlungskonditionen die Zahlung mit dem Tag der Installation der Maschine fällig ist, bedeutet dies 16,5 Tage Zinsverlust.

Wieder durch Analyse der einzelnen Subprozesse wurde ermittelt, daß bei optimalem Ablauf der für die Erstellung eines Zahlungsplans notwendigen Arbeitsschritte der Zahlungsplan bereits nach vier Tagen beim Kunden sein könnte. Durch eine entsprechende Veränderung der Arbeitsabläufe in den einzelnen Subprozessen wurde zwar noch nicht das Optimum erreicht, die Durchlaufzeit aber doch von 16,5 Tagen auf 7,5 Tage reduziert.

Mit Hilfe des Geschäftsprozeßmanagements und Beobachtung der festgelegten Meßgrößen in den Subprozessen wird die Qualität des Ergebnisses der Arbeitsabläufe gesteuert.

Eine weitere Meßgröße, die analysiert und beobachtet wird, ist die Kundenzufriedenheit. Die Kundenzufriedenheit wird regelmäßig durch Befragungen ermittelt. Die Kunden werden zu etwa 60 verschiedenen Themen befragt. Die Auswertung soll Aufschluß darüber geben, wie die Kunden mit dem Leistungsangebot zufrieden sind. Eine der Fragen bezieht sich auf die Zufriedenheit der Kunden mit den Leasingzahlungsplänen.

1991, als ca. 8,6% fehlerhafte Zahlungspläne vorlagen, war der Index der Kundenzufriedenheit bei den Leasingzahlungsplänen bei einem Wert von 58 auf einer Skala 0-100. Erst wenn der Zufriedenheitsindex die Marke 75 überschreitet, kann man davon ausgehen, daß die Kunden beginnen, zufrieden zu sein.

Durch die hier beschriebenen Maßnahmen, die zu einer Reduzierung der Fehlerrate von 8,6% auf 1,8% führten, haben wir erreicht, daß der Kundenzufriedenheitsindex für die Leasingzahlungspläne heute bei 77 ist. Das ist eine deutliche Verbesserung.

Die dargestellten und regelmäßig erfaßten Daten werden für jeden Prozeß aggregiert und können jederzeit (online) abgefragt werden. Die Prozeßeigner erhalten jeden Monat die wichtigsten Kennzahlen ihrer Prozesse. Sie entstehen aus den operativen Systemen und werden bei der Beurteilung und Verbesserung der Prozesse benutzt.

Zur Abfrage der aktuellen Daten wird von der Geschäftsführung ein Executive Decision System genutzt. Um einen Überblick über alle wichtigen Unternehmensdaten zu haben, enthält das System auch die wesentlichen Indikatoren aller Prozesse auf monatlicher Basis.

Dieses Prinzip des Geschäftsprozeßmanagements zur Steuerung der Arbeitsabläufe zu benutzen und dabei gleichzeitig Fehler im Prozeß aufzuspüren und zu beseitigen, ist aus unserem Qualitätsdenken abgeleitet. Die oberste Qualitätsmaxime der IBM ist nämlich grundsätzlich, daß alles, was getan wird, im Zeitablauf immer weiter verbessert werden soll.

Dieses *Prinzip der kontinuierlichen Verbesserung* wird im Rahmen des Geschäftsprozeßmanagements in der Weise angewandt, daß für jeden Geschäftsprozeß jedes Jahr die Ziele neu festgelegt werden, und zwar

- die Zielwerte für Fehler
- die Durchlaufzeiten
- die Kundenzufriedenheit.

Diese neuen Werte müssen immer besser als die Ergebnisse des Vorjahres sein.

5. Geschäftsprozeßmanagement als Methode zur Restrukturierung von Abläufen und zum Reengineering der mit dem Prozeß verbundenen DV-Anwendungen

Das Ziel des Reengineering eines Prozesses ist, die Abläufe und die dazugehörigen DV-Anwendungen zu vereinfachen. Wie wird nun der Ansatz gefunden, wo etwas vereinfacht werden kann? Dabei ist auch zu berücksichtigen, daß Vereinfachungen in Arbeitsabläufen unter Umständen andere, eventuell sogar neue DV-Anwendungen erfordern.

5.1 Die Kostenerfassung

Um Ansatzpunkte für Verbesserungen des Prozesses und der Anwendungen zu finden, wird die Struktur des Prozesses benutzt. Dazu werden jedem Subprozeß die von ihm verursachten Kosten zugeordnet.

Als dieser Denkansatz das erste Mal diskutiert wurde, kam der Einwand, daß das nicht nur schwierig, sondern auch sehr aufwendig sei, weil die entsprechenden Kostenrechnungssysteme darauf nicht ausgerichtet waren. Es wurde deshalb die Entscheidung getroffen, nur drei Kostenarten im Rahmen des Geschäftsprozeßmanagements zu erfassen. Diese drei Kostenarten sind direkte Kosten und somit ohne Schwierigkeiten erfaßbar. Im einzelnen werden erfaßt:

1. die mit dem Subprozeß verbundenen *Arbeitszeitaufwendungen*, um eine Aufgabe zu erledigen (gemessen in Personenjahren)
2. die *DV-Aufwendungen*. Diese werden getrennt erfaßt nach operationalen Kosten, die notwendig sind, um eine bestehende Anwendung auf den Rechnern laufen zu lassen. Daneben werden dann die Aufwendungen erfaßt, die notwendig sind, um die Anwendung, die zur Unterstützung des Subprozesses genutzt wird, zu pflegen oder zu erweitern. Typisch für solche Pflegeaufwendungen von Anwendungen sind z.B. im Rahmen der Gehaltsabrechnung die jährlichen Anpassungen an die Steuergesetze.
3. Aufwendungen, die mit *Geldausgaben* verbunden sind. Diese lassen sich sehr einfach mittels der Kostenstellenberichte erfassen.

Es werden also keine Gemeinkostenumlagen erfaßt, wie Kosten für Flächen, für Heizung, für die Gehaltsabrechnung oder andere indirekte Kosten, die einem Subprozeß in einer Vollkostenrechnung über Gemeinkostenzuschläge zuzurechnen wären.

Das Ergebnis dieser Kostenbetrachtung, z.B. wieder des Leasingprozesses, ist in Abb. 5 dargestellt.

Sub-Prozesse ▼	Funktion	Anz. MA	Gehalt+ Nebenkosten	And. Ausgab.	IS-Kosten Bridge + AVS	IS AE	Intern. Kosten	Total
Preise kalkulieren	FG P+M	20	2500					2500
Angebot erstellen	MKT NLV	58 11	9860 1375		785			12020
Auftragsdaten erfassen	NLV	7	875		500			1375
Installationsdaten bearbeiten	NLV							
Verträge berechnen	FG V Acc.	26.5 10	3313 1250	470		1677		6710
Kontenklärung	Ac. Rc.	3			215			590
Forderung	NLV	7	875		500			1375
End of Lease abwickeln	FG V Acc.	7.5 3	937 375	130		473		1915
Remarketing	FG R	12	1500			550		2050
Zentrale Stäbe		15	2250				7500	9750
Gesamt-Prozess ▶		**180**	**25485**	**600**	**2000**	**2700**	**7500**	**38285**

Abb. 5 Das Ergebnis der Kostenbetrachtung des IBM Leasingprozesses (Prozeßkosten in TDM)

Wieder sind in der linken Spalte die einzelnen Subprozesse aufgeführt. In der zweiten Spalte sind dann die an dem Subprozeß beteiligten Funktionen angegeben.

Die dritte Spalte zeigt den Aufwand in Personenjahren, der mit diesem Subprozeß im gesamten Jahr verbunden ist. Dabei sind durchaus Hochrechnungen notwendig. So liegt z.B. bei dem Subprozeß "Auftragsdaten erfassen" (Funktion NLV = Niederlassungsverwaltung) ein Aufwand von sieben Personenjahren vor. Diese sieben Personenjahre sind in der Form ermittelt worden, daß in vier Beispielniederlassungen (von insgesamt 70 in ganz Deutschland) 150 mal für den Vorgang "Auftragsdaten erfassen" die für die Vorgangsbearbeitung notwendige Zeit ermittelt wurde. Auf der Basis von 10.000 Fällen, die im Jahr bearbeitet werden, konnte dann hochgerechnet werden, daß der Gesamtaufwand für diesen Subprozeß, verteilt über ganz Deutschland, insgesamt sieben Personenjahre ausmacht.

Die nächste Spalte zeigt dann die aus diesen Personenjahren resultierenden Gehaltskosten.

Ausgabenwirksame Aufwendungen liegen in dem vorliegenden Beispiel nur in zwei Subprozessen vor, nämlich bei "Verträge berechnen" und bei "End of Lease abwickeln". Die DV-Kosten sind zweigeteilt dargestellt:

1. die Kosten für die laufenden Anwendungen auf den Rechnern – und das pro Subprozeß
2. die Kosten der Pflege der Anwendungen – in diesem Fall in drei Subprozessen: "Verträge berechnen", "End of Lease" und "Remarketing".

5.2 Reengineering auf der Basis von Vergleichen

Mit dieser Darstellung hat man nun eine Übersicht über die direkt beeinflußbaren Kosten für den Gesamtprozeß. Wenn man die Anzahl der Vorgänge kennt, die durch den Prozeß abgewickelt werden, so hat man damit auch gleichzeitig die Kosten, die für einen einzelnen Vorgang entstehen. Diese Analyse ist in zweierlei Hinsicht nützlich:

1. Sie ist Basis für Benchmarking, d.h. diese Kostenstrukturen werden mit anderen Unternehmen verglichen, um zu sehen, ob nicht an irgendeiner Stelle "Speck angesetzt" wurde. Solche Benchmark-Vergleiche sind Anstoß für das Verändern der Prozesse, für das Reengineering. In den einzelnen Subprozessen wird hinterfragt, warum dort bestimmte Aufwendungen entstehen. Jede einzelne Aufwendung wird infrage gestellt. Durch Weglassen werden die Prozesse schlanker und billiger.
2. Auf der Basis des ausgewiesenen Personalaufwandes wird überlegt, ob nicht durch Automatisierung von Prozessen, durch anders gestaltete DV-Anwendungen, Personal eingespart werden kann und das Ergebnis damit insgesamt günstiger wird. Mit diesem Vorgehen wurde im letzten Jahr innerhalb unseres Prozesses "Vertriebspartnerabrechnungen" mit Hilfe einer Investition für DV-Anwendungen in Höhe von 6 Mio. DM der Aufwand von 60 Personenjahren eingespart. In demselben Prozeß wurde, nachdem der Prozeß so in Gang gesetzt worden war, anhand der gleichen Analysen festgestellt, daß durch zusätzliche 2 Mio. DM DV-Investitionen weitere 12 Personenjahre eingespart werden können. Der Break-Even-Punkt für diese Investition lag dabei bei 1,5 Jahren.

So wie der Prozeß "Vertriebspartnerabrechnung" durchleuchtet und neu gestaltet wurde, werden alle Prozesse auf mögliche drastische Vereinfachungen untersucht. Dafür besteht ein fester Fahrplan mit dem Ziel, Arbeitslast abzubauen.

6. Zusammenfassung

Das Geschäftsprozeßmanagement ist eine Analysemethode und ein Steuerungswerkzeug für die Gestaltung von Geschäftsprozessen und die Optimierung ihrer Abläufe in bezug auf

- die Güte der Prozeßabwicklung
- die Qualität der Prozeßergebnisse, d.h. des "Produktes" eines Prozesses
- die Verkürzung des zeitlichen Ablaufs der Tätigkeiten
- die Basis für die Gestaltung von DV-Anwendungen.

Mit anderen Worten: Die Geschäftsprozesse ermöglichen eine ganzheitliche Betrachtung von Arbeitsabläufen. Daraus ergeben sich unmittelbar der Bedarf an Informationen zur effizienten Unterstützung der Entscheidungsvorgänge im Prozeß und damit auch unmißverständliche aufgabenorientierte *Vorgaben für ein Management-Unterstützungssystem (MUS)*.

Medienintegrierte Informationssysteme für Führungskräfte

Hans-Georg Kemper, Klaus van Marwyk

1. Top-Manager – ihre Arbeit und ihre Einstellungen

Bereits seit Jahrzehnten versucht man in Wissenschaft und Praxis, die Arbeit von Top-Managern zu entmystifizieren. In einer Reihe vornehmlich empirisch orientierter Arbeiten werden Managementcharakteristika, persönliche Eigenschaften und Verhaltensparadigmen von Führungskräften analysiert, um eine Antwort auf die Frage zu erhalten: *"Wie arbeitet ein erfolgreicher Manager?"* Üblicherweise unterscheiden diese Forschungsansätze verschiedene Dimensionen der Managerarbeit, wobei meist das *Rollenverhalten*, die Art der *Fach-* und *Führungsaufgaben* und die hierbei anfallenden *Aktivitäten* des Managers im Mittelpunkt der Untersuchungen stehen. So kann empirisch belegt werden, daß die wichtigsten Fachaufgaben von Top-Managern in den Bereichen Marketing/Vertrieb, Verwaltung und Finanzierung angesiedelt sind [1,6]. Die meiste Zeit sind Top-Manager von Großunternehmen jedoch mit Führungsaufgaben beschäftigt, so daß ihre Arbeit oftmals durch allgemeine Aufgaben der Planung, Organisation, Steuerung, Kontrolle, Mitarbeiterführung und Repräsentation gekennzeichnet ist [1,6]. Bei der Betrachtung der Manageraktivitäten fällt zunächst auf, daß Führungskräfte den weitaus größten Teil ihrer Arbeitszeit *verbal* kommunizieren. Der Anteil der Schreibtischarbeit beträgt lediglich ein Drittel der Arbeitszeit. Übrige Tätigkeiten wie Telefonieren, geplante und ungeplante Meetings sowie Rundgänge durch den Betrieb haben im wesentlichen die verbale Informationsgewinnung und -weitergabe zum Inhalt und nehmen den Löwenanteil der verfügbaren Arbeitszeit eines Top-Managers in Anspruch [3-5,7]. Eine Analyse der Dauer der einzelnen Aktivitäten zeigt, daß Aktivitäten von weniger als 9 Minuten den größten Anteil an der täglichen Arbeitszeit haben, während solche von mehr als 60 Minuten Dauer maximal ein Zehntel der verfügbaren Zeit in Anspruch nehmen [3,5,7]. Daraus läßt sich auf eine sehr "bruchstückhafte" Tätigkeit von Top-Managern schließen, die von kurzen Arbeitseinheiten und raschem Wechsel von einer Tätigkeit zur anderen geprägt ist [4,7]. Fraglich ist, ob diese auf den ersten Blick ineffiziente Arbeitsweise nur durch äußere Einflüsse verursacht ist und abgestellt werden sollte oder ob sie dem Wesen der Managementaufgabe sinnvollerweise entspricht. Manche Forscher (z.B. Carlson) vertreten die Ansicht, daß die häufigen Arbeitsunterbrechungen bei Top-Managern von außen verursacht werden [2]. Andere Autoren (z.B. Schreyögg und Hübl) sind dagegen der Meinung, daß die Unterbrechungen häufig selbst verursacht werden und nennen aus ihrer Untersuchung einen Anteil von lediglich 25% der Aktivitäten, die durch andere unterbrochen wurden [7]. Hieraus folgt – so die Wissenschaftler –, daß Top-Manager eine "quasi simultane Arbeitsweise" entwickeln, um der Vielzahl an auftretenden Aufgaben und Problemen gerecht zu werden.

Ein drittes wesentliches Charakteristikum der Arbeit von Top-Managern zeigt sich bei der Betrachtung ihrer Kommunikationspartner. Top-Manager verwenden auf der einen Seite etwa die Hälfte der Zeit für die mündliche Kommunikation mit ihren Mitarbeitern. Auf der anderen Seite haben sie zu einem großen Anteil Kontakt zu Personen, die nicht direkt mit ihrem "Geschäft" in Verbindung stehen. Dies sind Bekannte aus anderen Unternehmen, Politiker und übrige Unternehmensangehörige, wie z.B. Kollegen [3,4,7]. Manager bauen demnach Kontaktnetzwerke auf, die der Informationsgewinnung und -weitergabe sowie der Durchsetzung von Entscheidungen dienen. Die Informationen, die innerhalb dieser Kontaktnetzwerke verarbeitet werden, sind in der Regel "weich", z.B. in der Form von Gerüchten und Mutmaßungen [4,5,7].

Vor dem Hintergrund dieser Charakteristika drängt sich unmittelbar die Frage auf, ob es überhaupt gelingen kann, das Top-Management mit der am Markt verfügbaren Informationstechnologie wirkungsvoll zu unterstützen. Eine Recherche angebotener Werkzeuge zum Aufbau managementunterstützender Systeme und eine Analyse der in der Praxis eingesetzten Management-Informationssysteme (MIS) lassen eher Zweifel daran aufkommen. So basieren viele MIS primär auf internen controllingorientierten Daten, behandeln den Bereich der Kommunikation lediglich rudimentär und erfordern vom Benutzer trotz sog. "intuitiver" Bedienerführung zumindest bei der Login-Prozedur oder bei der Kommentierung von Informationen (beim Management eher selten anzutreffende) Tastaturkenntnisse. Es liegt auf der Hand, daß derartigen Systemen kein großer Erfolg in den Chefetagen beschieden sein wird. Erfolgreiche MIS haben vielmehr den typischen Charakteristika der Managementarbeit zu entsprechen. Die hierfür notwendigen Technologien – allen voran multimediale Techniken – besitzen zwar zum großen Teil heute bereits Marktreife, werden jedoch meist noch nicht in ausreichendem Maße bei der Implementierung von MIS berücksichtigt. Im weiteren werden Potentiale der Multimedia-Integration in Management-Informationssysteme beispielhaft aufgezeigt und diskutiert. Gestützt werden die Aussagen durch Erfahrungen bei der Erstellung und Erprobung von zwei multimedialen MIS-Demonstratorsystemen, die in Zusammenarbeit mit zwei MIS-Werkzeugherstellern in den Jahren 1992/93 entwickelt wurden.

2. Multimedia-Potentiale für Management-Informationssysteme

Unter "Multimedia-Systeme" werden in aller Regel DV-unterstützte Informationssysteme verstanden, die mehrere benutzerseitig frei steuerbare Medien in sich vereinen. Neben den traditionellen Darstellungsformen – wie Text, Graphik und Daten – werden Multimedia-Systeme meist bereichert um Video- oder Audiosequenzen, Animationen, Bilder, gescannte Schriftstücke u.ä.

Das Medium, das am häufigsten im Zusammenhang mit der Integration multimedialer Komponenten in managementunterstützende Systeme genannt wird, ist erwartungsgemäß die (gesprochene) Sprache [z.B. 8]. Sie soll die Tastatureingaben weitestgehend überflüssig machen und auf diese Weise MIS der Charakteristik von Managerarbeit näherbringen. Neben der Sprache können auch Realbild und Videosequenzen sinnvoll in Management-Informationssysteme eingebunden werden, da zur Klärung komplexer Sachverhalte oftmals die bildliche Darstellung einer verbalen oder textlichen weit überlegen ist ("Ein Bild sagt mehr als tausend Worte!"). So hat z.B. eine nordamerikanische Ölgesellschaft die Karten über den Verlauf von Hurrikans in ihr Management-Informationssystem eingebunden, um auf diese Weise die Personalbelegungsplanung ihrer Ölplattformen zu optimieren [9].

2.1 Die multimediale Anmerkungsfunktion

Die Integration der oben genannten Medien kann im einfachsten Fall als individuelle *Anmerkungsfunktion* ausgestaltet sein, mit deren Hilfe der Manager ausgewählte Bildschirminformationen multimedial kommentieren kann. Abbildung 1 zeigt einen Auszug aus einem multimedialen MIS-Demonstrator, in dem exemplarisch die Möglichkeiten einer solchen personengebundenen multimedialen Kommentierung dargestellt werden.

Dieser Demonstrator erlaubt dem Manager, bei der Analyse seines Geschäftsbereiches aktuelle Bildschirmseiten oder auch Einzelinformationen durch "Maus-Klick" mit sprachlichen Anmerkungen, Dokumenten und/oder Videosequenzen zu verbinden. So kann der Manager z.B. mit Hilfe eines im Personal Computer integrierten Mikrophons seine persönlichen Anmerkungen zu einer im MIS dargestellten Budgetabweichung sprechen, diese Anmerkung um eine gescannte Zeitungsnotiz bereichern und das so generierte multimediale Dokument für ein bestimmtes Datum – z.B. für den Tag der Geschäftbereichsbesprechung – zur Wiedervorlage vorsehen.

2.2 Das multimediale "Persönliche Informations-Management – PIM"

Neben den multimedialen Kommentierungen können Aufgaben – wie z.B. das Kontaktieren von Personen, die Koordination von Projekten und Mitarbeitern, die Abstimmung von Terminen oder die gemeinsame Ideengenerierung und -koordination – multimedial unterstützt werden.

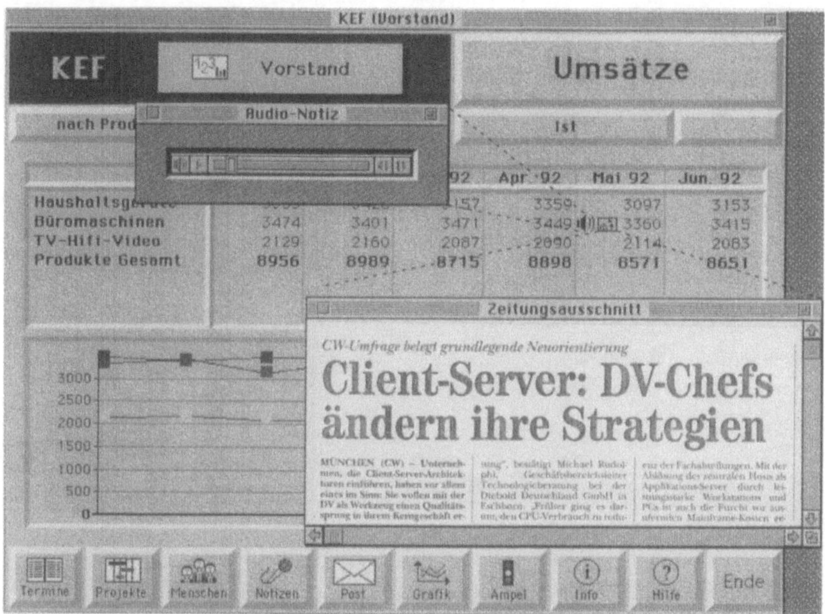

Abb. 1 Mulitmediale Anmerkungsfunktion

Diese Probleme werden im "Persönlichen Informations-Management - PIM" aufgegriffen. Ein multimediales PIM-System (MM-PIMS) kann eine Personen-, Termin- und Projektverwaltung beinhalten, an deren Bildschirmseiten Audio-, Standbild- oder Videoinformationen geheftet werden können. Für die Personenverwaltung wird – wie in Abb. 2 exemplarisch anhand des MIS-Demonstratorsystems dargestellt – bei der Recherche jeweils das zu einem Mitarbeiter gehörende Porträt angezeigt, um die Verbindung zwischen den Bildschirminformationen und den mentalen Vorstellungen der MIS-Benutzer zu verbessern. In der Terminverwaltung (siehe Abb. 3) besteht die Möglichkeit, relevante Unterlagen – wie z.B. Bewerberunterlagen, Berichte oder Videos über Projektfortschritte – an den entsprechenden Termin zu heften, um sie schnell und situationsabhängig verfügbar zu machen. Nach abgeschlossenem Meeting läßt sich eine verbale Gesprächsnotiz eingeben, die den Inhalt eines Treffens zusammenfaßt und jederzeit kontextabhängig wieder abrufbar ist.

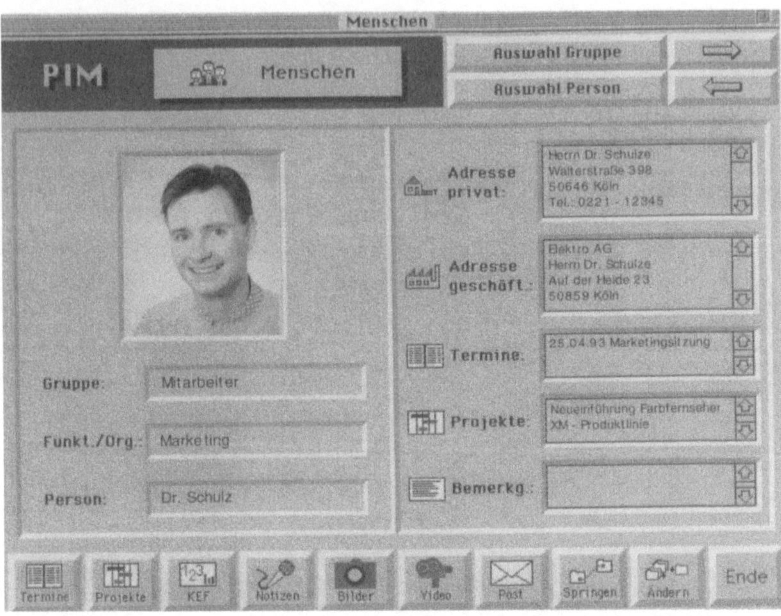

Abb. 2 Multimediale Personenverwaltung

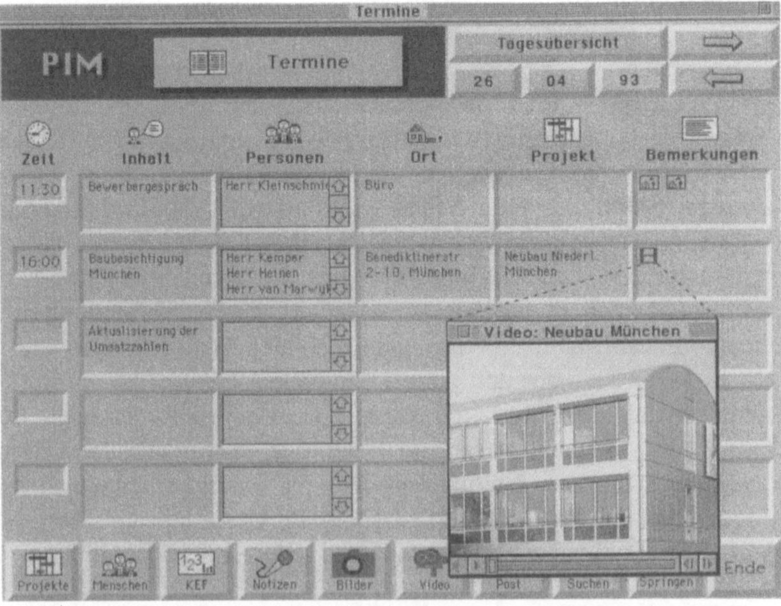

Abb. 3 Multimediale Terminverwaltung

2.3 Die multimediale Kommunikation

Nicht nur die Gewinnung, die Speicherung und der Abruf multimedialer Informationen sollten von einem medienintegrierten MIS unterstützt werden, sondern auch ihre Weitergabe im Rahmen einer multimedialen Kommunikation. Dies kann die bevorzugten synchronen und verbalen Kommunikationsformen mittels Telefon und persönlichem Gespräch [6] um eine asynchrone Komponente sinnvoll ergänzen. Hierbei können sprachliche Anmerkungen im Kontext mit anderen Informationseinheiten versandt werden, die durchaus auch an mehrere Mitarbeiter gleichzeitig adressierbar sind. So ist es möglich, sprachliche Kommentare zu Planabweichungen zusammen mit der betreffenden MIS-Bildschirmseite und weiteren erläuternden Informationen zu versenden. Genauso können – wie das Demonstratorbeispiel in Abb. 4 verdeutlicht – sprachliche Kommentare, Fernsehspots oder andere multimediale Informationen zwischen Führungskräften ausgetauscht und auf diese Weise diskutiert werden.

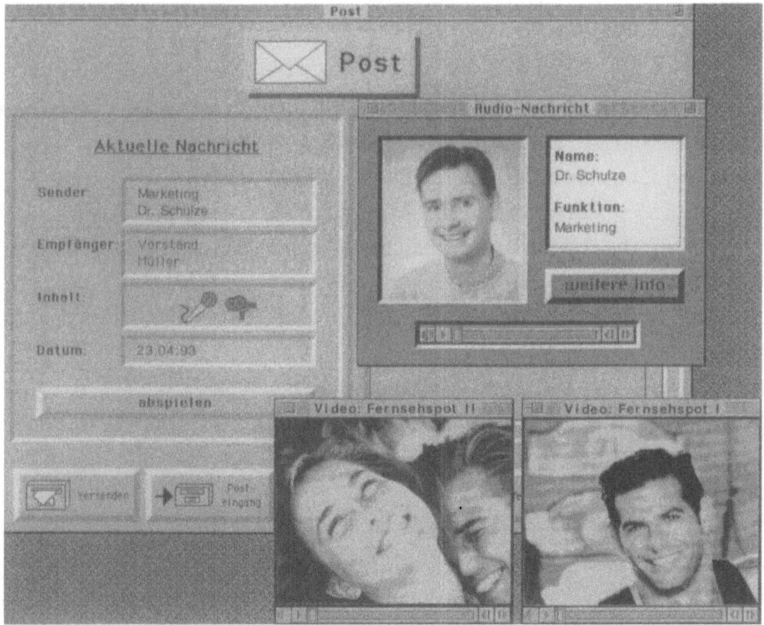

Abb. 4 Multimediale Kommunikation

3. Zukünftige Entwicklungen

Der Einsatz der Informationstechnologie zur Unterstützung des Top-Managements ist in den letzten 30 Jahren überwiegend durch Fehleinschätzung, Ernüchterung und Desillusionierung geprägt worden. Ein Hauptgrund der bisherigen Mißerfolge ist sicherlich darin zu sehen, daß die DV-Systeme einfach nicht "managergerecht" waren. Mit Hilfe multimedialer Technologien besteht heute zum ersten Male die reale Chance, Management-Informationssysteme an den Belangen von Führungskräften auszurichten. Wenngleich auch heute noch technische Unvollkommenheiten - z.B. im Bereich der digitalisierten Speicherung von Ton- bzw. Bildsequenzen - festzustellen sind, werden die Einbindung der sprachlichen Kommunikation, die Möglichkeit des Aufbaus und der Pflege von Kontaktnetzen und die Integration von "weichen" Informationen in naher Zukunft zu den MIS-Basisanforderungen zählen, ohne die eine erfolgreiche Technologieunterstützung im Management nicht mehr denkbar ist.

Literatur

1. *Bruhn, M.*; *Wuppermann, M.*: Position und Aufgaben der Geschäftsführer: Eine empirische Analyse. Die Betriebswirtschaft 4/1988.
2. *Carlson, S.*: Executive Behaviour. Stockholm 1951.
3. *Kurke, L. B.*; *Aldrich, H. E.*: Mintzberg Was Right!: A Replication and Extension of the Nature of Managerial Work. Management Science 8/1983, S. 975 - 984.
4. *Mintzberg, H.*: The Manager's Job: Folklore and Fact. Harvard Business Review July-August 1975, S. 49 - 61.
5. *Mintzberg, H.*: The Nature of Managerial Work. New York u.a. 1973.
6. *Müller-Böling, D.*; *Ramme, I.*: Informations- und Kommunikationstechniken für Führungskräfte: Top-Manager zwischen Technikeuphorie und Tastaturphobie. München, Wien 1990.
7. *Schreyögg; G.*; *Hübl, G.*: Manager in Aktion: Ergebnisse einer Beobachtungsstudie in mittelständischen Unternehmen. Zeitschrift für Organisation 2/1992, S. 82 - 89.
8. *Watson, H. J.*; *Rainer, K.*; *Koh, C.*: Executive Information Systems: A Framework for Development and a Survey of Current Practices. Athens, Georgia 1989.
9. *Watson, H. J.*: How to Fit an EIS into a Competitive Context. Information Strategy 1992, S. 5 - 10.

Sitzungsunterstützung durch Computer Aided Team

Helmut Krcmar

1. Einleitung

Computer Aided Team (CATeam), die Computerunterstützung für die Gruppenarbeit, findet wachsende Beachtung bei den Führungskräften. Ziel des CATeam ist es, Kommunikation über die Hierarchien des Unternehmens zu unterstützen und die Teamarbeit insgesamt produktiver zu machen. Dieser Beitrag gibt zunächst eine kurze Übersicht über die Werkzeuge des CATeam, um dann an einem Beispiel die Unterstützung von Sitzungen zu erläutern. Dabei werden die Wirkungsweise verdeutlicht und die praktischen Ergebnisse dargelegt [1].

2. Die Kommunikation im Unternehmen heute und morgen

Die Mitarbeiter verbringen heute viel Zeit in Gruppenarbeiten, sei es in Sitzungen klassischer Art, bei der Koordination von Gruppenaktivitäten oder bei der Bearbeitung der von der Gruppe gestellten Aufgaben. Auch die visionären, "neuen" Organisationsformen und die zunehmende Bedeutung der Teamarbeit erfordern es, den Einsatz von Informations- und Kommunikationstechnologien für die Gruppenarbeit zu untersuchen.

Aus einer Studie geht hervor, daß deutsche Führungskräfte im Schnitt 40% ihrer 59-Stunden-Woche mit Kommunikation, 38% im Büro und 22% unterwegs verbringen [2]. Außerdem wurde ermittelt, daß sie 19% ihrer Zeit für Besprechungen und 8% für offizielle Sitzungen verbrauchen. Außer den reinen Besprechungs- und Sitzungszeiten (insgesamt 27%) wird für Kommunikation in den verschiedensten Formen noch mehr Zeit verwendet. Diese Kommunikation wird meistens zum Zwecke der Koordination benutzt: Koordination von Mitarbeitern, die zusammenarbeiten, um Ziele zu erreichen, die jeder für sich allein nicht erreichen könnte.

Die Gruppenmitglieder beklagen sich oft über mangelnde Effizienz und Produktivität der Teamarbeit, insbesondere von Sitzungen. Petrovic erhebt in einer Befragung von 850 österreichischen Managern, daß über 34% der Zeit bei Bürobesprechungen und ungeplanten Besprechungen als ineffizient bezeichnet werden [3].

Die zunehmende Spezialisierung und Internationalisierung des Geschäfts sind weitere Gründe für die Zunahme der Teamarbeit. Der Trend zur Teamarbeit und zur projektbezogenen Arbeit wird sich mit globalen und flachen Organisationen weiter fortsetzen [4]: Toffler's "Ad-hocracy" und Drucker's "information-based enterprise" verdeutlichen dies. Ebenso verstärken die Konzepte Lean Production und Lean Administration die Tendenz zu flachen Hierarchien und selbstgesteuerten Gruppen.

Eine Möglichkeit zur Verbesserung der Arbeit in Gruppen bietet das Konzept des Computer Aided Team.

Ziel des Computer Aided Team (CATeam) ist die Steigerung der Produktivität der Teamarbeit durch den Einsatz von Informations- und Kommunikationstechniken [5]. CATeam soll Teamarbeit verbessern; der Ansatz ist daher, diese Technik mit anderen, nicht technikunterstützten Methoden zu vergleichen.

Die Unterstützung der Teamarbeit durch CATeam-Systeme eröffnet neue Wege zur Arbeitsgestaltung und bewirkt mehr als die Entscheidungsunterstützung für jeden einzelnen. Diese neue Vorgehensweise wird mit unterschiedlichen Namen versehen. Neben CATeam sind derzeit Begriffe wie "Computer Supported Cooperative Work" (CSCW), "Groupware", "Work Group Computing" und "Work Flow Computing" üblich.

3. Die Werkzeuge für CATeam[1]

Die Software zur Gruppenunterstützung kann aufgrund ihrer Eigenschaften in verschiedene Klassen der Werkzeuge und Forschungsrichtungen eingeteilt werden. Die meistbenutzte Einteilung teilt die Werkzeuge nach der Unterstützung für folgende Situationen ein:

- Anwesenheit der Teilnehmer zur gleichen Zeit
- Anwesenheit der Teilnehmer zu unterschiedlichen Zeiten (asynchrone Kommunikation)
- Anwesenheit der Teilnehmer am gleichen Ort
- Anwesenheit der Teilnehmer an unterschiedlichen Orten.

Dementsprechend ergeben sich vier verschiedene Unterstützungsmöglichkeiten, für die bereits Werkzeuge existieren.

Die Zusammenfassung beider Formen der asynchronen Kommunikation liefert drei Kategorien von Werkzeugen und Forschungsrichtungen, die sich mit den plakativen Namen "*Entscheidungsraum*", "*Remote-Konferenzen*" und "*asynchrone Unterstützung*" bezeichnen lassen. Derzeit werden für jede dieser drei Kategorien unterschiedliche technische Ansätze verfolgt:

---

[1] Vergleiche dazu im größeren Detail unter 6. im Literaturverzeichnis

- Die Forschung in bezug auf den Entscheidungsraum beschäftigt sich mit der Frage, wie "klassische" Sitzungen aller Teilnehmer in einem Raum zu unterstützen sind.
- Die "Remote-Konferenz"-Forschung, oft auch Telekooperation genannt, untersucht die Unterstützung der Sitzungssituation, wenn die Teilnehmer örtlich verteilt sind.
- Die Unterstützung der asynchronen Anwesenheit soll helfen, wenn die Gruppenmitglieder nicht zur gleichen Zeit "zusammen" sind.

Für jeden dieser drei Teilbereiche gibt es Gründe, die für sich sprechen. In der Trennung in die drei Bereiche liegt die zentrale Schwäche der obigen Klassifikation und der auf ihr aufbauenden Werkzeuge: Sie geht am Integrationsbedürfnis der Gruppenarbeit vorbei, denn diese vollzieht sich in einem Wechsel von Sitzungen und Arbeiten am Gruppenthema in Nichtsitzungen und ist eben nicht nur auf eine der drei Situationen beschränkt. Dennoch leitet diese Dreiteilung heute noch weitgehend Forschung und Produktangebot. Erst langsam treten die Vermeidung von Medienbrüchen zwischen den einzelnen Gruppenarbeitsphasen und eine ganzheitliche, temporal- und aufgabenintegrative Gruppenunterstützung in den Vordergrund.

4. Computerunterstützung für Sitzungen: GroupSystems

Der GroupSystems-Ansatz verbindet die Software GroupSystems selbst sowie einen Sitzungsraum mit Bildschirm und Rechner für jeden der Teilnehmer. Die Sitzungsmoderation erfolgt durch einen Moderator/Softwarelenker. Die Software GroupSystems [7] wird in diesem Beitrag nur skizziert, die Ergebnisse werden etwas ausführlicher beschrieben.

GroupSystems wurde seit 1984 an der University of Arizona, Tucson, konzipiert und seitdem kontinuierlich weiterentwickelt. Das heute als GroupSystems Version 5 vertriebene Produkt unterstützt sowohl klassische Sitzungen als auch asynchrone Zusammenarbeit. Die Software besteht aus flexibel kombinierbaren, auf vernetzten PCs laufenden Werkzeugen, die unterschiedlichen Unterstützungsanforderungen gerecht werden. Es empfiehlt sich, vor jeder Sitzung zu bestimmen, was genutzt werden soll, und dabei Aufgabenstellung und Werkzeuge aufeinander abzustimmen. Im GroupSystems-Werkzeugkasten stehen viele Werkzeuge zur Verfügung: für bestimmte Sitzungsphasen und -inhalte, für die Sitzungsvor- und -nachbereitung, für die Sitzungsführung, für die Gruppeninteraktion, zur Unterstützung von Gruppengedächtnis sowie für das Erfassen von erarbeiteten Daten. Den Schwerpunkt bildet die Unterstützung der Interaktion in der Gruppe. Abbildung 1 gibt einen verkürzten Überblick über die in GroupSystems Version 5 bereitgestellten Instrumente.

Sitzungsaktivität	**GroupSystems-Werkzeug**
Sitzungsplanung	Sitzungsmanager mit – Tagesordnung – Teilnehmererfassung – Sitzungsverwaltung – Texteditor
Ideenfindung	Elektronisches Brainstorming Themenkommentator
Ideenorganisation	Ideenorganisation Leitlinienaufstellung
Auswahl	Abstimmung Alternativenbewertung
Analyse einzelner Aspekte und Ergebnisse	Gruppen-Gliederungsentwurf Gruppenmatrix Fragebogen Interessenvertreter-Identifikation Gruppen-Textverarbeitung Gruppenlexikon Dateienanzeiger Notizblock Clipboard Taschenrechner Stimmungsbarometer Schnellabstimmung

Abb. 1 Übersicht der GroupSystems-Werkzeuge

GroupSystems erfordert einen "Sitzungschauffeur", um die Koordination der computerunterstützten Sitzungsaktivitäten durchzuführen. Der Chauffeur kümmert sich um die Planung der Tagesordnung und wählt passende Group-

Systems-Werkzeuge aus, die er dann den Sitzungsteilnehmern zur Verfügung stellt. Außerdem hilft er bei den technischen Aspekten der GroupSystems-Nutzung. Der Sitzungschauffeur muß daher GroupSystems in Gänze kennen, damit er die reibungslose Einbeziehung des Computers in die Sitzungsarbeit bewerkstelligen kann. Es sollte sich um eine zum sonstigen Sitzungsgeschehen neutrale Person handeln.

Besprechungsräume mit GroupSystems mit elektronischen Entscheidungshilfen gibt es international an mehr als 22 Universitäten und einer zunehmenden Zahl von Firmen, vor allem in den USA. Über 3000 Personen aus mehr als 200 Unternehmen und Organisationen haben die Räume der Universität Arizona benutzt, und weitere Personen nahmen an über 20 Laborexperimenten teil. Bei IBM USA hatten bis Mitte 1991 in 36 Entscheidungsräumen über 25.000 Personen GroupSystems (dort TeamFocus genannt) benutzt.

In Deutschland verfügt der Lehrstuhl Wirtschaftsinformatik an der Universität Hohenheim über einen Entscheidungsraum, in dem GroupSystems installiert ist. Der CATeam-Raum ist in Abb. 2 dargestellt. Es ist ein forschungsorientierter Entscheidungsraum der "zweiten" Generation, bei dessen Entwurf besonders auf Technikflexibilität und Sitzungsraumergonomie geachtet wurde [8]. Die verschiedenen (Bau-)Versionen des CATeam-Raumes haben gezeigt, daß die räumliche Gestaltung außerordentlich großen Einfluß auf Nutzung und Gruppenverhalten hat.

Abb. 2 Der CATeam-Raum der Universität Hohenheim, Stuttgart (Copyright Photographie: Dollinger und Partner, Leonberg)

Besonders geeignet sind nach den bisherigen Ergebnissen unter anderem Sitzungen für Planung, Brainstorming, Qualitätsverbesserung (Continuous Improvement (CIP), Kaizen), Anforderungserhebung, Requirements-Kommentierung und Software-Walkthrough sowie Abstimmungssitzungen.

5. Ablauf einer Beispielsitzung

Um einen besseren Einblick zu erhalten, wie computerunterstützte Sitzungen ablaufen, wird ein Sitzungstyp skizziert, bevor im nächsten Kapitel über Ergebnisse berichtet wird[2].

In Qualitätsverbesserungs- oder CIP-Sitzungen geht es darum, im Sinne kontinuierlicher Verbesserungen der täglichen Arbeit durch offene Diskussion aller Beteiligten konkrete Verbesserungsmaßnahmen zu erhalten und diese sehr schnell umzusetzen. Hier handelt es sich meist um eine Gruppe von Personen, die bereits länger miteinander arbeiten und über eine lange gemeinsame Geschichte verfügen. Solche Continuous-Improvement-Sitzungen stehen unter dem Motto: "Was kann in einer Abteilung konkret besser gemacht werden?" und werden im CATeam-Raum mit Moderatorenunterstützung des Lehrstuhls für Wirtschaftsinformatik mit einer Dauer von einem Tag durchgeführt. Nach einer Einstimmung werden nach relativ kurzer Eingewöhnungszeit durch (anonymes) Schreiben an jeder Arbeitsstation unter Verwendung des Werkzeuges "Elektronisches Brainstorming" sehr viele Anregungen gemacht. Dies sind meist offene, aber auch oft harte Vorschläge, durchaus mit sehr persönlicher Kritik verbunden. Es ist aber auch feststellbar, daß in der Diskussion einzelner Vorschläge nach einer gewissen Zeit weniger über Personen (ausschließlich über das Verhalten von Führungskräften) diskutiert wird als eher über die Sache. Nach der Sammlung der Anregungen, die ungefähr eine Stunde in Anspruch nimmt, werden alle Anregungen ausgedruckt und den Teilnehmern zur erneuten Lektüre und Gruppierung zur Verfügung gestellt. Bis zur Mittagspause wird in der Regel eine Klassifizierung aller Anregungen und eine Sortierung nach Wichtigkeit der gefundenen Themenbereiche durchgeführt. Dabei werden Werkzeuge von GroupSystems zur Kategorisierung und zur Abstimmung benutzt. Der Nachmittag ist der konkreten Formulierung von Verbesserungsmaßnahmen für zwei bis vier der wichtigsten Themenbereiche vorbehalten. Dabei sind sowohl die Tatsache, daß alle Teilnehmer den Textvorschlag sehen können, als auch die Möglichkeiten, Brainstorming oder Abstimmung aus GroupSystems erneut nutzen zu können, von Bedeutung. Die Teilnehmer

---

[2] Zu einer detaillierteren Beschreibung der Sitzungsunterstützung siehe unter 9. im Literaturverzeichnis

verlassen die Sitzung mit einem Ausdruck aller Kommentare zur eigenen Arbeit und den gemeinsam erarbeiteten Verbesserungsvorschlägen.

Als sehr positiv wird von den Teilnehmern die Anonymität der Anregungen bei deren Einbringen per GroupSystems empfunden. Bei bis zu 10% der Beiträge wird die Anonymität von den Teilnehmern selbst aufgehoben, indem die in der Gruppe üblichen Namenskürzel zu den Kommentaren und Anregungen hinzugefügt werden. Negativ kann bemerkt werden, daß sich im Verlauf der Zeit eine nicht mehr konziliante, "überdirekte" und persönlich möglicherweise verletzende Atmosphäre in der Gruppe ergeben kann. Im Laufe des Tages ergibt sich aber meist eine sehr konstruktive Arbeitsatmosphäre, vor allem bedingt durch die Möglichkeit, daß alle Teilnehmer Vorschläge einbringen und so gut partizipieren können. Das Gruppenziel solcher Qualitätsverbesserungssitzungen, nämlich eine offene und konkrete Diskussion mit konkreten Verbesserungsvorschlägen, wurde in den bisher durchgeführten Sitzungen erreicht. Die Anonymität spielt unabhängig von der Art der einzelnen Gruppen eine große Rolle, um Offenheit und Partizipation zu erreichen, und die Parallelität der Arbeit, die zu hoher Beschleunigung der ersten Phasen führt, erlaubt die Bearbeitung konkreter Vorschläge in der zweiten Tageshälfte, ohne daß Äußerungen unterdrückt werden müssen oder zeitliche "Hektik" entsteht. Die gruppendynamischen Schwierigkeiten bezüglich der Abpufferung der harten Aspekte der Diskussion, die durch die wenig konziliante Atmosphäre insbesondere beim erstmaligen "Gebrauch" entstehen, bedürfen dabei der besonderen Aufmerksamkeit des Moderators der Qualitätsverbesserungssitzung.

Die bisherigen weit über 200 praktischen Nutzer des CATeam-Raumes und von GroupSystems bestätigen, daß es wichtig ist, Computerunterstützung für Sitzungen selbst im Einsatz zu "erfahren", nicht nur zu besichtigen. Daher steht der CATeam-Raum nach Absprache auch zur firmenindividuellen Nutzung zur Verfügung. Denn erfahrene Nutzer ziehen zum einen mehr Gewinn als Erstnutzer, da die Teamaufgabe bei wiederholter Nutzung wieder in den Vordergrund tritt, und können zum anderen die Auswirkungen der Computerunterstützung realistischer beurteilen.

Verschiedentlich wird herausgestellt, daß es sich bei GroupSystems weniger um ein System zur Unterstützung der Gruppenarbeit als um ein System zur Unterstützung von Moderatoren handelt. Die Rolle des Chauffeurs oder des Moderators erfährt so wachsende Aufmerksamkeit. Dem Sitzungsmoderator stehen heute mehr Werkzeuge zur Unterstützung der Gruppenziele zur Verfügung als zuvor.

6. Ergebnisse der Sitzungsunterstützung

Der Einsatz von GroupSystems bildet bisher den umfassendsten Bestandteil der Untersuchungen computerunterstützter Sitzungen, sowohl durch Experimente als auch im praktischen Einsatz. Die Ergebnisse wurden an vielen Stellen dokumentiert[3]. Die Forschung hat mittlerweile viele, teils widersprüchliche Einzelergebnisse erbracht. Aus allen Ergebnissen geht hervor, daß der GroupSystems-Einsatz "Wirkung" zeigt und die Gruppenarbeit verändert oder verändern kann. Die Beurteilung der Wirkungen selbst hängt dann von den Zielen der Gruppenarbeit und dem Einsatzfeld ab.

Die Größe der Gruppe beeinflußt die Auswirkungen der Computerunterstützung. Während mit steigender Gruppengröße die Arbeitseffizienz steigt, nimmt bei vollständig computerunterstützten Sitzungen die Arbeitsineffizienz *nicht* zu [10]. Bei nicht unterstützten Sitzungen, bei ausschließlich moderierten Sitzungen und bei Sitzungen ohne Technik und Moderator machen sich die Prozeßverluste mit zunehmender Gruppengröße aber immer stärker bemerkbar. Aus diesen Zusammenhängen resultieren Vorteile des Einsatzes von GroupSystems.

Die Erfahrungsberichte aus dem praktischen Einsatz konzentrieren sich oft auf die durch den GroupSystems-Einsatz erzielten Zeitersparnisse gegenüber herkömmlicher Gruppenarbeit, wobei auf dramatische Zahlen verwiesen wird. In den IBM Fallstudien [11] wird von bis zu 60% Zeitersparnis, in einer Boeing-Fallstudie [12] von bis zu 90% Zeitersparnis berichtet. Selbst wenn man berücksichtigt, daß diese Werte durch Vergleiche mit Schätzungen zustande kamen und möglicherweise zu optimistisch sind, ist ihre Größenordnung auf jeden Fall bemerkenswert. Die Größenordnung ist mit dem Charakter der GroupSystems-Unterstützung zu erklären: Die Phasen der Ideenfindung werden "parallelisiert", so daß bei einer 60-Minuten-Sitzung und 12 Teilnehmern jedem Teilnehmer 60 Minuten Schreib-, Lese- und Denkzeit zur Verfügung stehen, statt 5 Minuten (gleichverteilter) Redezeit bei herkömmlichen Sitzungen. Die wegen des Werkzeugeinsatzes erforderliche Vorstrukturierung der Sitzung und die Aufgabenkonzentration während der Sitzung ergeben zusätzlich positive Effekte.

Neben der Parallelität der Arbeit, die die Zeitersparnisse begründet, lassen sich eine größere Aufgabenkonzentration, eine bessere Wahrnehmung der Beteiligung am Gruppenprozeß sowie eine gehobene Bedeutung der Gruppenmoderation feststellen. Besonders die verbesserte Beteiligung am Gruppenprozeß ist bemerkenswert, erhöht sich dadurch doch die Bereitschaft der an

---

[3] Als erste Zugänge zu den Ergebnissen können die unter 6., 7. und 10. im Literaturverzeichnis aufgeführten Veröffentlichungen dienen.

der Erarbeitung Beteiligten, das Ergebnis mitzutragen. Dies erleichtert die organisatorische Implementierung von Veränderungen.

Die Wirtschaftlichkeit der Teamarbeit läßt sich, wie eben gezeigt, unter anderem am Zeitaufwand messen, der zur Erreichung der geplanten Ergebnisse benötigt wird. Den bei GroupSystems nachgewiesenen hohen Zeitersparnissen treten die Raum-, Hard- und Software- sowie Ausbildungsinvestitionen gegenüber. Die Zusatzinvestitionen gegenüber herkömmlichen Sitzungen sind jedoch insofern meist geringer als vermutet, da der Sitzungsraum auch für herkömmliche Sitzungen zur Verfügung stehen muß und die Kosten der Rechnerinfrastruktur eher moderat sind. Bei der Betrachtung der Softwarekosten spielt die Häufigkeit der Nutzung eine große Rolle. Während die Sitzungsteilnehmer erfahrungsgemäß nur kurze Zeit (unter 10 Minuten je Werkzeug bei erstmaliger Nutzung) brauchen, um sich mit der Software vertraut zu machen und die Möglichkeiten kennenzulernen, fallen vor allem die Kosten der Sitzungsmoderation (Ausbildungs- und Bereitstellungskosten für Moderatoren) ins Gewicht. Diese Kosten führen zu vermehrten Anstrengungen, Software zu entwickeln, die die Gruppen selbst und ohne Technologiechauffeur benutzen können. Ein Beispiel dafür ist der am Lehrstuhl Wirtschaftsinformatik entwickelte Softwareprototyp TeamCards, bei dem die Rolle des Sitzungsmoderators und des Technologiechauffeurs auch unter den Teilnehmern der Sitzung selbst verteilt werden kann.

Die sozialen Folgen des Einsatzes der Computerunterstützung sind heute keinesfalls umfassend erforscht. Neben den Labor- und Feldstudien finden sich viele Spekulationen, die ohne jeden Erfahrungshintergrund prognostizieren, welche Effekte eintreten können. Praktisch werden die Werkzeuge akzeptiert, wenn sie in der Lage sind, den einzelnen in möglichst vielen Aspekten der Gruppenarbeit und die Gruppe in relevanten Aspekten der Zusammenarbeit tatsächlich zu unterstützen. Die vielfach geäußerten Befürchtungen, die Gruppenarbeit würde "entmenschlicht" werden, können durch die bisherigen Erfahrungen in Hohenheim nicht bestätigt werden. Vielmehr ergab sich mehr Zeit, um die persönlichen Seiten der Zusammenarbeit und das "Teambuilding" zu unterstützen.

Unsere Erfahrungen [9] im CATeam-Raum der Universität Hohenheim bestätigen die erwähnten Einflußgrößen für Sitzungen und weisen mit praktischen Sitzungen die gleichen Effekte nach. Sie lassen vermuten, daß Erfahrungen aus dem anglo-amerikanischen Kulturraum im wesentlichen auch in Deutschland gelten.

Die Ergebnisse der Computerunterstützung für die Gruppenarbeit sind also vielfältig und vielversprechend. Zum einen bedürfen diese Ergebnisse der weiteren Erforschung, zum anderen sind die heute verfügbaren Werkzeuge bereits nachweislich für den praktischen Einsatz geeignet. Ihre Nutzung kann bereits heute Produktivitätsgewinne in erheblichem Ausmaß verschaffen.

7. Ausblick

Wesentliche Folgen der Computerunterstützung für die Gruppenarbeit ergeben sich, wenn ihre Möglichkeiten in die Arbeitsgestaltung einbezogen werden. Die Beispiele "Unterstützung örtlich verteilter Gruppen" und "Sitzungsbereitschaft" können dies verdeutlichen. Örtlich verteilte Teams sind immer mehr zu finden: Spezialisierung der Mitarbeiter, Notwendigkeit der Kundennähe und Internationalisierung sind Gründe dafür. Die Möglichkeit, den laufenden Informationsaustausch beispielsweise mit Notes zu unterstützen und die weiterhin notwendigen Zusammenkünfte aller Gruppenmitglieder durch GroupSystems produktiver zu machen, erleichtert die Entscheidung, verteilten Gruppen Aufgaben zuzuweisen. Das Wissen der Mitarbeiter, daß Sitzungsziele erreicht werden können und Sitzungszeit wieder "produktive" Zeit wird, kann die Bereitschaft erhöhen, in Teams mitzuarbeiten und dazu Sitzungen durchzuführen. Erfolgreiche Sitzungen motivieren. Die Nutzung der Werkzeuge setzt demnach voraus, daß die Arbeitsgestaltung entsprechend erfolgt und die Werkzeuge nicht für unpassende Aufgaben eingesetzt werden.

Zwar sind die Auswirkungen des Einsatzes von CATeam-Werkzeugen noch nicht umfassend erforscht; es ist aber abzusehen, daß sich dadurch die Gruppenarbeit verändern wird und sich neue Chancen für die Organisation der Arbeit ergeben. Es ist mittlerweile sicher, daß CATeam-Werkzeuge Beiträge leisten können, um die Teamorientierung und weitere Formen "neuer" Organisation wirkungsvoll zu unterstützen. So lassen sich durch die Verwendung aktiver, flexibler Work-Flow-Systeme zur Arbeitsflußplanung und -gestaltung auch Ansätze der computerintegrierten Prozeßketten in teambasierte Organisationen einbringen. In Verbindung mit Sitzungsunterstützung und gemeinschaftlichen Datenbasen können so die bisher starren Grenzen zwischen transaktionsorientierten Anwendungen, kommunikationsorientierten Bürokommunikationssystemen und der computerunterstützten Gruppenarbeit einer integrativen, ganzheitlichen Arbeitsunterstützung weichen.

Vor allem aber sollte offenbar werden, daß der Groupware-Einsatz nur so erfolgreich sein kann wie die organisatorischen Bemühungen, die auf ihm aufbauen und die ihn begleiten müssen, soll nicht erneut eine Welle der "elektrifizierten", aber nicht wesentlich verbesserten (Gruppen-)Arbeit geschaffen werden.

Literatur

1. Überarbeitete Fassung von *Krcmar, H.*: CATeam – Computer Aided Team für die Verbesserung der Gruppenarbeit im Unternehmen. management & computer, Jg. 1, 1993.
2. *Müller-Böling, D.*; *Klautke, E.*; *Ramme, I.*: Manager-Alltag 1989.
3. *Petrovic, O.*: Empirical Research in Electronic Meeting Systems - A Demand Side Approach. Manuskript, Graz 1992. In: Journal of Organizational Computing.
4. *Toffler, A.*: Future Shock. New York 1971.
   Drucker, P.F.: The Coming of the New Organization. Harvard Business Review, (Jan.-Feb. 1988) No. 1, p. 45-53.
   Huber, G.P.: The Nature and Design of the Post-Industrial Organization. Management Science, Vol. 30 (Aug. 1984), S. 928-951.
5. *Krcmar, H.*: Considerations for a Framework for CATeam-Research. Proceedings of the First European Conference on Computer Supported Coperative Work, London 1989, S. 421-435.
   Krcmar, H.: Computerunterstützung für Gruppen – Neue Entwicklungen bei Entscheidungsunterstützungssystemen. information management, 3/1988, S. 8-15.
6. *Krcmar, H.*: Computerunterstützung für die Gruppenarbeit – Zum Stand der Computer Supported Cooperative Work Forschung. Wirtschaftsinformatik, 4/1992.
   Petrovic, O.: Groupware – Systemkategorien, Anwendungsbeispiele, Problemfelder und Entwicklungsstand. information management, 1/92, S. 16-22.
   Finke, W.F.: Groupware-Systeme – Basiskonzepte und Beispiele für den Einsatz im Unternehmen. information management, 7. Jg, 1/92, S. 24-30.
   Johansen, R.: Teams for Tomorrow. In: Proceedings of the Twenty-fourth Annual Hawaii International Conference on Systems Sciences, 1991, Vol. III, S. 521-534.
7. Ventana Corporation (Hrsg.): GroupSystems User's Guide, Version 4.0. University of Arizona, Tucson 1990.
   Lewe, H., *Krcmar, H.*: GroupSystems - Aufbau und Auswirkungen. information management, 1/1992, S. 32-41.
   Auskunft über Distributoren erteilt Ventana Corp., Tucson oder GroupVision Deutschland, Aichtal oder der Lehrstuhl Wirtschaftsinformatik der Universität Hohenheim.
8. *Ferwagner, T.*; *Wang, Y.*; *Lewe, H.*; *Krcmar, H.*: Experiences in Designing the Hohenheim CATeamRoom. In: Studies in Computer Supported Cooperative Work, Bowers (Hrsg.), Benford 1991, S. 251-266.

Lewe, H.; *Krcmar, H.*: Die CATeam-Raumumgebung als Mensch-Computer-Schnittstelle. In: Computergestützte Gruppenarbeit (CSCW). Hrsg.: Friedrich, J.; Rödiger, K.-H., Stuttgart 1991, S. 171-182.

9. *Schwabe, G.*: Computerunterstützte Sitzungen. Arbeitspapier Nr. 33, Lehrstuhl für Wirtschaftsinformatik, Universität Hohenheim, September 1992.
   Lewe, H.; *Krcmar, H.*: Computer Aided Team mit GroupSystems: Erfahrungen aus dem praktischen Einsatz. Wirtschaftsinformatik, 2/1993.
   Krcmar, H.; *Lewe, H.*; *Schwabe, G.*: Empirical CATeam Research in Meetings, Proceedings of the Twenty-seventh Annual Hawaii International Conference on Systems Sciences, 1994.
10. *Dennis, A.*; *George, J.*; *Jessup, L.*; *Nunamaker, J.*; *Vogel, D.*: Information Technology to Support Electronic Meetings. MIS Quarterly, Vol. 12 (Dec.1988) No. 4, S. 591-624.
   Nunamaker, J.F.; *Dennis, A.R.*; *Valacich, J.S.*; *Vogel, D.R.*; *George, J.F.*: Electronic Meeting Systems to Support Group Work. Communications of the ACM, S. 40-61.
   Krcmar, H.: CATeam Werkzeuge – Beispiele und praktische Erfahrungen. Arbeitspapier Nr. 32, Lehrstuhl Wirtschaftsinformatik, Universität Hohenheim, September 1992.
11. *Grohowski, R.*; *McGoff, C.*; *Vogel, D.*; *Martz, B.*; *Nunamaker, J.*: Implementing Electronic Meeting Systems at IBM: Lessons Learned and Success Factors. MIS Quarterly, S. 369-382.
12. *Kirkpatrick, D.*: Here comes the payoff from PCs. Fortune, March 23, 1992, S. 43-48.

Telekommunikationssysteme – die Nervenstränge des MUS

Peter Moritz

1. Die technischen Komponenten eines MUS

Unbestreitbar sind Informationen über das eigene Unternehmen, aber auch über Markt und Wettbewerb, ein Produktionsfaktor allerersten Ranges geworden. Nur wer gut informiert ist, kann mit klarem Kopf richtig entscheiden und so das eigene Unternehmen weiter nach vorne bringen. Doch die Fragen der Entscheider nach "mehr Details" erzeugen nicht nur eine, sondern viele Antworten, und mit der Zahl der Antworten steigt auch scheinbar unaufhaltsam die Flut der angebotenen Daten.

Grund dafür sind u.a. auch die ansonsten so hilfreichen DV-Systeme, die es dem geübten Anwender ermöglichen, in kürzester Zeit selbst umfangreiche Zahlenwerke, Zeichnungen und anderes zu erstellen. Die Führungskraft hat anschließend im wahrsten Sinne des Wortes "die Qual der Wahl" und darf – oder, besser gesagt, muß – die vielen, zum Teil inkompatiblen Informationen strukturieren und bewerten. Wie in anderen Beiträgen dieses Buches deutlich dargelegt wird, ist der gerade skizzierte Zustand der bisherigen Management-Informationssysteme in weiten Bereichen unbefriedigend. Die Forderung nach einem Unterstützungssystem, das dem Management als wirkungsvolles Werkzeug an die Hand gegeben werden kann, steht daher unüberhörbar im Raum.

Doch wie kann ein solches Management-Unterstützungssystem (MUS) aussehen? Sicher geht es nicht ohne die gerade noch gescholtene Datenverarbeitung; dabei bringen Konzepte wie das des Information Warehouse Struktur in bereits vorhandene Informationssysteme und helfen so, die eigenen Potentiale im positiven Sinne besser auszunutzen. Wichtig ist sicher auch eine konsequente und umfassende Planung unter Einbeziehung aller Betroffenen, um später die Akzeptanz und damit auch die Nutzung des Management-Unterstützungssystems zu gewährleisten. Wie so häufig kann hier ein externer Berater gute Dienste leisten. Denn Informationen bedeuten oft auch Macht, und wer mehr weiß, ist im Vorteil. Viele Unternehmen könnten sicher noch effektiver und schneller im Markt agieren, wenn entscheidungsrelevante Daten allen zugänglich wären und nicht an einzelnen Stellen zurückgehalten würden. Der Berater von außen bringt hier nicht nur zusätzliches Know-how, sondern kann neutral und ohne "Betriebsblindheit" Verbesserungsmöglichkeiten im internen Informationsfluß erkennen und umsetzen.

Ein wichtiges, ja absolut notwendiges Element eines MUS ist die Telekommunikation. Vergleicht man einmal die allein in diesem Buch aus den unterschiedlichsten Branchen stammenden Anforderungsprofile an das Management-Unterstützungssystem, so gibt es durchgehend eine Gemeinsamkeit: die Kommunikationskomponente. Ein MUS soll es möglich machen, auch die in dezentralen Organisationen tagesaktuell erfaßten Daten letztlich an jeden gewünschten Ort zu liefern.

2. Anforderungen an die Telekommunikationskomponente eines MUS

In ein MUS finden die unterschiedlichsten Informationen Eingang. Werte aus Planung, Produktion und Rechnungswesen genau so wie zum Beispiel die Umsätze einzelner Außendienstmitarbeiter oder die Daten aus POS-Systemen (Point of Sale). Die Verarbeitung der anfallenden Rohdaten erfolgt häufig räumlich getrennt von der Datenquelle, und ebenso muß häufig die Ausgabe der aufbereiteten Informationen an die Entscheider in den unterschiedlichsten Ebenen über größere Entfernungen erfolgen.

Die Anforderungen an das Kommunikationssystem für ein MUS sind sehr vielfältig und dürften sich in der Regel sicherlich nicht in einem einfachen "transportiere die Informationen von A nach B" erschöpfen. Rechner-Rechner-Kopplungen benötigen andere Leistungen als Mensch-Maschine-Verbindungen. Anwendungen mit Dateitransfer sind anders zu planen als solche mit Dialogdatenverarbeitung. Dabei müssen besonders Sicherheitsaspekte, wie z.B. der Schutz der sensiblen unternehmensinternen Daten gegen Zugriffe Dritter, oder Back-up-Konzepte für den Fall technischer Störungen berücksichtigt werden.

Die Struktur des Unternehmens wirkt sich natürlich auch auf das Kommunikationssystem aus. Hier ist zu prüfen, ob das MUS weltweit oder nur in einem Land eingesetzt wird. Mobile Einheiten wie der Außendienst in der Versicherungswirtschaft oder die Fahrzeugflotten im Transportgewerbe sind anders anzuschließen als eine relativ starre Filialkette. Und nicht zuletzt spielen die Kosten eine Rolle. Die verschiedenen Kommunikationsnetze sind auf bestimmte Anwendungsbereiche ausgelegt und optimiert. Der Griff zum falschen Netz kann sehr schnell Monat für Monat erhebliche Mehrkosten mit sich bringen.

3. Einsatzschwerpunkte öffentlicher Netze

Aus den erwähnten Gründen läßt sich die Frage nach dem geeigneten Kommunikationssystem für ein MUS nicht ohne genaue Kenntnis der Anwendung beantworten. Denn "das richtige Netz" gibt es genau so wenig wie die richtige Software oder den richtigen Personal Computer. Auch bei diesem Teilaspekt eines MUS sollte ggf. auf externes Know-how zurückgegriffen werden, um folgenschwere Fehlentscheidungen bei den "*Nervensträngen des MUS*" zu vermeiden. Ohne die qualifizierte Beratung durch die Fachleute (z.B. der Telekom) ersetzen zu wollen, möchte ich aber an dieser Stelle eine Art "Wegweiser" verschiedener Telekommunikationsnetze mit ihren Leistungen und Einsatzschwerpunkten bieten.

Dabei kann sicherlich berechtigt unterstellt werden, daß in einem Management-Unterstützungssystem in bezug auf Informationstransfer im wesentlichen die Datenkommunikation dominiert. Natürlich wären auch Lösungen denkbar, bei denen Informationen zum Beispiel per Sprache oder über Fax-Mehrwertdienste wie Telefax400 verteilt werden, sinnvoll scheint dies jedoch in vielen Fällen nicht zu sein. Beginnen wollen wir daher mit einem Datennetz, das insbesondere für die in einem MUS unverzichtbaren Dialoganwendungen prädestiniert ist, dem Datex-P-Netz.

3.1 Datex-P – der Spezialist für Dialoganwendungen

Das P im Namen steht für Paketvermittlung, eine Technik, die den kontinuierlichen Datenstrom des Senders in kleine Pakete aufteilt. Diese Pakete werden anhand von Adressen relativ unabhängig voneinander im Netz geroutet und kurz vor dem Empfänger wieder zu dem ursprünglichen Datenstrom zusammengesetzt. Diese im Vergleich zur Leitungsvermittlung etwas aufwendigere Technik hat eine Reihe von Vorteilen. So kann zum Beispiel der Netzbetreiber das Netz optimaler auslasten und damit Kosten senken. Da Datex-P die Fähigkeit der kurzzeitigen Zwischenspeicherung besitzt, können die Anwender Verbindungen zwischen Endgeräten aufbauen, die mit unterschiedlichen Datenübertragungsraten arbeiten.

Im Rahmen von geschlossenen Benutzergruppen, in denen nur ausgewählte Anschlüsse untereinander kommunizieren können, läßt sich der Schutz des MUS gegen Zugriffe unbekannter Dritter deutlich steigern. Ein weiteres, häufig genutztes Leistungsmerkmal ist das Reverse Charging, bei dem der angerufene Anschluß die Kosten für die Verbindung übernimmt.

3.1.1 Netzzugänge

Von den derzeit etwa 85.000 Kunden haben sich ca. 75.000 für den stationären Hauptanschluß P10H entschieden. Der Rest nutzt Datex-P im mobilen Einsatz von beliebigen Telefonanschlüssen aus. Dabei erfolgt die Anpassung der mobil eingesetzten Modem an das Datex-P Netz durch einen sogenannten PAD (Paket Assembly/Disassembly Facility). Über den PAD ist nur ein Verbindungsaufbau vom Fernsprechnetz nach Datex-P möglich; der umgekehrte Weg, also der Verbindungsaufbau aus dem Datex-P Netz zu dem mobilen Nutzer bzw. eine Durchschaltung im Transit von einem mobilen Nutzer zu einem anderen, geht nicht. In der Folge können die mobilen Nutzer nicht über Datex-P "angerufen" werden. Mal abgesehen von einigen anderen technischen Parametern ist daher dem Hauptanschluß immer dann der Vorzug zu geben, wenn die dahinter stehende Anwendung für andere erreichbar sein soll. Zur Verdeutlichung sei nochmals betont, daß die Einschränkung bei der Nutzung des PAD nur für den Verbindungsaufbau gilt. Ist die Verbindung hergestellt, funktioniert die Datenkommunikation natürlich in beiden Richtungen.

Die Telekom erhöht seit 1993 durch verschiedene Maßnahmen die Attraktivität des Netzes noch weiter. Im Vordergrund steht zunächst eine deutliche Verbesserung der Zugangsmöglichkeiten für den mobilen bzw. gelegentlichen Anwender. In der Vergangenheit gab es für für diesen Kreis an ca. 25 Standorten Einwählpunkte (PAD) ins Netz. Bis 1995 wird diese Zahl auf ca. 150 erhöht. Damit dürfte der weitaus größte Teil der Kunden den neuen Multifunktionszugang zum Nahtarif erreichen. Darüber hinaus werden die Ports im analogen Fernsprechnetz Geschwindigkeiten bis 23.000 bit/s unterstützen.

Zur Sicherung der Datenübertragung sind in den Zugängen die Fehlerkorrekturverfahren nach CCITT V.42 und nach MNP 4 implementiert. Damit dürfte ebenfalls der Bedarf vieler Anwender nach Sicherheitsalgorithmen in der Übertragungsstrecke zum PAD abgedeckt sein. Zur optimalen Ausnutzung einer physikalischen Datenübertragungsrate werden häufig Echtzeit-Kompressionsverfahren eingesetzt. Telekom bietet in beiden o.g. Zugängen Kompressionsalgorithmen nach CCITT V.42 bis und MNP 5 an. Der Anwender merkt von der Kompression nichts, die Datenübertragung selbst bleibt völlig transparent. Die von ihm nutzbare Geschwindigkeit kann je nach Dateityp bis zum Faktor 4 über der physikalischen Datenrate liegen. Die größte Beschleunigung erfahren dabei Textdateien, die ja häufig viele redundante Informationen enthalten, während sich zum Beispiel compilierte Exe-Files kaum komprimieren lassen.

Aber auch der explosionsartig wachsenden Nutzung von ISDN wird Rechnung getragen. Vorausgesetzt, das Endgerät beherrscht die Bitratenadaption nach V.110 bzw. ECMA 102, können über den Multifunktionszugang auch Verbindungen vom ISDN ins Datex-P Netz aufgebaut werden. Die Bitratenadaption ist ein Verfahren, mit dem Datenübertragungsraten unterhalb 64 kbit/s an die im ISDN übliche Geschwindigkeit angepaßt werden. Vereinfacht dargestellt werden dabei auf der Senderseite Füllbits in den Datenstrom eingebaut und auf der Empfängerseite wieder herausgenommen. Daher können ISDN-Endgeräte ohne Bitratenadaption den Zugang nicht benutzen; sie bekommen die Meldung "Falsches Protokoll". Neben einigen ISDN-PC-Karten beherrschen die Terminaladapter V.24, in der Umgangssprache auch als ISDN-Modems bezeichnet, dieses Verfahren.

Gleichzeitig mit dem Aufbau der neuen Multifunktionszugänge bereinigt die Telekom auch die bisherige Rufnummernvielfalt. In Zukunft werden die Ports bundesweit unter einheitlichen Rufnummern erreichbar sein. Wie wir später noch sehen werden, gibt es auch aus Modacom, Datex-J und ISDN weitere Zugangsmöglichkeiten zu Datex-P. Diese im Vergleich zur Vergangenheit verbesserten Verbindungen kommen nicht nur dem Bedarf der Anwender entgegen, sondern unterstreichen auch die Bedeutung des Netzes als Trägersystem vieler Anwendungen im Bereich der Datenkommunikation.

3.1.2 LAN-Kopplungen über Datex-P

Weitere Neuerungen bei Datex-P sind Frame Relay und die virtuellen privaten Netze. Bei Frame Relay handelt es sich um eine Technik, mit der in paketvermittelten Netzen relativ hohe Datenübertragungsraten realisiert werden können. Gleichzeitig bleibt die Fähigkeit des Anschlusses zum Multiplexen erhalten. Frame Relay-Anschlüsse eignen sich daher auch zur Kopplung von LAN mit dem Vorteil, daß Ressourcen zum Beispiel beim Router eingespart werden können. Im übrigen ist Frame Relay international durch CCITT-Empfehlungen beschrieben, so daß entsprechend erweiterbare Bridges oder Router ohne größere Anpassungen weiter eingesetzt und angeschlossen werden können. Damit können die insbesondere bei Dialoganwendungen kostensenkenden Tarifstrukturen von Datex-P auch bei LAN-Kopplungen ausgenutzt werden.

3.1.3 Virtuelle private Netze

Je nachdem wie komplex und verzweigt ein MUS aufgebaut ist, wird die Notwendigkeit eines professionellen Netzmanagements immer deutlicher. Der Anwender möchte häufig nicht nur eine verbesserte Fehlersuche und -beseitigung, sondern auch Unterstützung bei der Konfiguration des Netzes, individuelle Beratung und laufende Optimierung des Systems oder auch eine auf seine Bedürfnisse ausgerichtete Rechnungslegung. Die entsprechenden Angebote in den auf den Massenbetrieb ausgelegten öffentlichen Netzen reichen hier nicht immer. Auf der anderen Seite ist auch der Schritt in ein eigenes Netz nicht ohne Risiko. Aufbau und Betrieb derartiger Netze binden in hohem Maße Kapital, und auch das notwendige Know-how muß oft im wahrsten Sinne des Wortes teuer erkauft werden.

Das virtuelle private Netz (VPN) kombiniert für den Anwender das Beste der beiden Welten. Die Telekom wird zukünftig auf der "Produktionsplattform" Datex-P das auf den Kunden zugeschnittene Netz als "Netz im Netz" realisieren. Dabei werden alle zum VPN gehörenden Anschlüsse zusammengefaßt; die dazugehörigen Daten wie Alarme oder Statusmeldungen werden individuell für jeden Kunden in einem Kundennetzmanagement-Center ausgewertet und bearbeitet. Kompetente Beratung und andere Services runden das Angebot ab.

3.1.3 Datex-P im internationalen Einsatz

Datex-P ist zur Zeit Europas größtes X.25-Netz. Weltweit ist es mit über 200 anderen X.25-Netzen in ca. 120 Ländern verbunden. Gerade für international operierende Unternehmen gibt es daher schon deshalb häufig kaum eine Alternative, professionell und sicher Daten in einem Wählnetz zu übertragen. Dieses eher technisch orientierte Angebot wird zukünftig durch weitere Dienstleistungen ergänzt. Mit "One-Stop-Shopping" und "One-Stop-Billing" vereinfacht Telekom die Einrichtung internationaler Netze. Bislang mußte sich der Anwender selbst mit den ausländischen Betriebsgesellschaften in Verbindung setzen, um Termine und Konfigurationen abzustimmen oder Rechnungen zu begleichen. In Zukunft übernimmt die Telekom diese Arbeiten, was sicher für viele eine deutliche Vereinfachung darstellt. In Vorbereitung sind übrigens auch Visitor-NUIs. Über eine NUI (Network User Identification, Benutzererkennung) bekommt der Anwender volle Bewegungsfreiheit im Netz, da die entstehenden Kosten über die Kennung abgerechnet werden. Wer nur gelegentlich im Ausland ist und dort in einem X.25-Netz auf das MUS zugreifen möchte, kann mit der Visitor-NUI schnell und unkompliziert seine Zugangsberechtigung für das ausländische Netz schon in Deutschland von Telekom erhalten.

3.2 Datex-J – die Produktionsplattform für Mehrwertdienste aller Art

Datex-J ist eine neues Netz für die Datenkommunikation. Das J steht für Jedermann und soll andeuten, daß das Netz im Unterschied zu Datex-P für einen breiteren Anwenderkreis gedacht ist. Da es aus dem ehemaligen Bildschirmtextsystem heraus entwickelt wurde, vereint es dessen Vorteile wie Flächendeckung und extrem niedrige Kosten mit einigen Vorteilen von Datex-P wie Anschluß von ASCII-Endgeräten und Zugang zu DV-Systemen aller Art. Datex-J versteht sich insbesondere als Plattform für Mehrwertdienste aller Art. Über 2500 Anbieter liefern elektronisch Informationen und Services von Reiseauskünften über Börsendienste bis zum Cash Management. Selbst Profis im Online-Geschäft wie die amerikanische Firma CompuServe setzen Datex-J mittlerweile ein. Den Erfolg des neuen Konzeptes zeigen die Teilnehmerzuwächse von bis zu 15.000 pro Monat.

Viele Firmen nutzen Datex-J erfolgreich in der unternehmensinternen Kommunikation. Häufig sogar durch die Benutzeroberfläche der Anwendung verdeckt, wird das Mehrwertnetz im Rahmen von Reservierungs- und Ordersystemen, in der Außendienststeuerung oder bei der Informationsverteilung im Unternehmen eingesetzt. Ich möchte im folgenden auf diesen in der Öffentlichkeit nicht so bekannten Teil von Datex-J eingehen. Dabei wird sich zeigen, daß Datex-J zumindest in Teilbereichen eines MUS unbedingt in die Planungen einbezogen werden sollte.

3.2.1 Einbindung in die unternehmensinterne Datenverarbeitung

Das Netz selbst ist auf den Informationsabruf ausgelegt. Verbindungen können ähnlich wie bei einer Mailbox nur vom Teilnehmer zum Netz, nicht aber umgekehrt aufgebaut werden. Dementsprechend sind zunächst einmal direkte Verbindungen zwischen den Teilnehmern nicht vorgesehen. Die Informationen können in Datex-J selbst abgespeichert werden. Die bewußt einfach gehaltene Benutzeroberfläche stellt auch Laien in der Datenfernübertragung – wie es nun Entscheider gelegentlich durchaus sind – vor keine größeren Probleme. Komplexe Abfragesprachen sind jedenfalls nicht zu erlernen. Ein wesentliches Leistungsmerkmal des Systems stellt der Rechnerverbund dar. Dabei wird Datex-J mit den als Externe Rechner bezeichneten DV-Anlagen der Anbieter verbunden. Der Teilnehmer merkt von dem recht komplexen technischen Hintergrund dieses Vorgangs recht wenig. Die Verbindung wird durch Aufruf einer sogenannten Übergabeseite durch den Nutzer aktiviert; Datex-J leistet hier im wesentlichen Transportfunktionen. Die Externen Rechner verarbeiten die Eingaben der Nutzer in nahezu beliebigen eigenen Programmen weiter und ermöglichen so intelligente Dialoganwendungen wie zum Beispiel Datenbankrecherchen oder den Zugriff auf für das Management relevante Daten. Die Bedeutung des Rechnerverbundes zeigt die Tatsache, daß ca. 50% des gesamten Verkehrs letztlich auf die Externen Rechner zurückzuführen ist.

Bei der Anschaltung der eigenen DV-Systeme besteht die Wahl zwischen zwei verschiedenen Protokollen, den EHKP und X.29. Die EHKP sind in der Anschaffung und Implementation teurer als X.29, bieten aber ungleich mehr Leistungen. Insbesondere sind sie in der Lage, die zu übertragenden Datenvolumina zu optimieren und damit die Kosten im Netz zu reduzieren. Wenn bei einem MUS viele Nutzer auf einen zentralen Host zugreifen, sind daher häufig die zunächst teureren EHKP letztlich die preiswertere Lösung. An dieser Stelle sollte man noch erwähnen, daß Datex-J neben den gerade beschriebenen festen Verbindungen über Datex-P zu den externen Rechnern auch noch eine frei adressierbare Übergabeseite enthält. Über diesen Ausgang können derzeit alle Datex-P-Anschlüsse mit Reverse Charging erreicht werden.

3.2.2 Realisierung von 3270-Anwendungen

Nicht selten werden Managementinformationen im Rahmen von 3270-Anwendungen angeboten und verteilt. Doch häufig haben gerade Gelegenheitsnutzer wie zum Beispiel kleine Zweigstellen oder der Außendienst aus Kostengründen keinen Zugriff auf diese Daten. Hier kann Datex-J kostengünstig und wirkungsvoll helfen. Über einen Personal Computer mit 3270-Emulation und Datex-J kann die Anwendung preiswert, ohne zusätzlichen Programmieraufwand und mit der gewohnten Benutzeroberfläche zur Verfügung gestellt werden. Vielleicht ist dies eine Möglichkeit, dem engagierten Management auch in der Privatwohnung den Zugang zu den Unternehmensdaten zu bieten. Dabei kommt natürlich die Frage der Zugangskontrolle ins Spiel. Datex-J bietet ein System von abgestuften Berechtigungen bereits als Mehrwertleistung im Netz an. In Bezug auf das MUS entlastet also Datex-J den Host in nicht unerheblichem Maße von der Teilnehmerverwaltung, gleichzeitig wächst der Schutz gegen Zugriffe Dritter, da die Berechtigungen bereits im Zugangsnetz geprüft werden, bevor die Verbindung zum Host steht.

3.2.3 Zugang zu Electronic Mail und Telematikdiensten mit beliebigen Endgeräten

Wie bei Electronic Mail üblich, verfügen alle Teilnehmer und Mitbenutzer über einen eigenen elektronischen Briefkasten und können sich untereinander Mitteilungen zukommen lassen. Das System stellt einen einfachen Editor zum Schreiben und einfache Funktionen zur Verwaltung der empfangenen Post bereit. Wie alle Informationen sind auch die Mitteilungen seitenorientiert aufgebaut, so daß längere Schreiben auf mehrere Mitteilungsseiten verteilt werden müssen. Für den Versand beliebiger Dateien dienen allerdings nur von intelligenten Endgeräten nutzbare, transparente Mitteilungsseiten. Übergänge zu Cityruf, Telex und Telefax runden den Bereich der Individualkommunikation ab.

Dank genau festgelegter Verfahren für die Zusammenarbeit zwischen Terminal und Btx und wegen der genormten Darstellung im CEPT-Format können die unterschiedlichsten Endgeräte an das System angeschlossen werden und miteinander arbeiten. Den Nutzen von dieser Herstellerunabhängigkeit hat der Anwender, kann er doch aus einer großen Palette das für ihn geeignete Endgerät auswählen. Am weitesten verbreitet sind CEPT-1-Geräte, die den bisherigen Btx-Terminals entsprechen und von der optischen Darstellung am meisten bieten. Im Vergleich zu CEPT-2-Geräten können sie keine frei definierten Zeichen (z.B. Logos) und wesentlich weniger Farben darstellen. Auch im Leitungsprotokoll gibt es Unterschiede. So sind zum Beispiel die Verfahren zur Fehlersicherung wesentlich einfacher. Neben den klassischen CEPT Endgeräten können an Datex-J auch normale ASCII-Terminals mit einer entsprechenden Kommunikationssoftware angeschlossen werden.

3.2.4 Sicherheit durch Chipkarten

Mit der vollen Unterstützung von Chipkarten erreicht Datex-J als erstes öffentliches Netz eine neue Dimension in der Sicherheit gegen unbefugte Fremdzugriffe. Die eindeutige Authentisierung von Teilnehmern und die Sicherung der übertragenen Daten gegen Modifikation (Integritätssicherung) sind in der Datenfernübertragung ein vieldiskutiertes Thema. Speziell bei Btx/Datex-J sind zwei Verfahren im Einsatz. Zum einen eine Kombination von fester Kennung und änderbarem Paßwort und zum anderen eine Kombination von Transaktionsnummern (TAN) und änderbarem Paßwort. Das erste Verfahren hat den Nachteil, daß die gewählten Paßwörter häufig recht einfach sind und oft lange Zeit nicht geändert werden. Neben der Möglichkeit des Abhörens erhöht dies die Chancen von "Hackern", da eine bekannte Kombination relativ lange von vielen genutzt werden könnte. Das zweite Verfahren hat diesen Nachteil nicht, da Transaktionsnummern immer nur für eine einzige Aktivität gelten. Nachteilig ist aber, daß die Handhabung der in der Regel mit der Post versandten TAN-Listen für alle Beteiligten etwas umständlich ist. Daher findet man dieses Verfahren häufig nur bei besonders schutzwürdigen Aktionen wie z.B. dem Homebanking.

Das nun bei Datex-J einsetzbare Chipkartenverfahren bietet demgegenüber eine Reihe von Vorteilen. Der Nutzer authentisiert sich ähnlich wie bei den Geldautomaten der Banken mit einer kreditkartengroßen Chipkarte. Der auf der Karte enthaltene Mikrorechner verschlüsselt alle Eingaben vor der Übertragung mittels eines hochwertigen, wissenschaftlich abgesicherten Algorithmus. Die benutzten Schlüssel sind fest in der Karte abgespeichert und auch dem Teilnehmer nicht bekannt. Jede Karte ist ein Unikat; sie kann weder kopiert werden, noch bringt das Abhören der Übertragungsleitung irgendwelche Informationen über den Inhalt an den Tag. Als weitere Sicherheit muß sich der Benutzer gegenüber seiner Karte vor der eigentlichen Anwendung mit einem Paßwort ausweisen. Daher ist auch eine verlorene Karte für ihren Finder im Grunde wertlos.

Nach der Aktivierung der Karte kann man Datex-J in gewohnter Weise nutzen. Nur die sonst notwendigen PINs und TANs müssen nicht mehr eingegeben werden. Technisch gesehen muß das Datex-J-Terminal natürlich modifiziert (Kartenleser, Funktionsabläufe usw.) werden. Die entsprechenden Terminalspezifikationen werden von der Telekom herausgegeben, so daß einer Verbreitung der Chipkarte nichts mehr im Weg steht. Die Chipkarte ist übrigens so ausgelegt, daß mehrere Anwendungen auf ihr realisiert werden können. Nach den derzeitigen Planungen wird für den Datex-J-Zugang, das Btx-Homebanking und die öffentlichen Kartentelefone nur eine Karte notwendig sein. Speziell das letztere dürfte für Reisende und Vieltelefonierer interessant sein, da die Abrechnung aller Telefonate sehr komfortabel über die normale Fernmelderechnung läuft.

3.3 Euro-ISDN – das Allround-Talent der Zukunft

ISDN, das Integrated Services Digital Network, ist der technische Nachfolger des analogen Fernsprechnetzes. Wegen der gewaltigen Dimensionen dieses "Updates" läuft das Austauschprogramm bis ins nächste Jahrtausend. Zur Abdeckung der Nachfrage baut die Telekom zur Zeit überall in reduziertem Umfang Anschlußmöglichkeiten auf, so daß ISDN bereits ab 1994 flächendeckend verfügbar ist. Im Unterschied zu Datex-P arbeitet ISDN leitungsvermittelt. Die beiden Endstellen sind also durchgehend miteinander verbunden. Die Übertragungsrate beträgt 64 Kbit/s, eine Geschwindigkeit, die für viele Anwendungen mehr als ausreichend ist.

3.3.1 Anschluß an die Zukunft

Die Schnittstelle zwischen Netz und Nutzer ist der Anschluß. Der Basisanschluß (BA) ist für einzelne Endgeräte oder kleine TK-Anlagen vorgesehen. Er enthält zwei B-Kanäle mit jeweils 64 Kbit/s und einen D-Kanal mit 16 Kbit/s. Die beiden B-Kanäle stehen dem Teilnehmer transparent zur Verfügung, während der D-Kanal im wesentlichen zur Steuerung dient. Für große TK-Anlagen oder für Server ist der Primärmultiplexanschluß (PMX) gedacht. Er bietet 30 B-Kanäle sowie einen D-Kanal mit jeweils 64 Kbit/s.

Flexibilität wird bei ISDN großgeschrieben. So sind natürlich alle Kanäle unabhängig voneinander nutzbar. Sollten die Endgeräte dazu in der Lage sein, können sie aber auch gemeinsam in eine Verkehrsrichtung betrieben werden. Durch dieses Channel Bundling können daher zum Beispiel am PMX Übertragungsraten bis fast 2 Mbit/s erreicht werden.

Die Flexibilität zeigt sich auch am Basisanschluß. Dieser kann als Bus mit einer Reichweite von einigen 100 Metern arbeiten. An den Bus können bis zu acht Endgeräte angeschlossen werden. Zwei davon lassen sich wegen der beiden B-Kanäle gleichzeitig betreiben. Da alle Endgeräte über die gleiche Schnittstelle S_0 verfügen, kann der Anwender den Standort der Geräte am Basisanschluß frei wählen und jederzeit verändern. Bereits vorhandene analoge Endgeräte können über Terminaladapter angeschlossen werden. Wie so häufig bei Adaptern gehen dabei aber viele Leistungsmerkmale des ISDN verloren.

3.3.2 Euro-ISDN in Deutschland

Da die Bundesrepublik im ISDN-Bereich einen Spitzenplatz einnimmt und die einzusetzenden Protokolle nicht bis ins letzte standardisiert und verbindlich vorgeschrieben sind, nimmt der Umfang der zur Verfügung stehenden Leistungen bei internationalen Verbindungen naturgemäß ab. Da zudem im Ausland auch der Ausbau häufig nicht so weit wie in Deutschland ist, sind je nach Zielland und -ort durchgehende Ende-zu-Ende-ISDN-Verbindungen nicht immer möglich. Zumindest für den europäischen Raum steht die Lösung dieses Problems in Form von EURO-ISDN vor der Tür. Ab 1994 wird in ganz Europa ein einheitliches ISDN mit einheitlichen Steckern, Schnittstellen, Protokollen, Leistungsmerkmalen und Endgeräten aufgebaut. Die jeweiligen nationalen Lösungen werden dann nur noch zeitlich befristet übergangsweise angeboten.

Das zwischen den europäischen Netzbetreibern vereinbarte Mindestangebot umfaßt einen völlig transparenten 64 kbit/s-Übertragungsdienst, die Audio-Übertragung mit 3,1 KHz Bandbreite, die Anzeige der Rufnummer des Anrufers, die fallweise Unterdrückung der Rufnummernanzeige durch den Anrufer, die Durchwahlfähigkeit jedes Anschlusses, die Mehrfachrufnummer und die Möglichkeit, den Standort eines Endgerätes bei bestehender Verbindung am Bus durch Umstecken zu verändern.

Eine echte Neuerung stellt dabei die Mehrfachrufnummer dar. Bisher konnte der Anwender über die Endgeräteauswahlziffer eine Rufnummerndekade selbst verwalten. Im Euro-ISDN können dagegen bis zu zehn beliebige, maximal achtstellige Rufnummern aus dem Rufnummernvolumen des jeweiligen Anschlußbereiches in einem Anschluß zusammengefaßt werden. Natürlich unter der Voraussetzung, daß sie frei sind. Damit kann der Wechsel zum Euro-ISDN ohne Rufnummernänderung vollzogen werden. Außerdem ist möglich, die verschiedenen Dienste bzw. Leistungen für jede einzelne Mehrfachrufnummer individuell festzulegen. Das bedeutet, daß eine Sperre oder eine Anrufweiterschaltung für ein spezielles Endgerät eingerichtet werden kann, ohne daß die anderen davon betroffen sind. Damit kann der Anwender einen Euro-ISDN-Anschluß wesentlich flexibler einsetzen, als es bislang möglich war.

Wie schon im nationalen ISDN liegt das Angebot von Telekom in Deutschland auch im Euro-ISDN deutlich über den Mindestforderungen. So stehen dem Anwender natürlich wie gewohnt Dienste wie die Telefonie mit 7 KHz Bandbreite, Teletex, Telefax Gruppe 4, Bildschirmtext bzw. Datex-J und die Bildtelefonie zur Verfügung. Auf besonderes Interesse dürfte die Maximalintegration von Datex-P stoßen. Zwar konnten auch schon bisher ISDN-Nutzer im Rahmen der Minimalintegration einen Zugang zu Datex-P bekommen. Die Konstruktion über Terminaladapter X.25 und Interworking-

Port wurde jedoch vom Markt nicht angenommen; außerdem war das Datenendgerät nicht unter der ISDN-Rufnummer, sondern unter einer Datex-P-Nummer zu erreichen. Dagegen ist im Euro-ISDN der Dienst Datex-P voll in den Anschluß integriert. Der Anwender hat sogar die Wahl zwischen einer 64 Kbit/s schnellen Verbindung im B-Kanal und einer 16 Kbit/s schnellen im D-Kanal.

ISDN bietet in den einzelnen Diensten eine Reihe von Leistungsmerkmalen wie Geschlossene Benutzergruppen, Anrufweiterschaltung und vieles mehr. Auch hier liegt das Angebot in Deutschland deutlich über den Vereinbarungen des MoU (Memorandum of Understanding, weltweites Abkommen der Postgesellschaften). Aus Platzgründen wollen wir an dieser Stelle nur einige wenige beispielhaft erläutern. So gibt es nur im Euro-ISDN die Möglichkeit, die Nummer des gerufenen Teilnehmers zum rufenden Teilnehmer zu übertragen. Da die Nummer vom Netz auf ihre Richtigkeit geprüft wird, hat der Anrufer auch bei Umleitungen über die Anrufweiterschaltung bereits während des Verbindungsaufbaus eine Information über die Identität der Gegenstelle. Damit könnten zum Beispiel bei automatisch arbeitenden Geräten unerwünschte Verbindungen verhindert werden. Ebenfalls nur im Euro-ISDN gibt es die Teilnehmer-zu-Teilnehmer-Zeichengabe und die Subadressierung. In beiden Fällen können die Anwender bereits während des Verbindungsaufbaus Informationen von einer Endstelle zur anderen übertragen. Auf diesem Weg können zum Beispiel bereits Zugangssicherungen über Paßwortabfragen realisiert werden, bevor die Verbindung "steht".

3.3.3 Vom nationalen zum Euro-ISDN

Euro-ISDN-Anschlüsse werden zukünftig nur noch mit IAE (ISDN-Anschlußeinheit) Anschlußtechnik ausgestattet. Da diese weltweit unter dem Namen "Western-Technik" bekannten Stecker in Deutschland bereits seit längerem eingesetzt werden und zudem Adapter in jeder Variante im Markt zu bekommen sind, dürften an dieser Stelle keine Probleme auftauchen. Etwas anders ist dagegen die Situation bei den Protokollen im B- und im D-Kanal, die von den Endgeräten beherrscht werden müssen. So wurden bisher häufig bei Telefax Gruppe 4 und bei Teletex im B-Kanal u.a. die Protokolle nach CCITT-Empfehlung T.70 eingesetzt. In Zukunft wird T.70 durch die Empfehlung T.90 abgelöst. Leider sind beide Protokolle nicht kompatibel, so daß Geräte nach T.70 nicht mit Geräten nach T.90 zusammenarbeiten können. Die Lösung dieses Problems sind Endgeräte, die beide Protokolle implementiert haben und damit sowohl nach T.70 wie auch nach T.90 arbeiten können.

Im Euro-ISDN wird das bisherige D-Kanal-Protokoll 1TR6 durch E-DSS1 ersetzt. Beide Protokolle unterscheiden sich in wesentlichen Punkten.

Da nun die Endgeräte das D-Kanal-Protokoll beherrschen müssen, können 1TR6 Geräte nur ans nationale ISDN und E-DSS1 Geräte nur an Euro-ISDN-Anschlüsse angeschlossen werden.

Um einen gleitenden Übergang zu gewährleisten, hat die Telekom angekündigt, das bisherige nationale ISDN (1TR6) bis zum Jahr 2000 weiter zu betreiben. In dieser Zeit werden Protokollumsetzer im Netz die Verbindung zwischen 1TR6- und E-DSS1-Anschlüssen sicherstellen. Zusätzlich bietet der sog. bilinguale Netzanschluß die Möglichkeit, beide Endgerätetypen an einem Euro-ISDN-Anschluß gemeinsam zu benutzen. So können Anwender, bei deren Endgeräten eine Umrüstung auf E-DSS1 nicht möglich oder zu teuer ist, ihre Investitionen sichern und die Geräte weiter einsetzen.

3.4 Modacom – die professionelle Datenkommunikation per Funk

Alle bisher vorgestellten Netze haben eine Gemeinsamkeit: Sie sind drahtgebunden und damit für einen mobilen Einsatz nur bedingt geeignet. Was lange Zeit fehlte, war eine Dienstleistung, die optimal die Belange der mobilen Datenkommunikation berücksichtigt. Zwar gab und gibt es Lösungen über die C- und D-Netze, aber neben technischen Einschränkungen brachte auch die Tarifstruktur das Aus für manche Dialoganwendung. Und so kämpfen Heerscharen von Außendienstkräften auf der Suche nach einem freien Anschluß mit Akustikkoppler und Modem.

Die Alternative gibt es seit Mitte 1993 und heißt Modacom. Der Dienst ist speziell für die Datenkommunikation optimiert und ermöglicht in erster Linie die Verbindung von zentralen DV-Systemen mit mobil eingesetzten Datenterminals. Hier gibt es verschiedene Verbindungsarten. Zum einen können zwischen einem beliebigen Host im Datex-P-Netz und einem mobilen Terminal Einzelverbindungen aufgebaut werden. Diese Verbindungsart ist vor allem für Datenbankabfragen oder ähnliches geeignet. Bei der Flottenverbindung unterstützt Modacom die Kommunikation zwischen einem zentralen Host und beliebig vielen Nutzern. Daneben können die mobilen Terminals natürlich auch direkt untereinander kommunizieren.

Technisch gesehen ist Modacom ein zellulares Kleinzellennetz. Spezielle Kommunikationsprotokolle sorgen für eine niedrige, den Erfordernissen der Datenübertragung genügende Bitfehlerrate. Die Übertragungsgeschwindigkeit beträgt 9600 bit/s duplex. Wie man es von einem modernen Mobilfunknetz erwarten kann, werden bestehende Verbindungen beim Wechsel in eine andere Funkzelle nicht unterbrochen (Hand-Over). Natürlich lokalisiert Modacom automatisch den Standort und damit die richtige Funkzelle eines Nutzers (Roaming). Die mobilen Terminals sind also jederzeit problemlos zu erreichen. Vorhandene Endgeräte können einfach über eine Art Funkmodem an

Modacom angeschlossen werden. Noch eleganter sind jedoch Laptops, Notebooks oder Organizer mit integriertem Sende- und Empfangsteil.

Mit Modacom können die mobilen Organisationsteile eines Unternehmens wie Vertrieb, Service oder Logistik jederzeit und mit hoher Erreichbarkeit mit den DV-Systemen gekoppelt werden. Damit können dem Management auch aus diesen Bereichen tagesaktuell zeitkritische Informationen bereitgestellt werden. Umgekehrt können die Führungskräfte und Mitarbeiter zu jeder Zeit und an fast jedem Ort auf die unternehmensinternen Daten zugreifen.

4. Kostenaspekte bei der Auswahl des Telekommunikationssystems

Die Auswahl eines geeigneten Kommunikationsnetzes für das MUS muß auch die Kosten berücksichtigen. Da die Tarifstrukturen in den einzelnen Netzen sehr unterschiedlich sind, schwanken entsprechend die Kosten für eine bestimmte Anwendung. Zwei Beispiele sollen dies verdeutlichen:

Beispiel 1:
In diesem Beispiel sollen 16mal am Tag bei 20 Tagen im Monat 256 Kbyte im Rahmen eines Dateitransfer von Hamburg nach München übertragen werden. Nimmt der Anwender ISDN als Trägernetz, so kostet ihn der Transfer ca. 300,– DM pro Monat. Nutzt er dagegen einen Datex-P-Anschluß (2400 bit/s), so liegen die Kosten im selben Zeitraum bei ca. 4400,– DM.

Beispiel 2:
In diesem Beispiel sollen im Rahmen eines Dialoges zwischen einem Nutzer in Hamburg und einem Host in München Datenbankabfragen von jeweils 15 Minuten Dauer durchgeführt werden. Pro Monat sollen 400 solcher Dialoge anfallen; dabei werden jeweils 10 KByte übertragen.

In diesem Fall kostet der Griff zu ISDN den Anwender ca. 4100,- DM im Monat, während nun plötzlich Datex-P (2400 bit/s) mit ca. 870,- DM glänzt.

Die Beispiele in Form einer Entscheidungsübersicht weiter zu vertiefen hat an dieser Stelle wenig Sinn. Einerseits weil der beispielhafte Charakter erhalten bliebe. Nur die konkrete Situation eines Anwenders kann entscheidungsrelevant analysiert werden. Andererseits sind größere Tarifstrukturänderungen zu erwarten, so daß die in absoluten Zahlen dokumentierten Aussagen der Beispiele ohnehin nur einen geringen zeitlichen Bestand hätten.

Trotzdem können die Kostenstrukturen natürlich qualitativ erläutert werden. So hängen die Kosten bei Datex-P und Modacom im wesentlichen nur vom übertragenen Datenvolumen ab. Die Verbindungszeit oder gar die Entfernung der Kommunikationspartner spielen dagegen nur eine untergeordnete Rolle. Dementsprechend eignen sich beide Dienste vor allem für Dialoganwendungen über größere Entfernungen. Umgekehrt spielen Zeit und Entfernung bei ISDN eine große Rolle. Wegen der hohen Geschwindigkeit von 64 Kbit/s bei gleichzeitig sehr niedrigen Grundgebühren lassen sich jedoch hier vor allem Anwendungen mit Dateitransfer überaus kostengünstig realisieren.

Datex-J liegt muß zwischen beiden angesiedelt werden. Wegen der ebenfalls nur geringen zeitabhängigen Preisgestaltung liegt der Einsatzschwerpunkt ebenfalls im Dialogbereich, aber auch bei Dateitransfer kann es partiell ein Alternative sein. Datex-J spielt seine Vorteile vor allem dann aus, wenn Informationen einem größeren Nutzerkreis flächendeckend angeboten werden sollen und wenn relativ häufig kürzere Sessions mit geringem Datenvolumen anfallen.

5. Zusammenfassung

Die Auswahl eines geeigneten Telekommunikationsdienstes für ein Management-Unterstützungssystem ist nicht einfach und sollte unter Einbeziehung eines kompetenten Beraters erfolgen. Der Anwender hat die Wahl zwischen verschiedenen, auf bestimmte Einsatzbereiche hin konzipierten Netzen. Je nach der Komplexität des MUS kommen daher in der Praxis durchaus mehrere Dienste gleichzeitig zum Einsatz.

Objektorientierte Informationssysteme

Mit neuem Denken zu besseren Systemen

Ernst Denert

1. Einleitung

Betriebliche Informationssysteme helfen den Unternehmen in vielfältiger Weise, ihr operatives Geschäft abzuwickeln, und sie liefern die Daten für die entscheidungsunterstützenden Management-Informationssysteme. Sie sind für die meisten Unternehmen existentiell wichtig. Deshalb müssen sie ständig gepflegt und weiterentwickelt, immer häufiger auch neu gebaut werden. Die beste Software-Technik sollte dafür gerade gut genug sein. Mit der objektorientierten Methodik haben wir sie, und nach meiner Überzeugung gehört den objektorientierten Informationssystemen die Zukunft.

2. Was ist ein objektorientiertes Informationssystem?

Kann man überhaupt von einem objektorientierten Informationssystem sprechen? Muß ein solches in einer objektorientierten Programmiersprache, z.B. C++, codiert sein, oder genügt es, wenn es mit objektorientierten Methoden entworfen wurde? Muß seine Benutzeroberfläche nach dem Apple/Macintosh-Muster gestaltet sein, oder geht es auch mit einem alphanumerischen Bildschirm an einem Mainframe?

Der Begriff Objektorientierung, die zwei Buchstaben OO, ruft also recht verschiedene Assoziationen hervor. Abbildung 1 versucht, mögliche Perspektiven zu ordnen. Für den Software-Entwickler sind die objektorientierten Methoden und Werkzeuge dominant, die ihm in den verschiedenen Phasen helfen, gute fachliche Spezifikationen (englisch: Analysis), technische Konstruktionen (Design) und Programme hervorzubringen. Eine ganz andere Dimension ergibt sich durch das Betrachten der Architektur eines Systems, zu deren Realisierung objektorientierte Techniken auf verschiedenen Ebenen eingesetzt sein können: für die Benutzeroberfläche graphische Bildschirme mit Fenstertechnik und OO-Paradigma, für die Codierung eine OO-Programmiersprache (z.B. C++ oder Smalltalk) und für die Datenhaltung ein OO-Datenbanksystem. Und schließlich wird OO-Technologie vielfach als Grundlage einer Client/Server-Architektur angesehen, nicht ganz zu Recht, denn sie ist dafür nützlich, aber nicht notwendig.

Abbildung 1 soll nicht sagen, daß ein Informationssystem nur dann das Gütesiegel "Objektorientiert" verdient, wenn dieses Merkmal auch in allen Dimensionen zutrifft. Vielmehr soll sie deutlich machen, daß OO-Technik für ganz verschiedene Facetten eines Systems und seiner Entwicklung angewendet werden kann.

3. Objektorientierung ist nicht neu

Die objektorientierte Methodik ist älter und fundierter als gemeinhin bekannt. Vor 25 Jahren hat es angefangen, und zwar mit der Programmiersprache Simula, von dem Norweger Ole Dahl entwickelt als ALGOL60-Nachfolgerin für Simulationsaufgaben. 1972 ging es weiter mit David Parnas, der die Datenabstraktion als Modularisierungsprinzip unter dem Stichwort Information Hiding propagierte. Das führte zu einer ganzen Reihe wissenschaftlicher Arbeiten über Spezifikationsmethodik. Einen vorläufigen Höhepunkt erreichte die Entwicklung Ende der 70er Jahre im Xerox-Forschungszentrum Parc mit Smalltalk und dem damit verbundenen Konzept der graphischen Benutzeroberfläche; darin wurzeln der Macintosh und seine Ableger (X und MS Windows, Presentation Manager). Als weitere objektorientierte Programmiersprachen sind in den 80er Jahren C++ und Eiffel entstanden. Lediglich der Gedanke, die objektorientierte Methodik auch in der frühen Phase der Spezifikation anzuwenden, ist relativ neu — bei sd&m verfolgen wir ihn seit gut fünf Jahren. Nun sind wir also so weit, daß wir die objektorientierte Methodik in allen Phasen der Software-Entwicklung anwenden können, von der Spezifikation (Analyse) über die Konstruktion (Design) bis zur Programmierung, und auch für den Test bietet sie gute Ansätze.

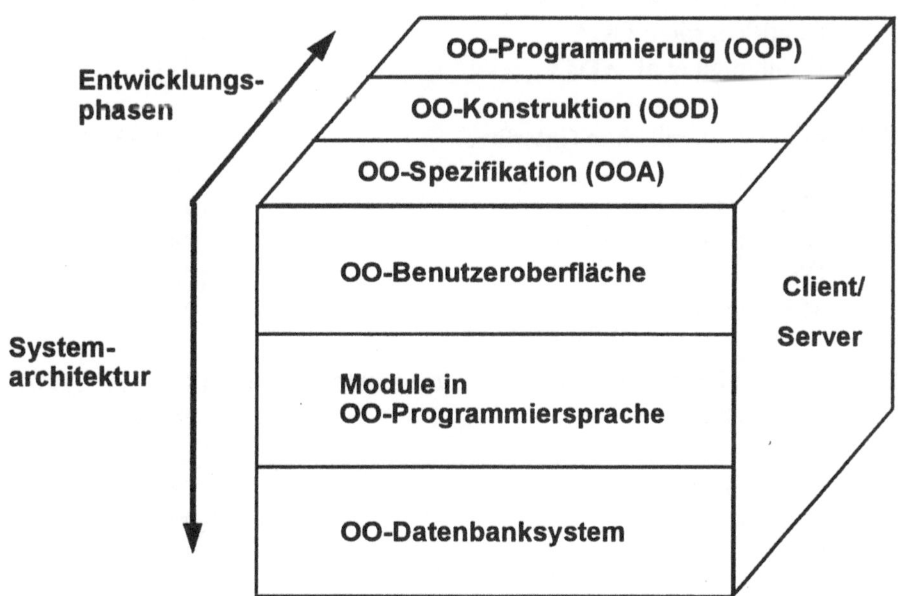

Abb. 1 Aspekte objektorientierter Technik

Abbildung 2 listet wichtige Meilensteine in der Entwicklung der objektorientierten Technik auf.

OO-Programmierung (Programming)	**1967**	
OOP		
Simula	1967	
Smalltalk	1972/76/80	
C++	1986	
Eiffel	1987	
OO-Konstruktion (Design)	**1977**	**OOD**
Parnas: Modularisierung, Geheimnisprinzip	1972	
Guttag, Liskov, Zilles: Abstrakte Datentypen	1975	
START-Anwendungssoftware mit Datenabstraktionsmoduln	1977	
Meyer: OO SW Construction	1988	
Booch: OO Design	1991	
OO-Spezifikation (Analysis)	**1987**	**OOA**
sd&m: OO-Spezifikation	1987	
Coad/Yourdon: OOA	1990	
Rumbaugh et al.: OMT	1991	
OO-Benutzeroberflächen (Interface)	**1980**	**OOI**
Smalltalk	1980	
Macintosh	1984	
X Window System	1986	
OS/2	1988	
MS Windows	1990	
OO-Datenbanksysteme (Database Management System)	**1987**	**OODBMS**
GemStone	1987	
Postgres	1989	
ObjectStore	1990	
Starburst	1990	
O_2	1991	

Abb. 2 Meilensteine in der Entwicklung objektorientierter Technik

4. Grundlagen der objektorientierten Methodik

Das wichtigste und schwierigste Problem des Software-Designers ist es, mit der Komplexität seiner Systeme fertig zu werden. Das schafft er nur, wenn es ihm gelingt, Strukturen zu entdecken, gemäß denen er das zu entwickelnde System unterteilen, gliedern, modularisieren kann. Struktur findet man durch Abstrahieren. Das bedeutet, zusammengehörige Einzelheiten zu einer Einheit zusammenzufassen, so daß man sie anschließend nicht mehr (immer) im Detail betrachten muß, sondern summarisch ansprechen kann.

Die Informatik hat Mechanismen zur Abstraktion herausgebildet: zunächst, in den 50er und 60er Jahren, die funktionale Abstraktion, technisch in Unterprogrammen ausgeprägt. Danach, in den 70ern, trat eine stärker datenorientierte Sicht hinzu. Schließlich als Synthese der ersten beiden Strömungen die objektorientierte Methodik – sie verbindet Daten und Funktionen zu organischen Einheiten, den Objekten. Weil die Welt – auch die der Informationssysteme – überwiegend aus Objekten besteht, die sich aufeinander beziehen und interagieren, bietet die objektorientierte Methodik eine natürliche und bestechende Weise, über die Dinge zu denken.

Die wichtigsten Konzepte der objektorientierten Methodik in aller Kürze (zu ihrer Vertiefung sei auf die angegebene Literatur verwiesen): Ein *Objekt* hat *Eigenschaften*, die durch (Daten-)*Attribute* beschrieben werden, und *Fähigkeiten*, das heißt, es ist in der Lage, *Funktionen* auszuführen. Jedes Objekt gehört einer *Klasse* an, die das Gemeinsame aller ihrer Objekte definiert, nämlich deren Eigenschaften und Fähigkeiten. Man kann auch sagen, die Klasse bildet eine *Datenkapsel*, in der gemeinsame Daten und Funktionen zusammengefaßt, eben gekapselt sind; man nennt das auch *Datenabstraktion*.

Die einzelnen Objekte unterscheiden sich durch die Werte ihrer Eigenschaften: jedes Objekt hat seine *Identität*. Zwischen Objekten bestehen *Beziehungen*, und die können von unterschiedlicher Art sein: (a) *Freie Beziehungen* (häufig m:n) bestehen zwischen weitgehend voneinander unabhängig existierenden Objekten; (b) *Aggregationen* sind "besteht aus"-Beziehungen, die (Teil-)Objekte zusammenhalten; (c) Generalisierung bzw. Spezialisierung ist die für die objektorientierte Methodik so wichtige *Vererbung*sbeziehung, die es erlaubt, gemeinsame Eigenschaften und Fähigkeiten in übergeordneten Objektklassen zusammenzufassen; (d) schließlich stehen die Objekte dadurch in Beziehung, daß sie sich gegenseitig benutzen, indem sie ihre *Funktionen aufrufen* (Fähigkeiten aktivieren) und Eigenschaften (Daten) erfragen.

5. Objektorientierung in der Software-Entwicklung

Die objektorientierte Methodik kann man heute in allen Phasen der Software-Entwicklung anwenden, nicht nur in der Programmierung unter Verwendung einer objektorientierten Sprache wie C++, sondern auch im Entwurf, d.h. für die fachliche Spezifikation und die technische Konstruktion. Die daraus resultierende methodische Durchgängigkeit, die Brüche beim Phasenübergang vermeidet, ist natürlich besonders wertvoll. Es lohnt sich jedoch, Software auch dann objektorientiert zu entwerfen, wenn sie nicht in einer objektorientierten Programmiersprache realisiert werden kann, sondern nur in einer konventionellen Sprache (Cobol, PL/1, Natural o.ä.). Das geht mit Hilfe von ein paar Regeln und möglichst etwas Werkzeugunterstützung.

Verschiedentlich ist mir die Auffassung begegnet, die objektorientierte Spezifikation mache ein E/R-Datenmodell (Entity/Relationship) überflüssig. Das stimmt nicht, vielmehr sind die Entitäten des E/R-Modells die Kristallisationskeime der Objektklassen. Auch wenn am Schluß das statische E/R-Datenmodell nicht als eigenständiges Dokument existiert, sondern in einem Objektemodell (Daten *und* Funktionen) aufgegangen ist, bildet es doch einen guten Ausgangspunkt für die Spezifikation.

In der Entwicklung betrieblicher Informationssysteme kommt den objektorientierten Konzepten nach unserer Erfahrung stark unterschiedliche Bedeutung zu. Als Faustregel sagen wir: Datenabstraktion = 70%, Vererbung = 20%, (die oben nicht erläuterte) Polymorphie = 10%.

5.1 Software-Architektur

Ein gutes Software-System ist nicht einfach eine Ansammlung von Programmen, sondern zeichnet sich durch eine Architektur*) aus, derzufolge es aus bestimmten Schichten bzw. Komponenten aufgebaut ist. Die drei Hauptschichten (Abb. 3) eines Informationssystems sind:

- Benutzerschnittstelle
- Anwendungskern
- Datenverwaltung.

*) lt. Meyers Lexikon: kunstgerechter, strenger, gesetzmäßiger Aufbau (eines Bauwerks, Körpers, einer Plastik, Dichtung, Sinfonie ... und – füge ich hinzu – eines Softwaresystems).

Der Anwendungskern besteht aus all jenen Objekten, die das fachliche Know-how der Anwendung verkörpern, also aus jeweils eng verbundenen Daten und Funktionen rein fachlicher Natur. Die Module der Datenverwaltung haben die Aufgabe, die Objekte des Anwendungskerns aus einer (meist relationalen oder hierarchischen) Datenbank zu versorgen bzw. die Daten darin dauerhaft zu speichern. Die Benutzerschnittstelle präsentiert den Anwendern die Daten und Funktionen eines Systems, also seine Objekte, und bestimmt somit dessen Erscheinungsbild. Weitere Komponenten der Architektur sind:

- Behandlung von Benutzer- und Systemfehlern
- allgemeine Anwendungsdienste (z.B. Kalender)
- eine Steuerung für Vorgangsbearbeitung
- eine Reihe systemtechnischer Mechanismen

Objekte unterschiedlicher Schichten bzw. Komponenten haben ganz verschiedenen Charakter, d.h., die Art der Funktionen und Schnittstellen sowie der innere Aufbau von Objekten sind innerhalb einer Schicht ähnlich und differieren von Schicht zu Schicht. Man könnte die Schichten und die anderen Komponenten als "Objekte im Großen" bezeichnen, deren Feinstruktur durch die eigentlichen "Objekte im Kleinen" gebildet wird.

Eine saubere Schichtenstruktur ist ein wesentliches Qualitätsmerkmal eines Software-Systems. Sie lohnt sich auch, wenn die Software auf einer monolithischen Systemplattform läuft, etwa auf einem Mainframe- oder Unix-System. Beispielsweise kann damit der Anwendungskern zugleich in Dialog und Batch genutzt, mithin eine spezielle Art der Wiederverwendbarkeit erzielt werden (siehe die Gegenüberstellung in Abb. 3). Die Schichtenarchitektur ist aber unverzichtbar bei einem verteilten System, d.h. bei einer Client/Server-Architektur, die eine Aufteilbarkeit der Software auf Clients und Server voraussetzt. Klare Schnittstellen zwischen den Schichten bieten dafür geeignete Trennlinien.

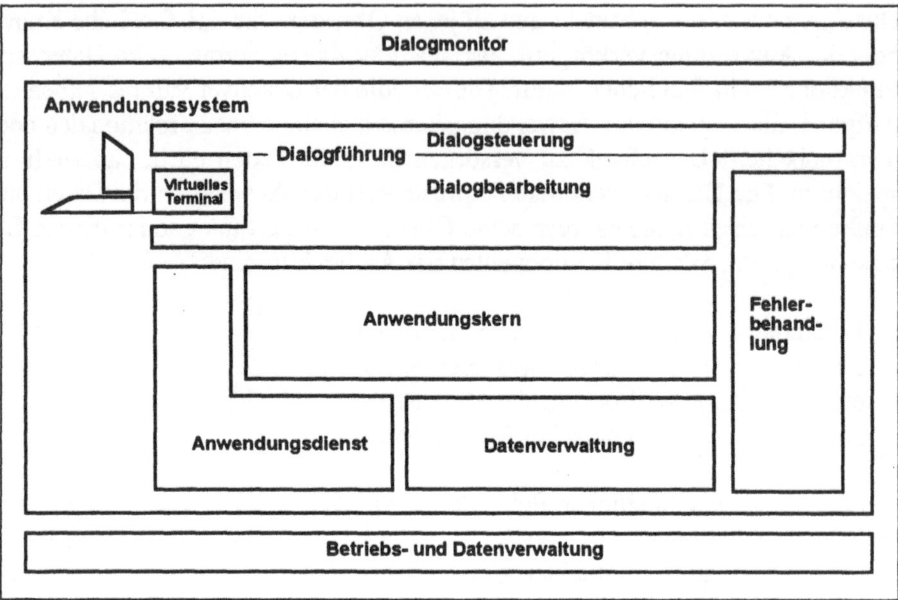

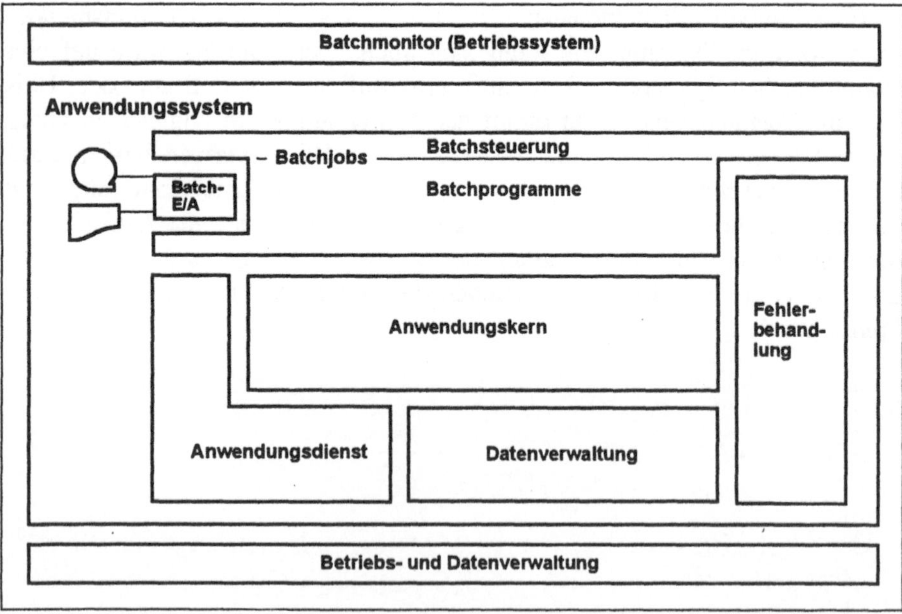

Abb. 3 Standardarchitektur von Informationssystemen: a) Dialog (oben), b) Batch (unten)

5.2 Benutzeroberflächen

Die objektorientierte Methodik wird gelegentlich mit graphischen Fensteroberflächen in eins gesetzt. Das rührt, wie eingangs erwähnt, von der Smalltalk-Entwicklung her, die nicht nur eine objektorientierte Programmiersprache hervorgebracht hat, sondern auch ein neuartiges Paradigma für Benutzeroberflächen. Ihm zufolge wird ein Objekt auf dem Bildschirm mit der Maus angeklickt und zu der Funktion gezogen, die mit ihm ausgeführt werden soll. Mit diesem "Drag-and-Drop"-Mechanismus kann man beispielsweise ein Dokument zum Papierkorb ziehen, dem Symbol für die Löschfunktion.

Dieses Paradigma ist für bestimmte Anwendungen recht hübsch, z.B. für das Verwalten von Dokumenten in einem Büro. Es kann jedoch bei einem betrieblichen Informationssystem problematisch sein, denn es verlangt vom Benutzer ein explizites Hantieren mit Objekten und Funktionen - auch dann, wenn die auszuführenden Funktionen (eventuell auf mehreren Objekten) anhand der eingegebenen Daten erkannt und implizit angestoßen werden können.

Eine objektorientierte Benutzeroberfläche macht noch kein objektorientiertes Informationssystem, und ein solches ist keineswegs durch eine objektorientierte Oberfläche ausgewiesen; diese kann sogar benutzerunfreundlich sein.

6. Objektorientierung versus strukturierte Analyse

Der ursprüngliche methodische Kern der strukturierten Analyse sind die Datenflußdiagramme, eine Darstellungsform, die Daten zwischen Funktionen fließen läßt, und das ohne Ablaufkontrolle (Abb. 4a). Die objektorientierte Denkweise ist dazu diametral entgegengesetzt: Daten sind in Funktionen eingekapselt, und es wird ein Kontrollfluß durch den gegenseitigen Aufruf der Objektfunktionen definiert (Abb. 4b).

Man muß sich also methodisch entscheiden: entweder objektorientierte oder strukturierte Analyse. Da eine datenflußorientierte Realisierung nicht darstellbar ist – letztlich werden Funktionen als Unterprogramme implementiert, die sich gegenseitig aufrufen –, führt die strukturierte Analyse zu einem methodischen Bruch beim Übergang ins Design; die objektorientierte Methode ist dagegen durchgängig.

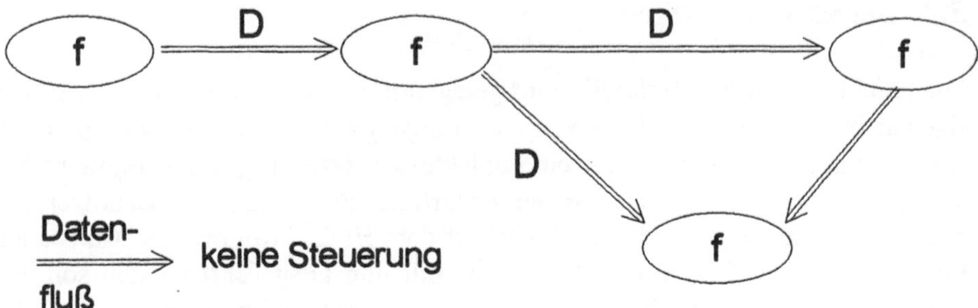

(a) Datenflußdiagramm

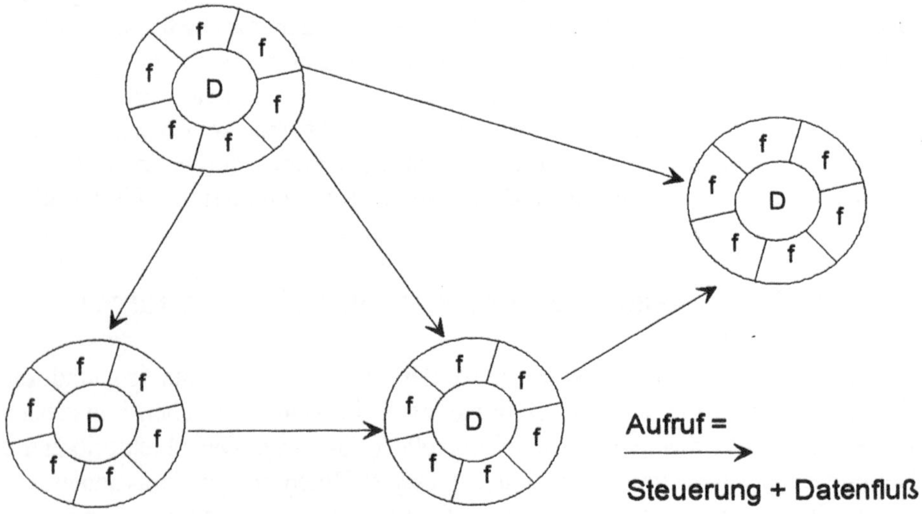

(b) Zusammenwirken von Objekten

Abb. 4 Objektorientierung versus strukturierte Analyse

7. CASE

CASE-Werkzeuge wie etwa ADW oder IEF basieren methodisch auf strukturierter Analyse. Es gibt allerdings schon objektorientierte Tools, und es wird nicht lange dauern, bis sich die etablierten Systeme ebenfalls in diese Richtung entwickeln, wenn auch mit großen Schwierigkeiten.

In einem werden sich die alten und die neuen CASE-Werkzeuge allerdings ähneln, nämlich in ihrer graphisch-transaktionsorientierten Arbeitsweise. Diese erweist sich in mehrfacher Hinsicht als problematisch: Die graphische Notation ist nicht ausdrucksmächtig genug und wird schon bei mittleren Anwendungen unübersichtlich; die vielen Dialogschritte führen zu einer atomistischen Denk- und Arbeitsweise. Ich empfehle deshalb eine mehr ganzheitliche, dokumentenorientierte Entwicklung (vgl. unten, 8.) mit wenigen anschaulichen Übersichtsgraphiken.

8. Erfahrungen und Einsichten

Objektorientierung ist, wie gesagt, nicht neu. Sie ist nicht nur theoretisch fundiert (viel besser als die strukturierte Analyse), sondern auch praktisch erprobt.

Meine erste Erfahrung mit ihr in der wirtschaftlichen Praxis stammt aus der zweiten Hälfte der 70er Jahre, und zwar aus der Entwicklung der START-Software (Touristik). Die haben wir konsequent mit dem Prinzip der Datenabstraktion modularisiert und dann mit einer PL/1-ähnlichen Sprache recht gut implementieren können. In den letzten elf Jahren ist eine ganze Reihe von Projekten bei sd&m für verschiedene Anwendungen und auf unterschiedlichen Plattformen gefolgt. Wie können deshalb sagen, daß das wichtigste Konzept der Objektorientierung, die Datenabstraktion, für den Entwurf von Informationssystemen sehr nützlich ist, auch wenn man es in einer konventionellen Programmiersprache zu realisieren hat (Cobol, PL/1, C u.a.; 4GL-Sprachen, wie z.B. Natural, eignen sich weniger gut).

Einen wichtigen Fortschritt machten wir vor gut fünf Jahren, als wir erstmals die objektorientierte Methodik zur Spezifikation von Informationssystemen einsetzten, gewissermaßen also die Denkweise aus dem technischen Entwurf in die davor liegende Phase der fachlichen Konzeption übertrugen. Dabei ist eine Notation entstanden für eine – wie wir es nennen – "dokumentenorientierte" Art der Spezifikation. Unterstützt durch einen Satz maßgeschneiderter Werkzeuge, haben wir nun eine pragmatische Umgebung, die uns hilft, präzise und verständliche Spezifikationen zu schreiben.

Kürzlich fiel mir ein Projektbericht mit der Überschrift "Brooklyn Union Gas: OOPS on Big Iron" in die Hand. Er handelt von einem großen Gasabrechnungssystem, das, mit objektorientierter Methode (650 Objektklassen, 10.000 Funktionen) für eine klassische Zielumgebung (MVS, DB/2, PL/1) entwickelt, seit 1990 erfolgreich in Betrieb ist. Besonders interessant sind die positiven Erfahrungen, die über die Weiterentwicklung des Systems berichtet werden, insbesondere, daß eine kleinere Zahl von Entwicklern mehr und größere Änderungen bewerkstelligt als beim alten System.

Wiederverwendbarkeit ist eines der wichtigsten Argumente, das häufig pro Objektorientierung ins Feld geführt wird. Dabei ist allerdings Vorsicht geboten: Wiederverwendbarkeit wird einem von Objektorientierung nicht geschenkt, nur erleichtert. In sie muß eigens investiert werden.

Objektorientierung ist zuallererst eine *Denkweise* – eine Denkweise, die sich nicht jedem auf Anhieb erschließt. Zum Beispiel Vererbung: Wer gewohnt ist, Gemeinsames in Unterprogramme auszulagern, muß lernen, daß das mit Objektorientierung in vielen Fällen besser per Vererbung geht. Hat er vorher einen Aufruf an ein Unterprogramm abgesetzt, so erbt er nun *von oben*.

Wer verdorben ist durch Programmiersprachen und -techniken, die das Denken in Modulen nicht fördern oder gar behindern (die Cobol-"Kultur", 4GL-Sprachen, d.h. Sprachen der sogenannten 4. Generation), wird sich schwer tun mit der starken Modularität der objektorientierten Welt. Es ist auch nicht ganz einfach, sich in größeren Klassenbibliotheken zurechtzufinden; ihre oftmals hohen und komplexen Vererbungshierarchien verkörpern eine feinziselierte Struktur, in der die Einzelteile zusammenzusuchen schwerfallen kann.

Ein neues Denken ist nötig. Wer es von Anfang an lernt, wie heute die meisten jungen Informatiker an der Hochschule, tut sich leicht; die Älteren müssen umdenken, wenn sie dranbleiben wollen. Es lohnt sich!

Fazit: Objektorientierung ist sehr nützlich und nicht irgendeine, sondern *die* Methodik der Software-Entwicklung schlechthin, und zwar in all ihren Phasen. Dennoch ist auch sie nicht der Königsweg aus der Software-Krise. Ihn gibt es nicht. Es kommt viel mehr auf die Menschen an – ihre Intelligenz und Kreativität, ihre Ausbildung und Erfahrung, ihr Engagement und ihre Kommunikation – als auf Methoden und Werkzeuge. Denn: Menschen machen Projekte!

9. Meine wichtigsten Argumente für die objektorientierte Methodik

1. Objektorientierung ist die natürliche Art, über Software zu denken, weil die Welt aus interagierenden Objekten besteht. Sie verhilft zu einem besseren, tieferen Verständnis der Anwendung und führt zu einer modularen Struktur – Voraussetzung für das Beherrschen der inhärenten Komplexität der Software.

2. Objektorientierung ist mittlerweile so weit gediehen, daß sie eine durchgängige Methodik der Software-Entwicklung bietet, von der Spezifikation über die Konstruktion bis zu Programmierung und Test. Einen methodischen Bruch, wie etwa zwischen Structured Analysis und Design, gibt es nicht.
3. Die starke Modularität der Objektorientierung, insbesondere in Form der Vererbungsstrukturen, schafft eine gute Grundlage für die Wiederverwendbarkeit von Software. Aber: Sie wird einem im Entwicklungsprozeß nicht geschenkt; man muß bewußt mit dem Ziel Wiederverwendbarkeit entwerfen, und das kostet etwas!
4. Es gibt eine Wechselwirkung zwischen Objektorientierung und graphischen Benutzeroberflächen, wenngleich Objektorientierung keineswegs darauf beschränkt ist. Die graphischen Benutzeroberflächen sind stark im Kommen, vor allem auch in Verbindung mit Client/Server-Architekturen, und ihre Entwicklung ist ohne objektorientiertes Denken und Programmieren kaum vorstellbar.

Literatur

Booch, G.: Object-Oriented Design, Benjamin/Cummings 1991
Coad, P., Yourdon, E.: Object-Oriented Analysis, Prentice Hall 1990
Denert, E.: Software-Engineering, Springer 1991
Meyer, B.: Object-Oriented Software Construction, Prentice Hall 1988
Rumbaugh, J. et al.: Object-Oriented Modeling and Design, Prentice Hall 1991

Fuzzy Logic in der Praxis

Management komplexer Entscheidungen

Heinz Kriener

1. Einleitung

Der Begründer der Fuzzy Logic ist Lotfi Zadeh. Er wird heute als der "Elektronik-Hexer" bezeichnet. Die Fuzzy Logic, die L. Zadeh auf der *These von der Unvereinbarkeit von Komplexität und Präzision* begründete, ist für "westlich" denkende Ingenieure schwer zu akzeptieren. Denn *Komplexität* und *Präzision* sind wesentliche Merkmale der Produkte, die in den westlichen Industriestaaten entwickelt und produziert werden. Vergleichbar diesem Schock der Ingenieure könnte sehr bald ein heilsamer Schock auch Manager treffen, die lernen müssen, daß komplexe Systeme nur mit Unschärfe zu beherrschen sind. Mißerfolge gibt es bereits genug, nach neuen Rezepten wird gesucht. Hier ist die Fuzzy Logic, d.h. die bewußt in Kauf genommene Unschärfe, ein Schritt in die richtige Richtung und ist als eine wertvolle Ergänzung zu den Entscheidungshilfen durch MUS zu verstehen.

2. Fuzzy heißt unscharf

Es gibt neben dem Begriff Unschärfe viele weitere Worte, die unbestimmte Situationen beschreiben, wie: Unsicherheit, Ungewißheit, Wahrscheinlichkeit, Zufall, Zweideutigkeit. Jeder dieser Begriffe beschreibt eine andere Situation (entsprechend der These: Es gibt keine unnötigen Wörter in der Sprache). Die Wissenschaft beschäftigt sich mit der Abgrenzung entsprechender Theorien zur Fuzzy Logic.

2.1 Hohe Komplexität und hohe Präzision sind nicht vereinbar

Als ein Beispiel, daß hohe Komplexität und hohe Präzision nicht vereinbar sind, nennt L. Zadeh den Versuch, Volkswirtschaften durch präzise mathematische Modelle zu beschreiben und darauf basierend Prognosen zu erstellen. Dies ist bisher immer kläglich gescheitert. Der Versuch, im Abkommen von Maastricht Wechselkurse als Basis eines europäischen Währungssystems präzise festzulegen, ist bereits vor der Verabschiedung gescheitert. Die Bandbreiten des Wechselkurses wurden vergrößert, d.h. die Unschärfe wurde bewußt vergrößert, um den Zusammenbruch des Währungssystems zu vermeiden. Unschärfe umgibt uns tagtäglich. Bei Nebel müssen die Fluglinien flexibel reagieren. Fluggäste aus Hamburg nach Frankfurt oder Stuttgart sitzen plötzlich in der Maschine nach München, ohne daß die Tickets in der kurzen Dispositionszeit umgeschrieben werden können. Der in der realen Welt vorhandenen Komplexität kann man nur mit einem hohen Maß an Unschärfe begegnen. Vielleicht gibt es bald auch unscharfe Einkommensteuererklärungen und

Steuerbescheide, weil das streng und eng geregelte Steuerrecht nicht mehr in endlicher Zeit vollziehbar ist.

2.2 Unschärfe senkt die Kosten

Bei komplexen Aufgabenstellungen hängt die Lösungsdauer von der vorgegebenen Fehlerrate ab. L. Zadeh belegt das am Beispiel eines Verkaufsreisenden, d.h. an der Aufgabe, eine vorgegebene Anzahl von Städten auf der kürzesten Strecke zu besuchen. Die Rechendauer für dieses Problem verkürzt sich drastisch, wenn man die Fehlerrate nur geringfügig erhöht. Die Rechenzeit für 100.000 Städte bei einer zugestandenen Fehlerrate von 0,75% betrug sieben Monate. Bei einer Erhöhung der Fehlerrate auf 1% verkürzte sich die Rechenzeit auf zwei Tage. Läßt man eine Fehlerrate von 3,5% zu, dann kann man die Route für 1.000.000 Städte in 3,5 Stunden berechnen. Dies ist ein überzeugendes Beispiel für Zadehs operatives Prinzip der Fuzzy Logic: *Hohe Komplexität und hohe Präzision sind nicht vereinbar*. Präzision ist teuer, daher minimiere die Präzision, die notwendig ist, um eine Aufgabe durchzuführen. Dies ist der Schlüssel für alle Anwendungen der Fuzzy Logic in der Praxis. Es geht immer darum, die Genauigkeit auf das Maß zu beschränken, das der zu lösenden Aufgabe zukommt. Bei manchen Berechnungen und Auswertungen im Rahmen eines Management-Informationssystems sollte dies beherzigt werden.

3. Wie bringt man die erforderliche Unschärfe in die Beschreibung von Systemen ein?

L. Zadeh führt die Unschärfe durch Einführung des Konzeptes der sprachlichen (linguistischen) Variablen ein. Dies sind Variable, die anstelle numerischer Werte sprachliche Werte (Label) wie *niedrig*, *mittel* und *hoch* annehmen. Damit kann man unscharfe Aussagen formulieren, wie z.B.: "Wenn die Temperatur hoch ist, dann stelle das Ventil auf mittel".

Wie rechnet man mit linguistischen Variablen und wie stellt man den Bezug zu den realen technischen Systemen her? Will man technische Systeme steuern, so muß man Techniken zum Übergang von der sprachlichen auf die technische Ebene finden. Zur Beschreibung der Temperatur eines Systems benutzt man die sprachlichen Werte niedrig, mittel und hoch. Zur mathematischen Darstellung dieser Werte hat L. Zadeh die Fuzzy-Mengen erfunden. Sie bilden das Bindeglied zwischen der numerischen und der linguistischen Ebene und stellen gleichzeitig die Basis der Fuzzy Logic, der unscharfen Logik, dar.

Die Fuzzy-Mengen bilden die Brücke zwischen Sprache und Zahlen. Die Temperatur T ist ist die Basisvariable, auf die sich die Fuzzy-Mengen beziehen. Jeder Wert dieser Basisvariablen gehört zu einer oder mehreren dieser Mengen. Der Zugehörigkeitsgrad wird durch die Zugehörigkeitsfunktion gemessen, die Werte zwischen 0 und 1 annimmt (Abb. 1).

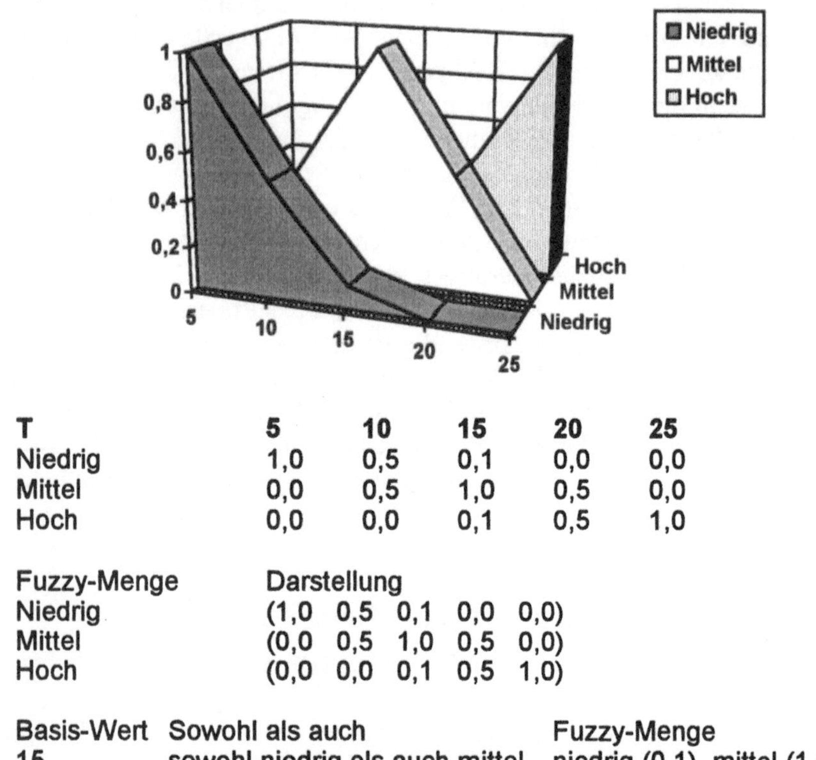

T	5	10	15	20	25
Niedrig	1,0	0,5	0,1	0,0	0,0
Mittel	0,0	0,5	1,0	0,5	0,0
Hoch	0,0	0,0	0,1	0,5	1,0

Fuzzy-Menge	Darstellung
Niedrig	(1,0 0,5 0,1 0,0 0,0)
Mittel	(0,0 0,5 1,0 0,5 0,0)
Hoch	(0,0 0,0 0,1 0,5 1,0)

Basis-Wert	Sowohl als auch	Fuzzy-Menge
15	sowohl niedrig als auch mittel	niedrig (0,1), mittel (1,0)
20	sowohl mittel als auch hoch	mittel (0,5), hoch (0,5)

Abb. 1 Darstellung einer Fuzzy-Mengen-Bildung

Die Verknüpfung von Fuzzy-Mengen verläuft analog zu den klassischen Mengen. Fuzzy-Operatoren zur Kombination von Fuzzy-Mengen – und, oder, nicht – werden über Operationen auf den Zugehörigkeitswerten definiert. Allgemein gesprochen ist die Theorie der Fuzzy-Mengen eine Erweiterung der klassischen Mengentheorie. Sie ist mathematisch fest fundiert.

3.1 Unschärfe heißt, es gibt mehr als eine Wahrheit

Fuzzy-Mengen sind die Grundlage der Fuzzy Logic. Es gibt mehr als *wahr* und *falsch*, es gibt das *Sowohl-als-auch*. Die Fuzzy Logic ist eine Logik des Sowohl-als-auch. Die linguistischen Werte niedrig, mittel und hoch werden durch Fuzzy-Mengen dargestellt. Ein Wert der Basisvariablen Temperatur, z.B. 15 Grad, gehört "zu einem gewissen Grad" zu niedrig und "zu einem gewissen Grad" zu mittel. Damit kann man sagen: Die Temperatur ist sowohl niedrig als auch mittel.

Eine Logik des Sowohl-als-auch ist auch zur Begründung der Quantentheorie notwendig. Nach der Unbestimmtheitsrelation von Heisenberg können der Ort und die Geschwindigkeit nicht gleichzeitig scharf bestimmt werden. Im Gedankenexperiment von Schrödinger führt dies dazu, daß eine Katze in einem Kasten, in dem eine Arsenkugel durch einen Quantenprozeß ausgelöst werden kann, sowohl tot als auch lebendig ist, bis man durch Öffnen den Zustand feststellt. Unbestimmtheit und damit eine Logik des Sowohl-als-auch ist ein fundamentales Merkmal unserer Naturbeschreibung.

3.2 Unscharfe Systeme und unscharfes Schließen

Unscharfes Schließen ist durch Fuzzy-Relationen gekennzeichnet, die man auf der Basis der Fuzzy-Mengen definieren kann. Fuzzy-Regeln bilden das Herz der erfolgreichen Fuzzy-Regelungssysteme. Fuzzy-Regeln sind Wenn-dann-Sätze, in denen Fuzzy-Mengen auf der linken und der rechten Seite vorkommen.

Die Fuzzy-Regeln werden durch Fuzzy-Inferenz (Schlußfolgerung) ausgeführt und werden damit zu den Treibern (Engines) der Fuzzy-Systeme. Fuzzifizierung, Inferenz und Defuzzifizierung sind Prozesse, die in einem Fuzzy-Regelungssystem ablaufen (Abb. 2).

Fuzzifizierung ist der Prozeß, bei dem die scharfen Meßwerte in Fuzzy-Mengen umgesetzt werden. Wegen des Sowohl-als-auch entsprechen einem scharfen Wert meistens mehrere Fuzzy-Mengen. Inferenz ist die Anwendung der Fuzzy-Regeln. Weil die Fuzzifizierung mehrere Fuzzy-Mengen als Resultat hat, "springen" auch mehrere Fuzzy-Regeln gleichzeitig an – Parallelität! Die linken Seiten werden berechnet, und alle aktiven Regeln liefern einen Beitrag, der dann auf die rechte Seite übertragen wird (Entscheidung im Komitee). Das Resultat ist unscharf. Daher wird der Prozeß der Defuzzifizierung gestartet, der dann ein scharfes Ergebnis liefert. Dieses Ergebnis dient als Stellgröße für den Prozeß.

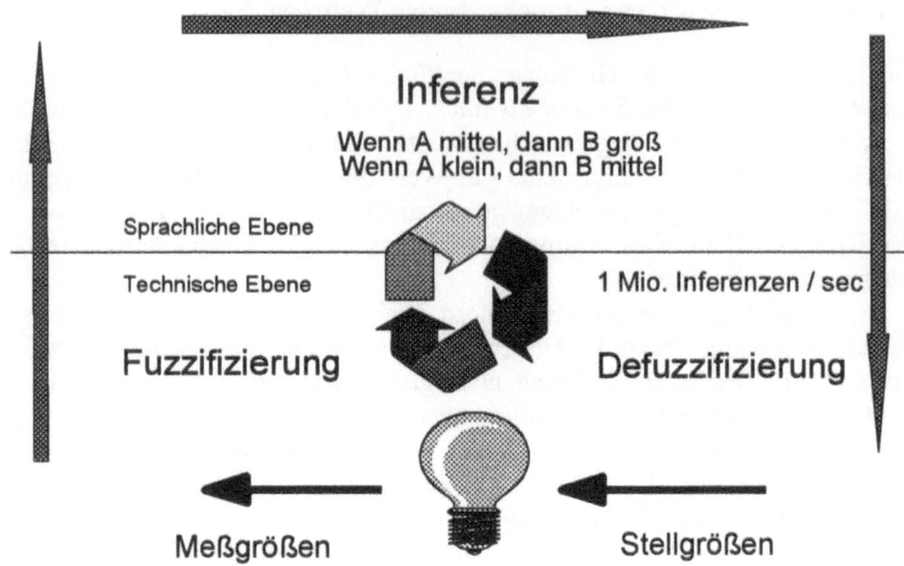

Abb. 2 Das Fuzzy-Regelungssystem

Fuzzy-Systeme sind weniger komplex und rechenaufwendig. Durch die Unschärfe reduziert sich die Zahl der Regeln drastisch. Damit sind solche Systeme einfacher zu warten.

3.3 Containerkran-Regelung

Das folgende Beispiel (nach C. von Altrock, Fuzzy Logic) zeigt die Wirkungsweise eines Fuzzy-Regelungssystems. Die Schritte Problemstellung, Sprachliche Formulierung, Definition der Zugehörigkeitsfunktionen, Fuzzy-Inferenz und Defuzzifizierung sind durch Bilder dargestellt (Abb. 3 - 7).

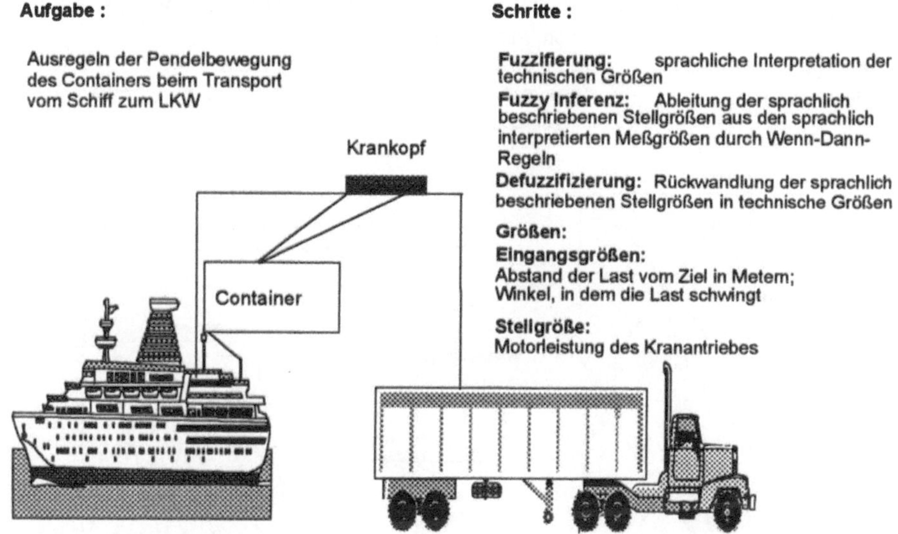

Abb. 3 Problemstellung

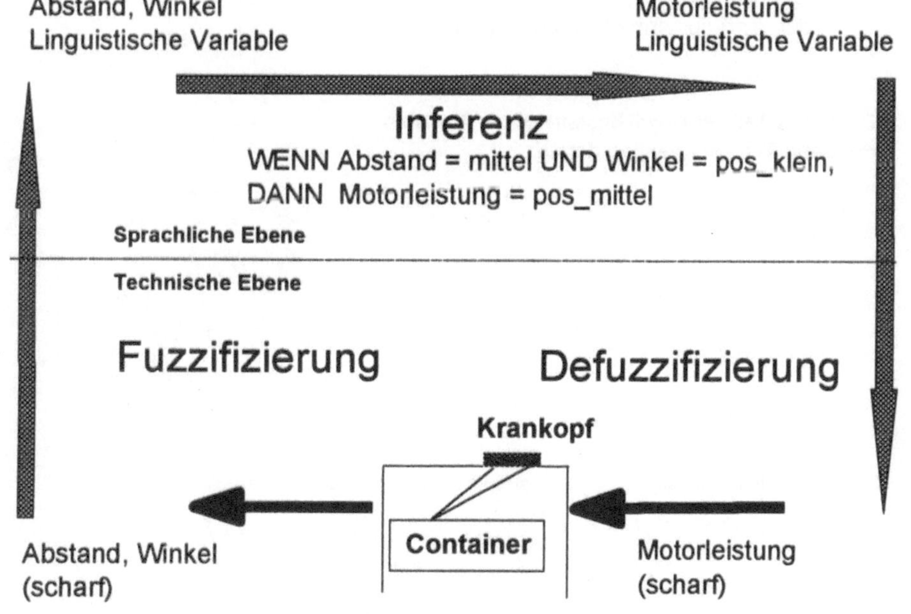

Abb. 4 Sprachliche Formulierung: Container-Kranregelung durch ein Fuzzy-System

Linguistische Variable	**Sprachliche Werte der linguistischen Variablen**
Abstand	(weit, mittel, nah, null, zu_weit)
Winkel	(pos_groß, pos_klein, null, neg_mittel, neg_groß)
Motorleistung	(pos_groß, pos_mittel, null, neg_mittel, neg_groß)

Sprachliche Ebene

Technische Ebene

Abstand

zu_weit null nah mittel zu_weit

1,2 1 0,8 0,6 0,4 0,2 0

-10 -5 0 5 10 15 20 25 30

Winkel

neg_groß neg_klein null pos_klein pos_groß

1,2 1 0,8 0,6 0,4 0,2 0

-90 -67.5 -45 -22.5 0 22.5 45 67.5 90

Die sprachlichen Werte werden durch Fuzzy-Mengen dargestellt

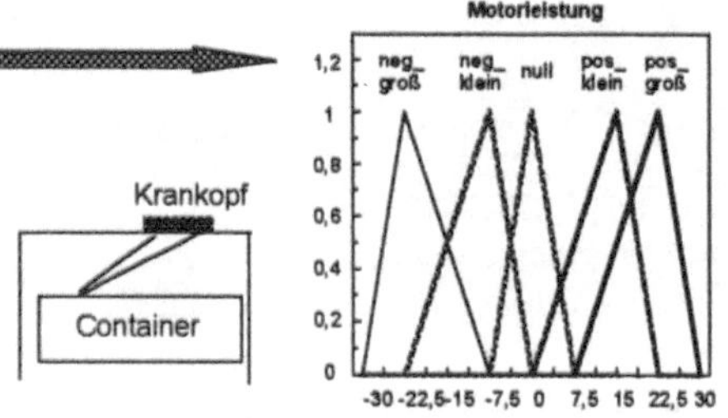

Abb. 5 Definition der Zugehörigkeitsfunktionen: Um eine Regelstrategie für den Containerkran sprachlich formulieren zu können, muß man die Variablen der Aufgabe sprachlich interpretieren.

Der Wenn-Teil der Regel beschreibt die Situation, der Dann-Teil die Reaktion darauf:

R1: WENN Abstand = mittel UND Winkel = pos_klein, DANN Motorleistung = pos_mittel

R2: WENN Abstand = mittel UND Winkel = null, DANN Motorleistung = null

R3: WENN Abstand = weit UND Winkel = null, DANN Motorleistung = pos_mittel

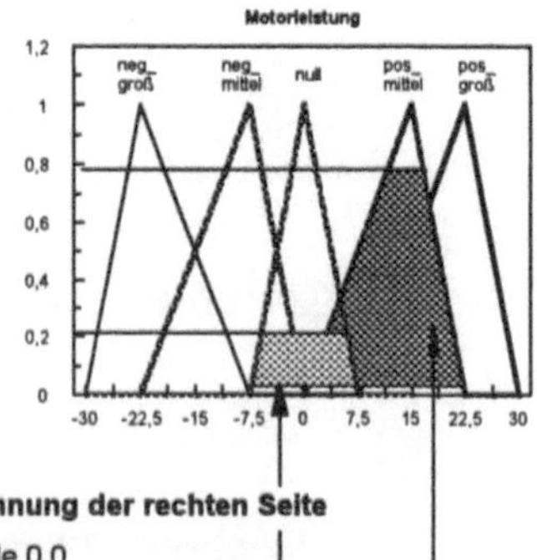

Ergebnis der Berechnung der linken Seite

R1: min(0,9;0,8) = 0,8
R2: min(0,9;0,2) = 0,2
R3: min(0,1;0,2) = 0,1

Ergebnis der Berechnung der rechten Seite

pos_groß	zum Grade 0,0
pos_mittel	zum Grade 0,8 (= max(0,8;0,1))
null	zum Grade 0,2
neg_mittel	zum Grade 0,0
neg_groß	zum Grade 0,0

Die Werte der linken Seite werden nach rechts übertragen

Abb. 6 Fuzzy-Inferenz: Die Prozeßstrategie wird in Wenn-dann-Regeln dargestellt, die durch Inferenz berechnet werden.

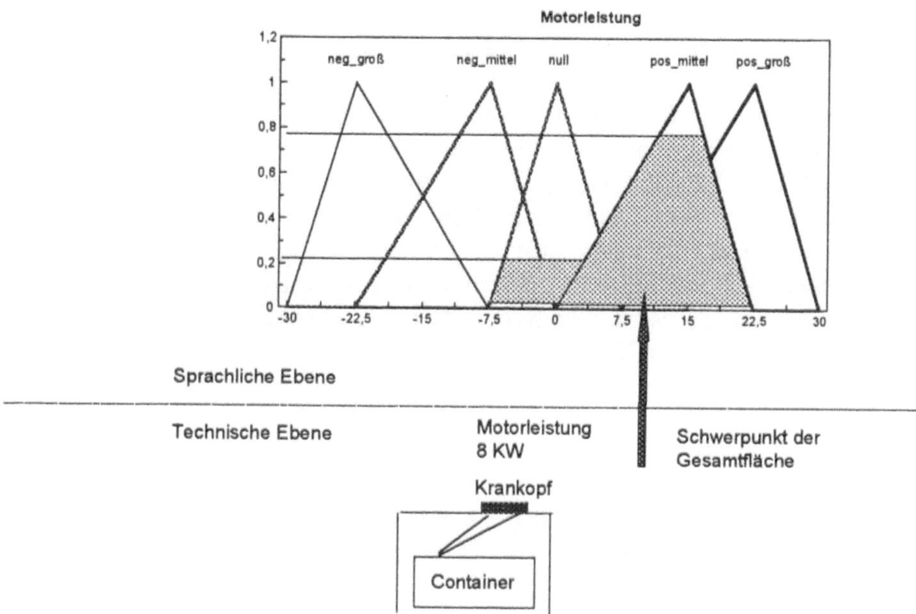

Abb. 7 Defuzzifizierung: Am Ende der Berechnung steht die "rechte" Seite als Wert einer linguistischen Variable. Durch Defuzzifizierung wird der scharfe, technische Wert ermittelt.

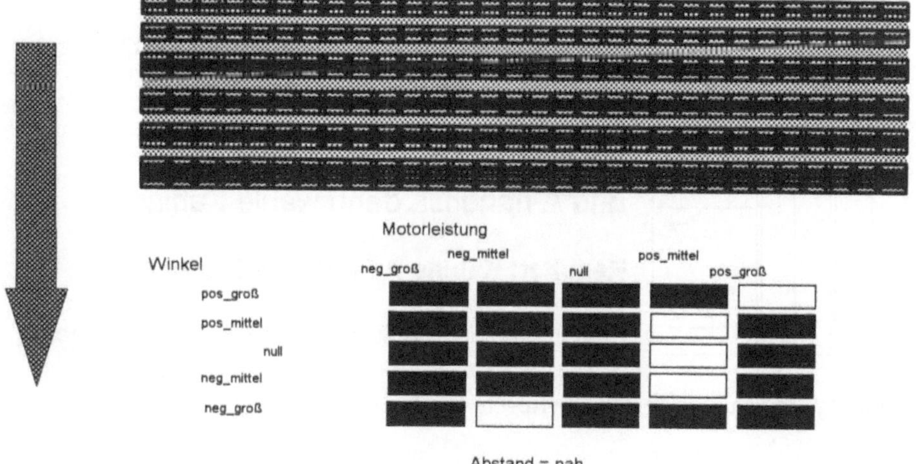

Abb. 8 Reduktion der Komplexität durch Fuzzy-Regeln

Die Einführung der linguistischen Variablen und der Fuzzy-Inferenz reduziert die Komplexität und die erforderliche Rechenkapazität (Abb. 8):

- Reduktion der Komplexität: Es sind weniger Regeln notwendig. Bei je 30 scharfen Werten von Abstand, Winkel und Motorleistung gibt es 30x30x30 = 27.000 Möglichkeiten. Bei jeweils unscharfen Werten dieser Variablen gibt es 5x5x5 = 125 Möglichkeiten.
- Reduktion der erforderlichen Rechenkapazität: Es sind weniger Regeln notwendig. Überlagernde Inferenz und nicht Inferenz mit Auswahl "der" einzigen Regel wird angewandt. Symbolisches Pattern Matching wird durch schnelle Max/Min-Entscheidungen ersetzt.

3.4 Fuzzy-Aufzüge

Beispiel: Auswahl der Kabine bei Abwärtsfahrt (Anwendung bei OTIS Elevators, siehe Abb. 9).

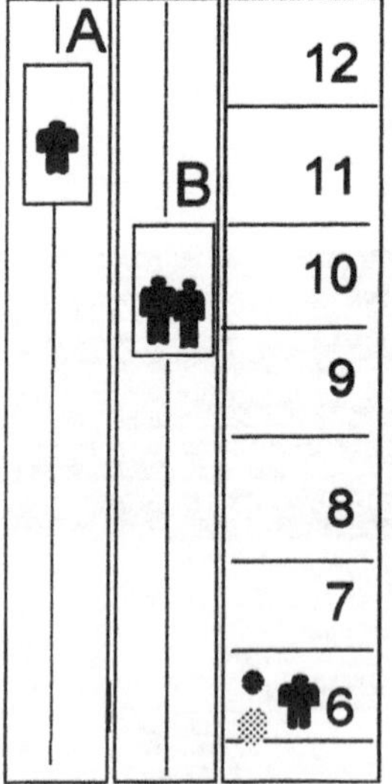

Zwei Fahrstuhlkabinen bedienen zwölf Stockwerke. Beide fahren nach unten. Ein Passagier im 6. Stockwerk ruft einen Fahrstuhl.
Bei scharfen Regeln würde der Computer die Kabine B, die im 9. Stock ist, auswählen, weil sie am nächsten ist.

Fuzzy-Regeln berücksichtigen Faktoren wie die Anzahl der Personen in jeder Kabine und die Nähe zum gewünschten Stockwerk.

Wenn Kabine B vollbesetzt und A nahe ist, dann wähle Kabine A.

Resultat: Kabine A fährt zum 6. Stock.

Anmerkung: Es sind auch Fuzzy-VIP-Regeln eingebaut.

Abb. 9 Anwendung von Fuzzy-Regeln bei Aufzügen

3.5 Fuzzy-Datenanalyse

Mit Fuzzy-Datenanalyse in der Wareneingangskontrolle wurden nur 35% der Lieferungen zur Kontrolle ausgewählt. Darunter befanden sich 99,49% der insgesamt beanstandeten Sendungen (Abb. 10).

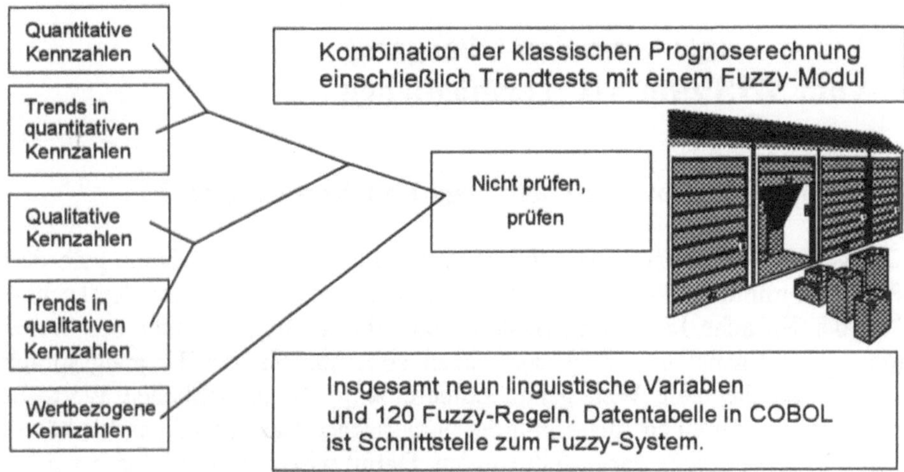

Abb. 10 Fuzzy-Datenanalyse der Wareneingangskontrolle

3.6 Die Anzahl der Fuzzy-Patente in Japan steigt exponentiell an

Fuzzy-Techniken sind in vielen Konsumgütern eingesetzt. Einige Beispiele seien genannt: Mikrowellenöfen, Klimageräte, elektrische Heizöfen, Ölerhitzer, Dampfkochtöpfe, elektrische Heizteppiche, Reiskocher, Staubsauger, Waschmaschinen, Wäschetrockner, Videokameras, Kameras, Futon-Trockner, Kleincomputer.

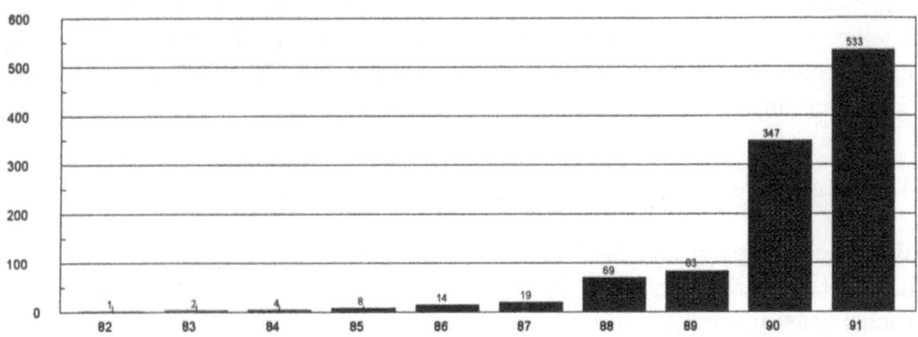

Abb. 11 Fuzzy-Patentanmeldungen in Japan (Quelle OMRON)

Im Automobilbau steht die Nutzung von Fuzzy-Techniken am Anfang. Die Zahl der Anwendungen steigt aber rasch an. Die TIPTRONIC von Porsche und das Automatikgetriebe im neuen VW Passat sind Beispiele. Es gibt aber deutliche Zeichen, daß alle Hersteller intensiv an Fuzzy-Komponenten in vielen Bereichen (Automatikgetriebe, Bremsen, Niveauregelung usw.) arbeiten.

4. Fuzzy Logic kann den Übergang vom MIS zum MUS ermöglichen

4.1 Welche Konzepte der Fuzzy Logic sind die wichtigsten?

Die Welt ist unscharf, daher sollte die zur Lösung einer Aufgabe geforderte Präzision minimiert werden. Die Sprache ist unscharf – im Sinne der Technik. Mit der Sprache kann man Systeme und ihr Verhalten genau beschreiben (nach L.Wittgenstein, der gesagt haben soll, nur mit der Umgangssprache könne man die reale Welt genau beschreiben). Die sprachlichen Werte beschreiben immer einen Ausschnitt der numerischen Basisvariablen. Sie können durch Fuzzy-Mengen dargestellt werden. Damit wird Unschärfe mathematisch beherrschbar. Die unscharfe sprachliche Umgebung und die numerisch scharfe Umgebung werden durch die Prozesse der Fuzzifizierung und Defuzzifizierung verbunden.

4.2 Fuzzy-Datenbanken und Fuzzy-Expertensysteme

Unterstützungssysteme für das Management sollten Fuzzy Logic nutzen. Vielleicht sollten wir unsere scharfen Management-Unterstützungssysteme überdenken. Die Verbindung von Sprache und Zahl, wie sie so genial und erfolgreich in den Fuzzy-Anwendungen genutzt wird, ist die Basis der Fuzzy-Datenbanken und -Expertensysteme. In diesem Bereich wird geforscht, um intelligentere Managemententscheidungen zu erzielen. Die von Systemen in natürlicher, unscharfer Sprache vorgeschlagenen Handlungsalternativen könnten helfen, in der Zukunft die Zahl der Krisen zu senken.

4.3 Einige Fragen und der Versuch, Antworten zu geben

Welchen Nutzen bringt die Fuzzy Logic mir und meinem Unternehmen? Am häufigsten werden schnelle Entwicklungszeit, Robustheit und niedrige Betriebskosten genannt.

Welche Maßnahmen kann ich ergreifen, um die neue Technik zu nutzen? In Zusammenarbeit mit Fachhochschulen und Universitäten Pilotprojekte starten.

Wer soll sich damit beschäftigen? Alle, die sich um die Zukunft des Unternehmens sorgen und bereit sind, neue Wege einzuschlagen.

Wo fängt man am besten an? Bei einer Anwendung, in der man sich einen konsequenten Parallelbetrieb leisten kann, um die Vorteile der neuen Technik zweifelsfrei nachzuweisen.

Benötigt die Technik große Rechnerressourcen? Nein, im Gegenteil.

Ist die Technik auch im Bereich der Großrechner einsetzbar? Ja, die Programmierung von Fuzzy-Systemen ist einfach. Außerdem sind Host-PC-Kopplungen heute weit verbreitet.

In welchen Bereichen gibt es bereits technische Fuzzy-Lösungen? In nahezu allen Bereichen, in denen geregelt wird. Im Bereich der Informationsverarbeitung allgemein ist der Durchbruch bisher nur vereinzelt gelungen.

Wie steht es mit den Ausbildungsmöglichkeiten zu diesem Thema? Es gibt viele Seminare, und in Fachhochschulen und Universitäten gibt es Ausbildungsgänge zur Fuzzy Logic.

Wie steht es in Deutschland mit der Fuzzy Logic? Eine große Bewegung ist von der Fuzzy-Initiative des Landes Nordrhein-Westfalen ausgegangen. An der RWTH Aachen hat sich die Anzahl der Studenten, die sich mit Fuzzy Logic beschäftigen, seit 1991 vervierfacht. Es ist aber noch viel zu tun – besonders nachdem die Ausbildung in Techniken der Künstlichen Intelligenz schon wieder rückläufig ist. In diesem Zusammenhang ist die Mahnung von L. Zadeh wichtig, man müsse den M.I.Q (Maschinen-Intelligenz-Quotienten) steigern, um mit der Zukunft fertig zu werden. Bis zum Jahr 2000, schätzen Experten, werden 20 bis 25 Prozent der Regelungs- und Steuerungsaufgaben in der Produktion mit Hilfe der Fuzzy Logic bewältigt.

5. Nutzen der Fuzzy Logic für Management-Unterstützungssysteme

Die Fuzzy Logic spielt für die neuen Management-Unterstützungssysteme eine zweifache Rolle, die im Rahmen des Reengineerings der Unternehmen und Verwaltungen entstehen.

5.1 Akzeptanz des Prinzips der Komplementarität von Unschärfe und Komplexität durch das Management

Abschaffung von Hierarchien und Verlagerung von Verantwortung nach unten vergrößern den Entscheidungsspielraum der Handelnden und damit die Reaktionsmöglichkeit in komplexen Situationen. Die unternehmerische Ausrichtung auf übergreifende Geschäftsprozesse reduziert die Kontrolle, steigert aber die Qualität und Kundenorientierung der Produkte und Dienstleistungen. Durch Abschaffung formalistischer Regelwerke auf der Basis von strikten Differenzierungen nach Entwicklung, Produktion und Service kann die Produktivität und Kreativität gesteigert werden.

5.2 Anpassung der Genauigkeitsanforderungen der Informationssysteme an die Genauigkeit der Prozesse

Fuzzy-Techniken ermöglichen eine erfolgreiche Beurteilung komplexer Situationen, z.B. der Bonitätsprüfung bei Versicherungen, und bei der Zuordnung von Ressourcen, z.B. durch optimale Investitionsportfolios. Die sich verschärfenden Wettbewerbsbedingungen erfordern mehr Intelligenz, um mit weniger Einsatz mehr zu leisten.

6. Zusammenfassung

Die Anzahl der Einflußfaktoren auf das Management bei seinen Tages-, Jahres- und Mehrjahresentscheidungen ist größer denn je. Trotz der Verfügbarkeit effektiver Informationssysteme zur

- Abwicklung der Transaktionen
- schnellen Kommunikation auf der Basis von Bürokommunikationssystemen
- Durchführung komplexer grafischer Prozeduren im CAD- und Mediabereich

sind effiziente Management-Unterstützungssysteme (MUS) noch selten.

Während es in den operativen DV-Systemen auf Präzision ankommt, ist ein Merkmal erfolgreicher Entscheidungssysteme die *Verarbeitung von Unschärfe*.

Viele Entscheidungen werden anhand von Wenn-dann-Regeln getroffen. Begriffe wie *kleiner, größer, stärker* und *schwächer* usw. sind diesen Systemen unbekannt. Diese Begriffe sind unpräzise, aber angewandt in Entscheidungskalkülen führen sie zu den besseren, ja den richtigen Entscheidungen.

Die Fuzzy Logic bietet die Möglichkeit, durch Unschärfe in den Management-Unterstützungssystemen die optimale Entscheidungsfindung zu erreichen.

Literatur

von Altrock, C.: Fuzzy Logic, Band 1, Technologie, Oldenbourg Verlag, 1993
Bothe: Fuzzy Logic, Springer-Verlag, 1993
Böhme, G.: Fuzzy Logic, Einführung in die algebraischen und logischen Grundlagen, Springer-Verlag, 1993
Kahler, J., Frank, H.: Fuzzy-Logik und Fuzzy-Control, Vieweg Verlag
Kandel, A.: Fuzzy Expert Systems, CRC Press, 1992
Kosko, B.: Neural Networks and Fuzzy Systems, Prentice Hall, 1992
Mayer, A., et al.: Fuzzy Logic, Addison-Wesley, 1993
Meissner, W.: Wie tot ist Schrödingers Katze?, BI Verlag, 1992
Sombe, L.: Schließen bei unsicherem Wissen, Vieweg Verlag, 1992
Tilli, T.: Fuzzy-Logik, Franzis Verlag, 1991
Tilli, T.: Automatisierung mit Fuzzy-Logik, Franzis Verlag, 1992
Tilli, T.: Mustererkennung mit Fuzzy-Logik, Franzis Verlag, 1993
Zadeh, L., et al.: Fuzzy Logic for the Management of Uncertainty, John Wiley & Sons, 1992
Zimmermann, H.-J.: Fuzzy Set Theory and its Applications, Kluwer Academic Publishers, 1991
Zimmermann, H.-J.: Fuzzy Technologien, VDI Verlag, Düsseldorf, 1993
IEEE International Conference on Fuzzy Systems 1992, IEEE, 1992
IEEE International Conference on Fuzzy Systems 1993, IEEE, 1993
International Herald Tribune vom 23.09.93 (OTIS Elevators)

Teil III

Ansätze aus der Praxis (Lösungsbeispiele)

Kennzahlenbasierte Unternehmensführung

Bernd Zielinski

1. Einleitung

Moderne computerunterstützte Systeme steuern betriebliche Abläufe und überwachen industrielle Prozesse; sie vergleichen die Produktivität von Anlagen und Mitarbeitern und sammeln, wenn gewünscht, verschiedene Arten von Informationen von der Produktqualität bis zum internen Schulungsaufwand. Kaum ein Mitarbeiter kann sich heute dieser arbeitsbegleitenden Computersteuerung entziehen, sei es, daß er neue Datenströme für das System erzeugt, sei es, daß er zur periodischen Quittierung aufgefordert wird oder die Auskunftsmöglichkeiten nutzt, um neue Vorgänge starten zu können. Dieses revolutionäre Eindringen der Computersysteme in die betriebliche Praxis machte in den meisten Unternehmen nur vor einer Gruppe halt - der Führung. Zwar sind unzählige Informationssysteme im Einsatz, aber in der Regel nur abteilungsbezogen, mit einer Fülle unterschiedlicher Definitionen im Unternehmen, und wenn es ganz schlimm kommt, dann sind die Daten einzelner Anwendungen nicht aus Datenbanken abrufbar, sondern noch in Programmen der sechziger Jahre versteckt. Derartige Altlasten, verbunden mit der gängigen Vorstellung, die Qualität des Führungsprozesses vertrage keine Einschränkung durch Computersteuerung, verhindern noch eine flächendeckende Einführung von Informationssystemen für das Management. Solange die Intuition einzelner oder das Zahlenwerk der Bereiche einer exakten Stärken-Schwächen-Analyse des Unternehmens gleichkommt, solange besteht auch keine Notwendigkeit zur Veränderung.

2. Unternehmensführung auf der Grundlage von Kennzahlen

Computerunterstützte Systeme für das Management sind auf unterschiedliche Art realisierbar. Unsere Erfahrungen, die bei der Entwicklung eines kennzahlenbasierten Systems zur Unternehmensführung gewonnen wurden, seien im folgenden beschrieben:

Kennzahlen gehören seit jeher zum betriebswirtschaftlichen Handwerkszeug. Aus den früher vorwiegend subjektiv angewandten Kennzahlen der Unternehmensführung – mal absolute Zahl, mal Quotient oder Index – entwickelte die Betriebswirtschaft mit den Jahren Kennzahlensysteme, die heute mittels ergebnis- und/oder liquiditätsorientierter Kennzahlen Planung und Kontrolle ermöglichen. Nach wie vor münden die meisten dieser Systeme in den Return on Investment (ROI), wie er bereits 1919 im DuPont System of Financial Control entwickelt wurde.

So ist es nicht verwunderlich, daß eine Vielzahl der in der Literatur vorgestellten Management-Informationssysteme (CIS für Control, EIS für Executive, MIS etc.) ein betriebswirtschaftliches Kennzahlengerüst beschreiben. So leistungsstark die meisten dieser Systeme auch sein mögen, die Gefahr bleibt, daß das Management nur partiell im Unternehmensführungsprozeß unterstützt wird. Der Führungsprozeß in seiner initiativen, planerischen oder kontrollierenden Funktion ist so vielschichtig, daß die den ROI bildenden Kennzahlen zwar das Ergebnis der Geschäftstätigkeit widerspiegeln, nicht jedoch die eigentlichen Gründe für Erfolg oder Mißerfolg darstellen.

In einer Zeit, in der viele Unternehmen sich der Kundenorientierung verschreiben, muß es möglich sein, einen derartigen Systemansatz *ganzheitlich*, d.h. für das gesamte Unternehmen, zu beschreiben und in die den ROI bildenden Kennzahlen zu integrieren, so daß an der Ertragsorientiertheit des Kennzahlensystems nicht gerüttelt werden muß. An diesem Beispiel soll jedoch deutlich werden, daß als Datenbasis die Datenbestände des gesamten Unternehmens herangezogen werden müssen, wenn wirksame Kennzahlensysteme die Unternehmensführung unterstützen sollen.

Die Unternehmensführung wird sicherlich von niemandem als stichtagsbezogene Aktivität definiert werden. Darum sind an die Kennzahlen qualitative Anforderungen zu richten, damit sie überhaupt als Basis für die Unternehmensführung dienen können. Die statische Aneinanderreihung Hunderter von Kennzahlen trägt sicherlich nicht dem Systemgedanken des Führungsprozesses Rechnung, auch wenn Daten aus relationalen Datenbanken über offene Client-Server-Strukturen zu grafisch orientierten Arbeitsplätzen transferiert werden.

Der Unternehmensführungsprozeß wird im wesentlichen durch die Definition und Koordination von Zielen sowie der Pläne für deren Umsetzung bestimmt. Dabei wird akzeptiert, daß eine exakte Realisierung der Pläne nicht möglich ist, weil es eine Vielzahl externer und interner Einflüsse gibt. Darum ist es notwendig, daß Initialisierung und Kontrolle Bestandteile des Prozesses sind. Das Führungssystem erfährt also in Methodik und Organisation in jedem Unternehmen unterschiedliche Ausprägungen, so daß ein Kennzahlensystem, das unterstützen soll, einem maßgeschneiderten Konzept folgen muß.

Kennzahlen sind zunächst rein numerischer Natur. Der Umsatz wird natürlich als Preis x Menge jedes Auftrages dargestellt, oder der ROI als Umsatzrendite x Kapitalumschlag. In dieser Form lassen sich umfangreiche Kennzahlensysteme als Systeme numerischer Beziehungen definieren, die bei richtiger Auswahl und Zusammenstellung über sämtliche Organisationseinheiten Auskunft erlauben. Doch wenn die so ermittelten Kennzahlen allein auf den Daten des Finanz- und Rechnungswesens beruhen, dann ist allenfalls eine Darstellung der Planabweichung möglich, selten eine Erklärung der Ursachen der Abweichung und nie ein sinnvoller Handlungsvorschlag für die nachfolgenden Planungsperioden.

Bleiben wir bei dem gewählten Beispiel. Natürlich kann ein falsch definierter Preis die Ursache für eine Soll-Ist-Abweichung im Umsatz sein. Aber wo liegt der Marktpreis, und gibt es eine Preiselastizität am Markt, die als Handlungsalternative für die Planung zu berücksichtigen ist? Sind vielleicht zahlenmäßig nicht erfaßte Mängel verantwortlich - mangelnde Qualität oder Imageverlust, Liefer- oder Transportprobleme? Kennzahlen dürfen folglich nur in ihrer Gesamtheit interpretiert werden, und ihre nichtlineare Beziehung untereinander muß verstanden werden. Die Simulationen zum Aufzeigen der Nichtlinearität als Hilfsmittel der Unternehmensführung haben bisher kaum Beachtung in Literatur und betrieblicher Praxis gefunden, obwohl praktisch jeder die Erfahrung machen mußte, daß Jahr für Jahr Pläne und Zielsetzungen nicht eingehalten werden. Dies führt in aller Regel zur Definition neuer Kennzahlen, die angeblich oder tatsächlich eine bessere Feinsteuerung erlauben, oder zu umfangreichen Ursachenanalysen. Zeitgemäße Management-Informationssysteme bieten dafür eine Lupenfunktion, mit deren Hilfe sekundenschnell etwa die Artikel herausgefiltert werden, die den fehlenden Umsatz der Vorperiode erklären können.

3. Anforderungen an ein kennzahlenbasiertes Unternehmensführungssystem

Die Kennzahlensysteme müssen das gesamte Unternehmen in seinen internen und externen Beziehungen ganzheitlich umfassen und für die Folgeperioden Handlungshinweise liefern. Dieser Anspruch könnte kaum größer gewählt werden, aber in ihm kommt der Wille zum Ausdruck, ein kennzahlenbasiertes Unternehmensführungssystem zu nutzen und nicht ein System zur Mitarbeiterüberwachung, zur Produktivitätsmessung oder ähnlicher eingeschränkter Zielsetzungen.

Die Frage nach dem Ziel, das durch das System unterstützt werden soll, erscheint trivial. Und doch entscheiden sich hier das nicht unerhebliche Budget, die Dauer der mehrjährigen Entwicklungszeit, der Wille des Managements, das neue System auch zu nutzen (was häufig etwas mit Disziplin zu tun hat), und der Grad der Integration der vorhandenen DV-Systeme (ein Vorgang, der Abteilungsgrenzen überspringt und insofern nicht nur Freude auslöst). Wenn jedoch die Organisation, wie bereits ausgeführt, vom Führungssystem abhängt, so wird es selbstverständlich, daß dieser Prozeß neue, eben ganzheitliche, an Geschäftsprozessen ausgerichtete Organisationsformen mit sich bringen kann und eigentlich auch muß.

Damit bekommt die Einführung einer kennzahlenbasierten Unternehmensführung, mit welcher Zielsetzung auch immer, eine *strategische Dimension* und sprengt den Rahmen einer einfachen Darstellung von Soll-Ist-Vergleichen. Die informationstechnische Revolution der letzten Jahre führte in vielen Unternehmen zu Informationssystemen, die bereichs- oder gar abteilungsbezogen sind. Die relativ einfachen Zugriffe zu Datenbeständen, verbunden mit der schnell wachsenden Intelligenz der Arbeitsplätze, ließen Abteilungsanwendungen entstehen, die anschließend nur mühsam in das Gesamtsystem zu integrieren waren, ohne daß sich unterschiedliche Datendefinitionen oder Kennzahleninterpretationen vermeiden ließen. Es ist müßig, in dieser Situation die Schuldfrage zu stellen. Tatsache ist, daß kaum ein Unternehmen sich von einem bestimmten, historisch gewachsenen Datenchaos freisprechen kann, das im Rahmen der Entwicklung eines Management-Informationssystems mittels Datenmodellierung bereinigt werden muß.

Diese Idee ist nicht selbstverständlich, vor allem da sie einen langwierigen und damit teuren Prozeß auslöst, dessen Nutzen im Unternehmen nicht unmittelbar eingesehen wird, der aber die Kapazitäten der DV stark bindet. Ausgangspunkt der Modellierung ist die Einsicht, daß eine *unternehmensweite Datenbasis,* unabhängig von möglichen Anwendungen, weitestgehend konstant ist und insofern weder einzelne Prozesse noch ganzheitliche Zusammenfassungen, etwa in einem MIS, behindert. Naturgemäß kann die Forderung nach Datenmodellierung nicht gleichzeitig zu einer Neuinstallation aller verwendeten Applikationen führen. Trotz aller Aufwände wird eine separat modellierte Datenbasis für MIS-Zwecke zu führen sein.

4. Schrittweise Realisierung

Damit lassen sich als Zwischenergebnis auf dem Weg zur Einführung eines kennzahlenbasierten MIS die folgenden, unbedingt notwendigen Schritte festhalten:

- Zielsetzung: Was soll mit dem System erreicht werden?
- Definition des Integrationsgrades: Inwieweit soll die vorhandene Organisation, etwa im Sinne der Geschäftsprozeßorientierung, berührt werden?
- Datenmodellierung: Soll eine unternehmensweit geltende, gemeinsame Datenbasis entwickelt werden?

Damit sind die Voraussetzungen für das zu erstellende MIS-Konzept geschaffen, und die Auseinandersetzung mit Anzahl, Inhalt und Definition der gewünschten Kennzahlen kann beginnen. Allgemeingültige Regeln helfen hierbei nicht weiter, da – wie ausgeführt – der Führungsstil durch die Entscheidungsträger definiert wird und insofern der Wert einzelner Kennzahlen oder Kennzahlensysteme individuell beurteilt wird.

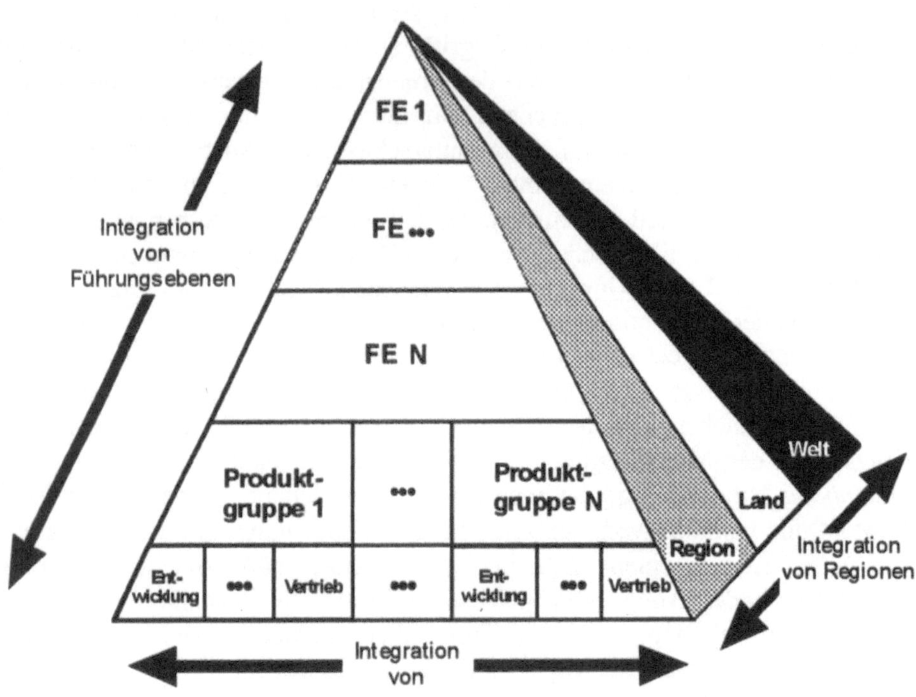

Abb. 1 Integration operativer, finanz- und betriebswirtschaftlicher Informationen

Ein global operierendes Industrieunternehmen wird einen Ausgangspunkt nach Art der Abb. 1 wählen. Die vorgestellte Form erfordert Kennzahlen, die iterativ bestimmte betriebliche Parameter regional oder nach Geschäftsbereichen und Funktionen integrieren und die Ergebnisse je nach Informationsbedarf zur Verfügung stellen. Die Aggregation weist, wie in Abb. 2 gezeigt, Liquidität, Rentabilität und Wachstum der Einzelelemente aus. Dabei soll die Pfeilrichtung nur die Aggregationsrichtung aufzeigen; das System selbst muß dem Benutzer, wo immer gewünscht, den Weg abwärts zum Detail ermöglichen.

Dieser Weg führt zunächst zwangsläufig in die Welt des Finanz- und Rechnungswesens (Abb. 3), um von dort bei weiterer Detaillierung in den Bereich der internen und externen Komplexität (Abb. 4) vorzustoßen. Die Kennzahlen sind austauschbar – je nach Branche oder Geschmack. Nicht alle Elemente müssen im ersten Realisierungszeitraum präsent sein. Nur: Im Konzept kann der Rahmen gar nicht weit genug gefaßt sein, da sich die Forderungen nach Interdependenz und immer weiter gehender Detaillierung während der Arbeit mit dem System automatisch einstellen und dann zu Hilfslösungen führen würden.

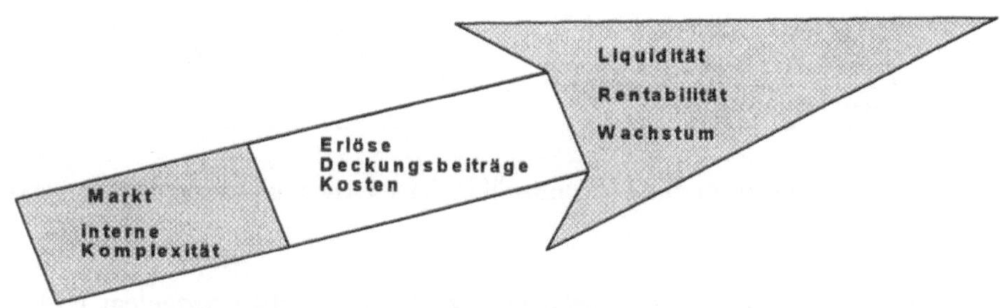

Abb. 2 Liquidität, Rentabilität und Wachstum der Einzelelemente

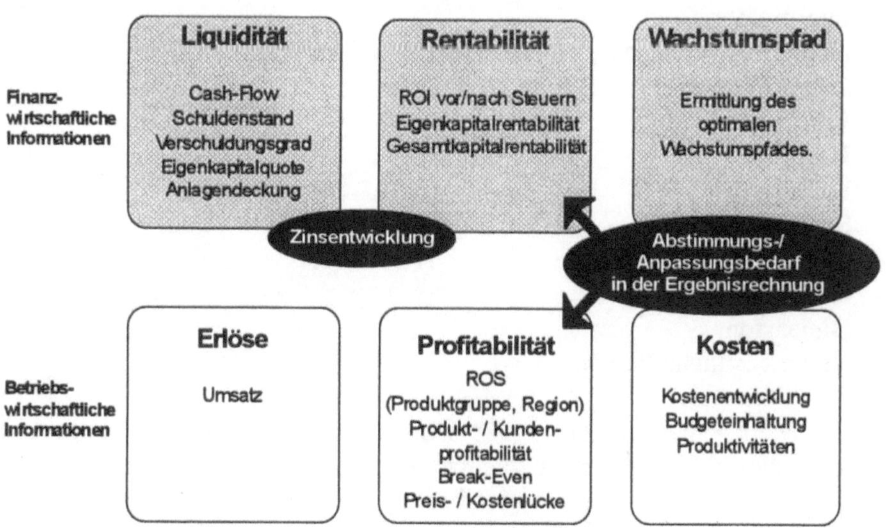

Abb. 3 Decision-Accounting-Kennzahlen

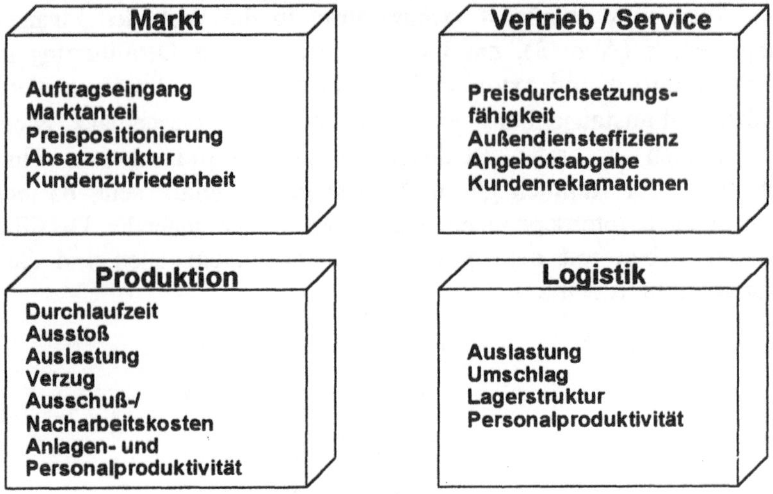

Abb. 4 Decision Accounting - Kennzahlen der internen und externen Komplexität

Die Kennzahlen selbst müssen mit den Fachbereichen festgelegt und, um möglichen Fehlinterpretationen vorzubeugen, für die folgenden Parameter gemeinsam dokumentiert werden:

- Beschreibung
- Interpretation
- Abgrenzung zu anderen/ähnlichen Kennzahlen
- Zweck/Nutzen
- Erhebungsumfang
- Kategorie
- Frequenz
- Schwellenwert
- Form
- Rechenformel
- Dimension
- Verantwortliche Person.

Ein Management-Informationssystem unterliegt wie ein Führungssystem systemtechnischen Gesetzmäßigkeiten. Soll das eine Hilfsfunktionen für das andere ausführen und will es gleichzeitig allen Interdependenzen Rechnung tragen, so wird es bei vorhandenen Organisationspyramiden mit vordefiniertem Oben und Unten zwangsläufig an seiner Komplexität zusammenbrechen, da sich praktisch alle Elemente mehr oder weniger intensiv beeinflussen.

Die Erkenntnis der Systemtheorie ist, daß lebendige Systeme trotz wachsender Komplexität dadurch Stabilität gewinnen, daß sie Subsysteme bilden, deren interne Relationen komplex und deren Beziehungen zu anderen Subsystemen durch wenige, ausgewählte Beziehungen definiert sind. Manche Unternehmen übertragen diese Erkenntnis auf ihre Organisationsform. Umstrukturierungen nach Geschäftsbereichen und Leistungszentren, aber auch der Outsourcing-Boom sind ein beredtes Beispiel, bei dem es nur vordergründig um Kostensenkung, im Hintergrund jedoch um nicht beherrschbare Komplexität geht.

Die Zerlegung von Unternehmen in kleinere, quasiautonome Einheiten mit wenigen ausgewählten Beziehungen und entsprechenden Kennzahlen schafft eine neue Qualität und Quantität der Eignung von Kennzahlensystemen für die Unternehmensführung. Ihre Beziehungen eignen sich für die Entwicklung regelbasierter Informationssysteme, während die Masse der Kennzahlen aus dem gemeinsamen Datenpool dorthin verschwindet, wo sie hingehört: in die Hand der Zuständigen. Und dort ist die Kennzahl notwendige Basis des eingesetzten Management-Informationssystems.

5. Zusammenfassung

Damit lassen sich die Erfahrungen mit einem in mehrjähriger Arbeit erstellten kennzahlenbasierten System für die Unternehmensführung wie folgt zusammenfassen:

- Ohne eindeutige Zieldefinition wird ein MIS zum Zahlenfriedhof.
- Ein Informationssystem löst keine Probleme, es zeigt sie bestenfalls auf; aber ohne ein derartiges System verbleibt nur die Intuition.
- Nur die Akzeptanz aller Beteiligten bringt den gewünschten Nutzen.
- Weder die Überfrachtung mit Zahlenkolonnen und Graphiken, noch die Beschränkung auf eine Zauberformel hilft den Beteiligten.
- Kennzahlen sind Funktionen von Parametern, und nur das Aufzeigen aller Interdependenzen unter Einschluß der historischen Entwicklung wie auch der Simulation der zukünftigen Erwartung bewirkt einen intelligenten Umgang mit dem System.

Literatur

Malik, F.: Management-Systeme, Die Orientierung Nr. 78, 1981
Miksch, K.: Der Nutzen steckt im Design, Diebold Management Report Nr. 11.91

Erst ein Berater macht ein MIS zu einem Management-Unterstützungssystem

Dieter Kempf

1. Einleitung

Die Qualität entscheidungsrelevanter Information wird immer mehr zu einem zentralen Erfolgsfaktor bei der Unternehmensführung. Die Erfahrungen mit Management-Informationssystemen haben aber gezeigt, daß sich dieser Informationsbedarf mit DV-technischen Mitteln allein nicht befriedigen läßt. Ziel dieser Ausführungen ist es zu zeigen, daß es sich bei der Weiterentwicklung vom Informationssystem zum Unterstützungssystem um einen Qualitätssprung handelt, der durch Einbeziehen einer unabhängigen Beratung gezielt erreicht wird. Insbesondere in mittelständischen Unternehmen müssen Berater die Fülle unüberschaubarer Informationen bündeln, Freiräume für strategische Planungen schaffen und eine zu starke eigenbetriebliche Orientierung durch gesamtwirtschaftliche Erfahrungen, Heuristiken und Methodologien ersetzen. Die DATEV eG als DV-Dienstleister für den steuerberatenden Beruf unterstützt dabei durch ein breites Angebot an Informationssystemen für alle Unternehmensebenen. Anhand eines konkreten Beispiels wird gezeigt, wie eine unternehmerische Entscheidung durch einen sachkundigen Berater mit Hilfe der DATEV-Werkzeuge vorbereitet und unterstützt werden kann.

Die Globalisierung der Märkte, der Abbau von Handelsschranken, das verstärkte Auftreten neuer Wettbewerber, die Verkürzung der Produktlebenszyklen bei gleichzeitig steigender Komplexität und Zeitdauer der Entwicklungsaufwendungen sowie viele andere Gründe mehr zwingen die Unternehmen in einen zunehmend schärferen Wettbewerb. Rezepte, um in diesem Wettbewerb bestehen zu können, lassen sich in jeder Tageszeitung nachlesen. So wird z.B. Kajo Neukirchen in DIE WELT unter der Überschrift "Plädoyer für mehr Flexibilität" mit den Worten zitiert: "Die Firmen benötigen schnelle Reaktionen auf Veränderungen, konsequente Entscheidungen und klare Zielsetzungen. Innovation und Effizienz müßten sich verbessern, damit die Wirtschaft wieder wächst." [DIE WELT, 24.11.93, S. 14]

Schnelle Reaktion auf Veränderungen setzt ein Instrumentarium voraus, das der Unternehmensleitung Änderungen im Unternehmensumfeld und innerhalb des Unternehmens so zeitnah signalisiert, daß sich aus geeigneten Maßnahmen ein Wettbewerbsvorteil ergibt.

Die Qualität entscheidungsrelevanter Information wird damit zu einem der wesentlichen Erfolgsfaktoren bei dem Bemühen um Steigerung der Effizienz und Produktivität des gesamten Unternehmens. Langfristig bedeutet dies neue Kommunikations- und Organisationsformen, wie sie auch unter dem Schlagwort "Lean-Organisation" diskutiert werden. Ziel ist das kundenorientierte, flexible, schlanke Unternehmen, in dem die "unproduktiven" Mitarbeiter zu "produktiven" Teams gemacht werden und in dem ein Informations- und

Kommunikationssystem einen hohen Informationsstand und die schnelle Umsetzung von Entscheidungen gewährleistet [1].

Diese idealtypische Unternehmensform läßt sich zwar schrittweise erreichen, der mit der Rezession verbundene hohe Kostendruck zwingt die Unternehmen jedoch zu kurzfristig wirksamen Maßnahmen. Deshalb wird ein Abbau von "unproduktiven" Mitarbeitern in den zentralen Funktionen unausweichlich. Gerade dort – in den Stäben zur Unterstützung der Unternehmensleitungen – ist aber in vielen Unternehmen die Beschaffung und Aufbereitung entscheidungsrelevanter Informationen angesiedelt.

Nach anfänglicher Euphorie über DV-gestützte Management-Informationssysteme in den 70er Jahren haben wir heute die Situation, daß ein aufwendiges Berichtswesen regelmäßig eine Papierflut im Unternehmen auslöst, daß aber entscheidungsrelevante Informationen durch die vielfältigen Verdichtungsstufen häufig auf der Strecke bleiben. Entscheidungen werden deshalb durch situative Anfragen gestützt, die individuell durch Stabsstellen bearbeitet werden.

Die Unternehmensführung steht also vor dem Dilemma, daß zwar zunehmend entscheidungsrelevante Informationen benötigt werden, daß sich aber das Unternehmen die aufwendige Informationsaufbereitung in den Stäben nicht mehr leisten kann. Wir brauchen deshalb eine neue Klasse von Informationssystemen, die in der Lage sind, hochwertige Informationen zum richtigen Zeitpunkt zur Verfügung zu stellen. Dies ist kein DV-technisches Problem, insbesondere kein Problem von Rechen- oder Speicherkapazitäten, sondern ein qualitatives Problem. Dabei kommt sowohl bei der Gestaltung geeigneter Unterstützungsysteme als auch bei der Interpretation der Ergebnisse einer unabhängigen Beratung besondere Bedeutung zu.

2. Von MIS zu MUS

Die Erfahrungen mit Management-Informationssystemen (MIS) haben es gezeigt: Das Sammeln und Verdichten großer Informationsmengen, die Gestaltung der Benutzeroberfläche und das ansprechende Aufbereiten von Informationen stellt mit den heutigen Anlagen kein technisches Problem mehr dar. Es zeigt sich jedoch, daß die quantitative Aufbereitung gespeicherter Daten keinesfalls ausreicht. Es kommt, und dies in zunehmendem Maß, auf die Qualität der verarbeiteten Daten und der daraus aufbereiteten Informationen an. Ein erfolgreiches Management-Unterstützungssystem (MUS) zeichnet sich dadurch aus, daß es die richtigen Informationen zum richtigen Zeitpunkt dem richtigen Adressaten vermittelt.

Wie aber kommen wir zu einem solchen Management-Unterstützungssystem? Wir betrachten zunächst die in der Fachliteratur reichlich vorhandenen Ansätze, die allein in der englischsprachigen Literatur in einem Zeitraum von zehn Jahren in mehr als 1000 Überblicksartikeln gewürdigt wurden. Statt einer reinen DV-Lösung postulieren wir hingegen nach einer Analyse der Ausgangssituation in den Unternehmen ein Modell eines MUS, das alle Einflußfaktoren berücksichtigt.

2.1 Überwindung von Akzeptanzproblemen durch neue Begriffe oder Qualitätssprung?

Besonders in der betrieblichen Informatik und der Managementlehre werden wir alle mit Anglizismen reichlich bedacht. Nicht immer wird durch einen neuen Begriff auch eine neue technische oder betriebswirtschaftliche Dimension erschlossen oder erläutert. So manches Mal kann man sich des Eindrucks nicht erwehren, daß die Sucht nach neuen Akronymen (die sich in der englischen Sprache offenbar leichter bilden lassen) die Triebfeder bei der Erfindung neuer Begriffe war. Was ist nun ein EIS (Executive Information System), ein DSS (Decision Support System), ein ESS (Executive Support System) oder ein MUS (Management-Unterstützungssystem) verglichen mit einem MIS (Management-Informationssystem)? Ist es alter Wein in neuen Schläuchen zur Überwindung einer Akzeptanzkrise, in die nach der anfänglichen Begeisterung für MIS der 70er Jahre jeder geriet, der im Dschungel der Datenfriedhöfe mehr Zeit mit der Orientierung als mit der Interpretation der Daten verbrachte? Oder steckt hinter den neuen Begriffen wirklich ein Qualitätssprung in der Aufbereitung entscheidungsrelevanter Daten?

Diese Unsicherheit ist eine der Ursachen dafür, daß die Begeisterung für die Einführung von Informationssystemen spürbar nachgelassen hat. Die Situation läßt sich in etwa vergleichen mit dem Expertenstreit über die beste Methode zur Software-Entwicklung und das die favorisierte Methode am besten unterstützende CASE-Werkzeug [2]. Ed Yourdan, einer der profiliertesten Vertreter der strukturierten Methoden, bemerkt dazu, daß die CASE-Hersteller und deren Anwender heute Millionen investieren müssen, wenn Sie neue Methoden (z.B. Objektorientierung) einführen wollen. Früher hätten er und seine Kollegen in vier Wochen nur ein neues Buch schreiben müssen, um dasselbe zu tun [3].

Wie beim Software-Engineering leisten neue Methoden und Technologien wie objektorientierte Datenbanken, künstliche Intelligenz und Fuzzy Logic einen Beitrag zur Lösung von Detailproblemen. Parallel dazu erhöht sich auch die Anzahl verfügbarer Werkzeuge, die dem Anwender zur Verfügung stehen. Der große Durchbruch ist mit technischen Mitteln und Werkzeugen alleine bisher jedoch nicht gelungen. Der Qualitätssprung zum Management-Unterstützungssystem ist deshalb nur durch Berücksichtigung und Anpassung aller

Einflußfaktoren zu schaffen. Dazu soll im folgenden zunächst die Ausgangssituation in den Unternehmen betrachtet werden.

2.2 Ausgangssituation in den Unternehmen

Die Ausgangssituation ist in den meisten Unternehmen durch gleichartige Problemstellungen gekennzeichnet. Eine in der Regel historisch gewachsene Begriffswelt, gekennzeichnet durch Unschärfen und Redundanzen, führt zu einer Vielzahl von Verständigungsproblemen im Unternehmen. So ist es nicht selten, daß der Begriff "Kunde" in den Unternehmen in vielfältiger Definition mit unterschiedlichen Merkmalsausprägungen (Attributen) verwendet wird.

Hinzu kommt, daß die Semantik identischer Begriffe oftmals von Abteilung zu Abteilung völlig unterschiedlich sein kann. Ein "guter Kunde" kann aus Sicht des Vertriebs durch hohe Umsätze, aus Sicht der Kostenrechnung durch einen hohen kundenbezogenen Deckungsbeitrag oder aus Sicht der Buchhaltung durch pünktliche Bezahlung fälliger Rechnungen charakterisiert sein. Bereits hierbei wird deutlich, daß die Antwort auf die Frage nach einem "guten Kunden" je nach Zeitpunkt der Fragestellung und Aufgabenbereich des Antwortenden recht unterschiedlich ausfallen kann.

Hinzu kommt ein ganz schwerwiegendes Problem der Datenbereitstellung durch operative Ebenen: Es besteht eine Neigung, nur abgesicherte Daten als Information an die hierarchisch darüber liegenden Ebenen weiterzureichen. Dies wiederum geht jedoch in jedem Fall zu Lasten der Aktualität der weitergereichten Information. Der Vergleich mit dem Bild des Sternenhimmels einer klaren Winternacht drängt sich auf: Dem Betrachter erscheint alles deutlich und klar, es ist nur leider Lichtjahre alt.

2.3 Anforderungen an ein Management-Unterstützungssystem

Ein wirkungsvolles MUS muß in der Lage sein, entscheidungsrelevante Daten für alle betrieblichen Ebenen zur Verfügung zu stellen. Beste Voraussetzung hierfür ist ein unternehmensweites Datenmodell, das möglichst redundanzfrei sein sollte. Hinzu kommen noch weitere Anforderungen wie z.B.:

- alle Ausgangsdaten müssen exakt und zeitnah erfaßt werden,
- die Qualität interner Datenbestände ist durch regelmäßige Kontrolle sicherzustellen,
- interne Informationen sind, wo immer möglich, durch externe Informationen zu ergänzen,

- die Informationen müssen jederzeit aktuell und mit einer einheitlichen Begriffswelt für alle Ebenen zur Verfügung stehen,
- situative Analysen und deren Vor-Interpretation müssen jederzeit möglich sein,
- die Interpretation muß die strategischen und operativen Unternehmensziele berücksichtigen.

2.4 Modell eines Management-Unterstützungssystems

Ausgehend von einer einheitlichen Datenbasis bietet ein MUS Informationen für alle betrieblichen Entscheidungsebenen. Wichtig ist, daß die Informationen in einem Bottom-up-Verfahren gebündelt oder verdichtet werden können, wobei die Art der Bündelung oder Verdichtung von den Unternehmenszielen und den Informationsbedürfnissen der jeweiligen Adressatenebene vorgegeben sein muß. Umgekehrt muß der Top-down-Ansatz jederzeit eine Atomisierung der gebündelten Daten ermöglichen.

Idealerweise ist ein so aufgebautes Modell in der Lage, die Informationsbedürfnisse jeder betrieblichen Ebene mit den dort jeweils spezifischen Fragestellungen zu befriedigen. Unterteilt man die Adressaten eines betrieblichen Informationssystems einmal in grober Vereinfachung in eine operative, eine dispositive und eine strategische Ebene, dann läßt sich sehr schnell verdeutlichen, welchen unterschiedlichen Informationsbedürfnissen ein derartiges Informationssystem Rechnung tragen muß.

Auf der operativen Ebene steht die Nachfrage nach Informationen zu einzelnen betrieblichen Sachverhalten mit der Zielsetzung der korrekten Erfassung, der Auskunftsfähigkeit und der Kontrolle einzelner Geschäftsvorfälle im Vordergrund.

Bereits auf der dispositiven Ebene müssen verschiedene Verdichtungsschemata und daraus resultierende Kennzahlen zur Verfügung gestellt werden, um das Datenvolumen überschaubar zu halten. In vielen Fällen wird man sich hier bereits mit Abweichungsanalysen bescheiden müssen. Die Reduzierung der aufbereiteten Information auf ein Exception-, Highlight- oder Benchmark-Reporting hilft dem Betrachter, sich auf die wesentlichen Informationsteile zu konzentrieren. Zusätzlich ist die Anreicherung des aktuellen Zahlenmaterials mit Vergangenheitsvergleichen, Trend- oder Prognoserechnungen und auch mit unternehmensexternen Daten nahezu zwingend erforderlich. Wie könnte beispielsweise ein Finanzdisponent eines Unternehmens kurzfristig verfügbare liquide Mittel unterschiedlicher Währungen möglichst ertragreich anlegen, ohne exakte Informationen über den aktuellen Bestand dieser Mittel, die im Dispositionszeitraum zu erwartenden Zahlungsströme, aktuelle Zinssätze für Tagesgelder und Terminanlagen etc. zu haben?

Auf der strategischen Ebene eignen sich Verdichtungsschemata und Kennzahlensysteme allenfalls noch für die Fernüberwachung und Kontrolle des Ist-Zustandes des Unternehmens. Die Vorbereitung strategischer Entscheidungen braucht die zielgerichtete, situationsbezogene Analyse. Sie braucht deshalb den zwingenden Vergleich mit den jeweiligen Unternehmenszielen, den Abgleich an den strategischen Erfolgsfaktoren des Unternehmens und die Anreicherung mit externen Daten. Die Kenntnis entscheidungsrelevanter Rahmenbedingungen, wie z.B. Branchenkennzahlen, allgemeine Wirtschaftsdaten bzw. -indikatoren, Mitbewerbsanalysen und vieles andere mehr, tritt nahezu gleichberechtigt neben die profunde Kenntnis der Situation des eigenen Unternehmens.

3. Die Rolle des Beraters beim Einsatz eines Management-Unterstützungssystems

3.1 ... bei der Einrichtung eines MUS

Bereits bei der Einrichtung eines MUS empfiehlt sich die Einschaltung eines möglichst unabhängigen Beraters. So zeigt sich in vielen Fällen ein Ausgangsproblem bereits darin, aus der Informationsnachfrage einen objektivierten Informationsbedarf abzuleiten und diesen mit dem vorhandenen oder zu schaffenden Informationsangebot zur Deckung zu bringen.

Die Erfahrung bei der Einführung betrieblicher Informationssysteme zeigt immer wieder, daß ein klar und eindeutig definierter Informationsbedarf eher bei operativen und an der Gegenwart orientierten Fragestellungen vorgefunden wird. Je zukunftsorientierter die Aufgabenstellung der Managementebene, desto häufiger findet man nur sehr unklare und häufig wechselnde Vorstellungen über Art und Umfang der Informationsnachfrage. Hier können die Dienste eines externen und neutralen Beraters mit Erfahrung in der Einführung von MUS von großer Bedeutung sein. Es wäre ein grober Fehler, bei der Gestaltung des Datenmodells nur jene Daten zu berücksichtigen, für die ein fest definierter Informationsbedarf vorliegt. Die Nichtakzeptanz des MUS durch das Management wäre die zwangsläufige Folge.

3.2 ... bei der Vervollständigung der Daten

In vielen Fällen wird sich erst in der betrieblichen Praxis herauskristallisieren, daß die gewählte Datenmodellierung nicht jeden Informationsbedarf befriedigen kann. Die Aufgabe des Beraters ist es dann, die fehlenden Informationen zu beschaffen und wenn möglich dafür Sorge zu tragen, daß das Informationsangebot für künftige Zwecke entsprechend erweitert wird. Der erfahrene Berater hat zudem den Vorteil des erheblich besseren Zugangs zu externen Informationsquellen.

Nicht zuletzt kann der Einsatz eines Beraters zur Beschaffung von ergänzenden Informationen auch aus Gründen der Vertraulichkeit geboten sein. Dies gilt dann, wenn die Nachfrage nach ergänzender Information im Kontext mit dem Wissen um bereits vorhandene Information einen Hinweis auf beabsichtigte Vorhaben oder Zukunftsplanungen gibt. Aus Gründen der innerbetrieblichen Geheimhaltung kann es deshalb hilfreich sein, diese zusätzlichen Informationen, völlig aus dem Zusammenhang gelöst, von einem externen Berater liefern zu lassen.

Man kann sich derartige Situationen an einem Beispiel leicht verdeutlichen: Ein MUS enthalte auch wesentliche Informationen über Mitbewerber, wie z.B. Umsatz- und Finanzkennzahlen, Marktanteilsberechnungen, Produktinformationen etc. Zum Zeitpunkt x wird durch Beauftragung innerhalb des Unternehmens die Information über die Struktur der Kapitaleigner *eines* dieser Mitbewerber nachgefragt. Als zwangsläufige Folge bringt eine derartige Anfrage die unternehmensinterne Gerüchteküche zum Kochen.

3.3 ... bei der Interpretation der Daten

Die Interpretation der Daten ist der vermutlich wichtigste Schritt der Nutzung eines MUS. Die "richtige" Interpretation der Daten erfordert eine vollkommen wertneutrale Analyse der vorhandenen Daten, die mit dem betrieblichen Zielsystem verknüpft werden muß, damit aus ihr die notwendigen Entscheidungen abgeleitet werden können. Dabei kommt der vorurteilsfreien Analyse eine große Bedeutung bei. Die Daten dürfen nicht durch Verknüpfung mit Bereichsinteressen "vorinterpretiert" werden. In dieser Funktion spielt der Berater die wichtige Rolle des Moderators, der subjektive Einflußfaktoren bei der *Analyse* der Daten aufdeckt und unterbindet, jedoch die objektive, unternehmensbezogene *Interpretation* der Daten moderierend unterstützt.

4. Die besondere Aufgabenstellung des Beraters im mittelständischen Unternehmen

Die besondere Problemstellung im mittelständischen Unternehmen ist häufig dadurch gekennzeichnet, daß aufgrund beschränkter personeller Ressourcen ein Großteil des Führungspotentials in der Bewältigung operativer Aufgabenstellungen gebunden ist. Vielfach ist der mittelständische Unternehmer auch der absolute Fachmann in allen technischen Fragen des eigenen Produktions- oder Dienstleistungsspektrums. Auch dies fördert natürlich die Orientierung an operativen Problemen zu Lasten der Beschäftigung mit strukturellen oder strategischen Aufgabenstellungen. Es verstellt den Blick für Änderungen der Markt- und Wettbewerbsgegebenheiten, die sich aufgrund vielfältiger Ursachen weit dynamischer verändern, als dies in der Vergangenheit der Fall war. Zur Aufarbeitung der Informationsfülle und ihrer Umsetzung in strategische Orientierung fehlt die Zeit und oftmals auch die Bereitschaft zur Investition. Nicht zuletzt sind die im mittelständischen Unternehmen vorgefundenen Informationssysteme in ihrer historischen Entwicklung weit mehr auf starre EDV-Orientierung denn auf betriebswirtschaftliche Problemlösung ausgerichtet.

Dem Berater kommt deshalb gerade im mittelständischen Unternehmen eine besondere Funktion zu: Er muß betriebswirtschaftliche Erkenntnisse in die Unternehmenspraxis umsetzen, die Fülle unüberschaubarer Informationen bündeln, zeitliche Freiräume für strategische Planungen schaffen, eine zu starke eigenbetriebliche Orientierung durch gesamtwirtschaftliche Erfahrungen, Heuristiken und Methodologien ersetzen. Der Berater kann die im Mittelstand vorhandene Management-Lücke ausfüllen [4].

5. Die Rolle der DATEV eG als Lieferant von MIS für den Mittelstand

Die DATEV eG wendet sich mit ihrem Dienstleistungsangebot ausschließlich an Angehörige des steuerberatenden Berufes. Die angebotenen Produkte und Dienstleistungen orientieren sich deshalb primär an jenen Aufgabenbereichen, die dem steuerberatenden Beruf als Vorbehaltstätigkeiten und vereinbarte Tätigkeiten im Rahmen des Steuerberatungsgesetzes erlaubt sind. Zum Kernbereich der letzteren Tätigkeiten zählt zweifelsfrei die betriebswirtschaftliche Beratung der betreuten Mandanten. Insbesondere im mittelständischen Bereich wird der überwiegende Anteil externer betriebswirtschaftlicher Beratung durch Angehörige der steuerberatenden Berufe erbracht. Daraus wiederum ergibt sich die Orientierung der von DATEV angebotenen Management-Informationssysteme am Bedarf der mittelständischen Wirtschaft.

Das Angebot an Informationssystemen bietet Lösungen für die operative, die dispositive und die strategische Unternehmensebene. Allen Angeboten ist gemeinsam, daß sie die sachkundige ergänzende Beratung und Interpretation durch den der DATEV angeschlossenen Steuerberater als nahezu zwingendes Element mit vorsehen. Der überwiegende Teil des Angebots basiert in seinen Ausgangsdaten auf den im Rahmen einer Finanzbuchhaltung erfaßten Geschäftsvorfällen. Dies alleine kann selbstverständlich keine ausreichende Datenbasis für ein wirkungsvolles MUS bilden. Es werden deshalb darüber hinaus auch weitere Systeme angeboten, die zusätzliche Datenquellen zur Verfügung stellen oder in die Analyse mit einbeziehen. In der Praxis werden auch Modelle eingesetzt, die eine Integration von DATEV-FIBU-Daten in eigenkonzipierte Informationssysteme ermöglichen.

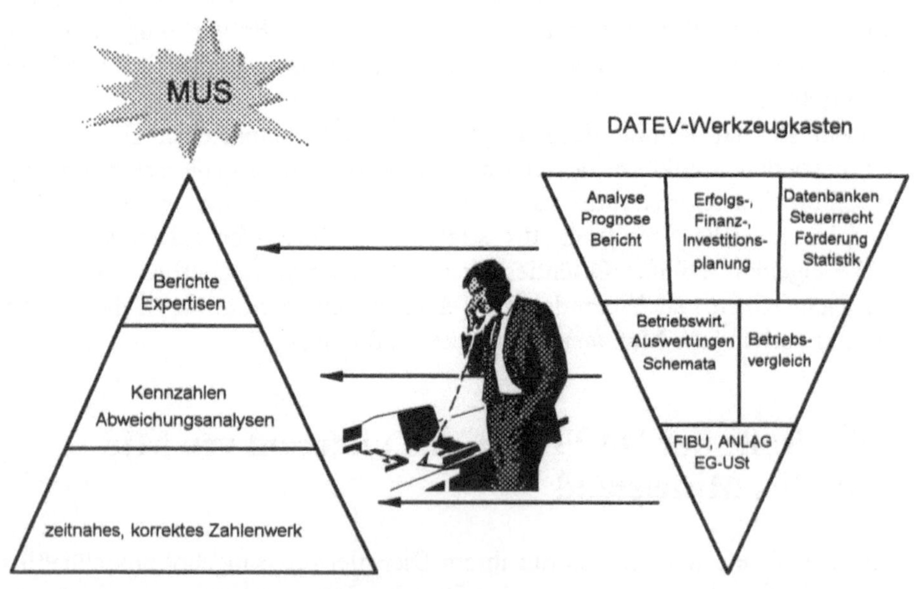

Abb. 1 Anwendung der DATEV-Werkzeuge

Die nachfolgend aufgezeigten Beispiele bereits vorhandener oder in Entwicklung befindlicher Informationssysteme sollen einen kurzen Überblick über diese Möglichkeiten geben.

5.1 Informationssysteme für die operative Ebene

Neben den betriebswirtschaftlichen Standardauswertungen, wie z.B. Kontenanalysen, Kostenartenanalysen und Kostenstellenanalysen, stehen für Entscheidungen dieser Ebene bereits Expertensysteme, wie z.B. ein Expertensystem zur Beurteilung umsatzsteuerlicher Sachverhalte bei innergemeinschaftlichen Geschäftsvorfällen, zur Verfügung. In einem maximal neunstufigen Abfrageprozeß wird der sachkundige Anwender von der Definition des Sachverhalts bis zur umsatzsteuerlichen Würdigung des Geschäftsvorfalls geführt und erhält hierüber eine automatisch erstellte Expertise.

Ein einfaches Beispiel verdeutlicht die Anwendung dieses Informationssystems:

Ausgangssituation:

Ein Freiburger Elektrohandel verkauft einem Straßburger Landwirt einen Kühlschrank. Dieser weist beim Kauf keine Umsatzsteuer-Identifikationsnummer vor. Die Lieferung erfolgt durch den Verkäufer.

Aufbereitung der Sachverhalts (Anwendereingaben sind kursiv dargestellt):

Bei der Lieferung des Kühlschranks handelt es sich um eine *innergemeinschaftliche Lieferung* in das Bestimmungsland *Frankreich.*

Der Lieferer ist ein umsatzsteuerlicher *Vollunternehmer*. Der Landwirt unterliegt nach französischem Recht der Pauschalregelung für landwirtschaftliche Erzeuger und ist somit ein umsatzsteuerlicher *Quasiunternehmer*.

Beim Kühlschrank handelt es sich um einen *sonstigen Gegenstand.*

Da der Landwirt beim Kauf keine Umsatzsteuer-Identifikationsnummer vorweist, kann davon ausgegangen werden, daß er mit seinem Erwerb *unterhalb der* für Frankreich festgesetzten *Erwerbsschwelle* von 70.000 FF liegt und auch nicht für deren Anwendung optiert hat.

Der *Versand erfolgt durch den Lieferer.*

Die *Lieferschwelle* (in Frankreich 700.000 FF) wird durch die Lieferung *nicht überschritten.*

Expertise:

1. Steuertatbestand

   Der Lieferort liegt nach § 3 Abs. 7 UStG im Inland. Die Lieferung ist im Inland steuerpflichtig.

In Frankreich liegt kein innergemeinschaftlicher Erwerb vor, da der Abnehmer ein privater Endabnehmer ist oder wie ein solcher behandelt wird. § 3c UStG kommt nicht zum Zuge.

2. Rechnungsausstellung

   Nach weit verbreiteter Auffassung ist nach § 14a Abs. 1 Satz 2 UStG der Leistungserbringer zur Ausstellung einer Rechnung mit gesondertem Ausweis der Steuer verpflichtet.

3. Buchungshinweise

   Alternative 1: Verwendung eines Automatikkontos

   (Kontenfunktion AM 60002 bei 7% Umsatzsteuer,
   Kontenfunktion AM 60001 bei 15% Umsatzsteuer)

   SKR03: Kontonummern 8310-8314
   SKR04: Kontonummern 4310-4314
   Bezeichnung: Erlöse aus im Inland steuerpflichtigen EG-Lieferungen 7 % Umsatzsteuer

   SKR03: Kontonummern 8315-8319
   SKR04: Kontonummern 4315-4319
   Bezeichnung: Erlöse aus im Inland steuerpflichtigen EG-Lieferungen 15 % Umsatzsteuer

   Alternative 2: Verwendung EG-Umsatzsteuerschlüssel.

Das Beispiel zeigt die Leistungsfähigkeit des Expertensystems bei der Behandlung umsatzsteuerlicher Fragestellungen, macht aber auch deutlich, daß die Anwendung auf Experten beschränkt bleibt. Das System kann die Arbeit des sachkundigen Beraters nicht ersetzen, sondern lediglich bei der Beurteilung oder Gestaltung eines Sachverhaltes unterstützen.

Denkbare Weiterentwicklungen von Informationssystemen für die operative Ebene sind z.B.:

- ein Expertensystem zur Beurteilung und Klassifikation von Geschäftsvorfällen als Vorstufe für die Umwandlung elektronisch vorhandener Aufzeichnungen über Geschäftsvorfälle in Buchungssätze einer Finanz- oder Anlagenbuchhaltung
- ein Analyseprogramm zur Überwachung von Buchhaltungs- und Periodenabschlußarbeiten zur Früherkennung von Buchungsfehlern.

5.2 Informationssysteme für die dispositive Ebene

Hier sind insbesondere die Möglichkeiten unterschiedlicher und branchenbezogener Kennzahlenauswertungen zu nennen, die sowohl für den eigenen Betrieb als auch in der Gegenüberstellung des eigenen Betriebes mit Betrieben der gleichen Branche zu erheblichen Erkenntniswerten führen können. Der umfangreiche Bestand an Unternehmensdaten im Rechenzentrum der DATEV eG macht es möglich, Betriebsvergleiche für alle wesentlichen Branchen, und dort nochmals unterteilt in repräsentative Größenklassen, zur Verfügung zu stellen. Für Branchen mit speziellen Anforderungen oder Gegebenheiten (z.B. ärztliche Berufe), stehen besondere Auswertungen zur Verfügung. Selbstverständlich werden in diesem Segment auch Plan-Ist-Vergleiche angeboten. Dem branchenkundigen Berater wird mit dieser Information eine wichtige Ausgangsanalyse für die weitergehende Gestaltungsberatung des Mandantenbetriebes in die Hand gegeben. Die Anonymisierung der Einzeldaten und die garantierte Mindestzahl von Unternehmensdaten in einem Segment machen Rückschlüsse auf gespeicherte Unternehmen unmöglich.

M.TEST
BRANCHE: HANDWERK
MINDESTTEILNEHMER: 25

MONATSBETRIEBSVERGLEICH JUNI 1992
UMSATZKLASSE 30.000 - 150.000

BLATT-NR. 1
VKZ XJ

	JUNI				JANUAR- JUNI			
	Eigener DM	Betrieb %	Durchschnitt %	Abweichung Absolut	Eigener DM	Betrieb %	Durchschnitt %	Abweichung Absolut
Umsatz / DM	13.050	100	14.100	1.050 -	83.320	100	87.810,0	4.490,0 -
Mat. Stoffe und Waren	8.456	64,8	65,1	0,3 -	54.908	65,9	65,2	0,7 -
Zwichensaldo 1	4.594	35,2	34,9	0,3 +	28.412	34,1	34,8	0,7 +
Kostenarten								
Personalkosten	1.539	11,8	10,5	1,3 +	9.915	11,9	10,3	1,6 +
Raumkosten	329	2,6	4,3	1,7 -	2.249	2,7	4,2	1,5 -
Steuern	130	1,0	0,9	0,1 +	916	1,1	1,0	0,1 +
Versicherung / Beitrag	90	0,7	0,6	0,1 +	586	0,7	0,6	0,1 +
Kfz-Kosten	92	0,7	0,8	0,1 -	580	0,7	0,7	0,0 +
Werbekosten	53	0,4	0,3	0,1 +	417	0,5	0,3	0,2 +
Reisekosten	51	0,4	0,4	0,0 +	333	0,4	0,3	0,1 +
Warenabgabekosten	26	0,2	0,3	0,1 -	166	0,2	0,3	0,1 -
Abschreibungen	144	1,1	1,5	0,4 -	835	1,0	1,3	0,3 -
Inst. Halt. / Werkzeuge	26	0,2	0,1	0,1 +	165	0,2	0,2	0,0 +
Verschiedene Kosten	251	1,9	1,9	0,0 +	1.668	2,0	1,9	0,1 +
Gesamtkosten	2.741	21,0	21,6	0,6 -	17.830	21,4	21,1	0,3 +
Neutrale Aufwendungen	0	0,0	1,2	1,2 -	1.333	1,6	0,9	0,7 +
Neutrale Erträge	65	0,5	0,5	0,0 +	167	0,2	0,5	0,3 -
vorläufiges Ergebnis	1.918	14,7	12,6	2,1 +	9.416	11,3	13,3	2,0 -
Kalk. Unternehmerlohn					11.915	14,3	13,7	0,6 +
Kalk. Lohn unentg. Mitarb.					167	0,2	0,1	0,1 +
Kalk. Zinsen					249	0,3	0,5	0,2 -
Kalk. Miete					999	1,2	1,2	0,0 +
Kalk. AfA					917	1,1	1,3	0,2 -
Kalk. Kosten Gesamt					14.247	17,1	18,8	0,3 +
Bertriebsw. Ergeb. / DM					4.831 -	5,8 -	3,5 -	2,3 -
Statistische Werte								
Anzahl Beschäftigte					3,1		3,5	0,4 -
Umsatz je DM Pers. Kst					8,4		9,7	1,3 -
Pers. Kst je Beschäft.					3.198		2.584	614,0 +
Gesch. Raum qm					110		116	6,0 -
Umsatz pro qm					757,4		756,9	0,5 +

Abb. 2 Betriebsvergleich

5.3 Informationssysteme für die strategische Ebene

Das Leistungsangebot von Analyse- und Diagnosesystemen in diesem Segment zeichnet sich hauptsächlich dadurch aus, daß durch Einsatz moderner EDV-technischer Mittel eine weitgehend automatische Erstellung des Analyseteils erfolgt, der durch den Berater mit integrierten Texteditoren weiter bearbeitet, insbesondere weitergehend erläutert und interpretiert werden kann. Neben den bereits im DATEV-System vorhandenen Daten werden den Analysen auch manuell eingegebene Rahmendaten zugrunde gelegt.

Für die weitergehende Interpretation stehen dem Berater vielfältige Möglichkeiten direkter Datenbankzugriffe auf Rechts- und Wirtschaftsdatenbanken zur Verfügung, die durch ein Spezialangebot eines Recherchedienstes ergänzt werden. Hier erfüllt die DATEV die Aufgabenstellung eines Informationsmaklers, der dem Berater hilft, aus der Vielzahl externer Informationsquellen mit ihren unterschiedlichen Sachgebieten, unterschiedlichen Zugangsrestriktionen und unterschiedlichen Abfragesprachen exakt jene Informationen zu extrahieren, die zur weitergehenden Entscheidungsfindung und Beurteilung eines Sachverhalts hilfreich oder notwendig sind.

In Verknüpfung mit betriebswirtschaftlichen Planungs- und Simulationsprogrammen (Schwerpunkte bilden hierbei die Erfolgs-, Liquiditäts- und Finanzplanung sowie die Steuergestaltung und die Steuerbelastungsplanung) steht dabei dem Berater eine Fülle von Werkzeugen zur Verfügung, um aus Informationen wirkungsvolle Unterstützung für betriebliche Managemententscheidungen abzuleiten.

5.3.1 Beispiel: Vorbereitung einer Unternehmensdiversifizierung

Zur Veranschaulichung der Leistungsfähigkeit der Werkzeuge gehen wir von folgender Ausgangssituation aus:

Die Finanzdaten eines vom Berater betreuten Möbelschreinerei-Betriebes signalisieren im Betriebsvergleich deutlich überdurchschnittliche Renditen bei sehr hoher Eigenkapitalbasis und einer insgesamt sehr positiven Ertrags- und Finanzlage. Die daraufhin erstellte Prognoserechnung läßt eine in der Zukunft noch positivere Entwicklung vermuten. So scheint bei weitgehender Reinvestition erzielter Gewinne in der Fortschreibung der Geschäftsjahre 1990 bis 1992 auf die Planjahre 1993/1994 eine Eigenkapitalquote von 58% erreichbar, wobei der Branchendurchschnitt in dieser Größenklasse laut Betriebsvergleich bei 31% liegt. Der starke Anstieg des Eigenkapitals führt jedoch zu einer sinkenden Eigenkapitalrendite. In Absprache mit seinem Berater sieht deshalb der Unternehmer eine günstige Ausgangsbasis für eine vertikale Diversifizierung.

	400/12.90 Wertangabe : TDM	400/12.91 Wertangabe : TDM	400/12.92 Wertangabe : TDM	400/12.93 Wertangabe : TDM	400/12.94 Wertangabe : TDM
Erfolgsposten					
Umsatzerlöse	1.984	2.196	2.465	2.754	3.077
+-AEL+o. betr.Ertr.	0	0	0	0	0
- Materialaufw.	755	888	1.065	1.144	1.280
- Personalaufwand	720	788	784	802	820
- o. Abschreibungen	73	79	68	84	93
- Restl. Aufwand	183	203	198	207	218
(Summe Aufwand)	1.731	1.958	2.115	2.237	2.411
= o. Betriebserfolg	253	238	350	517	666
+ Finanzerfolg	24	37	64	54	57
+ nicht o. Ertrag	0	0	0	0	0
- nicht o. Aufwand	0	0	0	0	0
= E R F O L G	277	275	414	571	723
- EE-Steuern	8	14	17	22	27
- Zinsaufwand	59	40	42	53	58
+- AK+stg.Kap.Änd.	309	390	349	714	1.225
+- Einlagen/Entn.	-97	-72	-85	-85	-85
= Endkapital	422	539	619	1.125	1.778
Bilanzposten					
Anlagevermögen	433	415	412	396	382
Langfr. Kapital	422	539	619	1.125	1.778
Verbundaktiva	0	0	0	0	0
Verbundpassiva	0	0	0	0	0
Mfr. Leistungsford.	0	0	0	0	0
Mfr. Fremdkapital	88	165	256	342	428
Übriges Umlaufverm.	417	507	650	1.217	1.938
Kfr. Fremdkapital	340	218	187	146	114
Eigenkapital	422	539	619	1.125	1.778
Fremdkapital	428	383	443	488	542
Bilanzsumme	850	922	1.062	1.613	2.320

Abb. 3 Analyse und Fortschreibung Schreinerei MUS

In Abstimmung und mit Unterstützung durch den Berater wird deshalb der Gedanke zum Aufbau eines Möbeleinzelhandelsgeschäftes einer näheren Betrachtung unterzogen. Der Berater läßt sich über den DATEV-Recherchedienst weitere entscheidungsrelevante Daten übermitteln:

1. Standortanalyse (Abb. 3)

   Gibt es in der ausgewählten Region freie Gewerbeflächen? (Abb. 4)

   Wie sieht dort die Kaufkraft zur Zeit aus und wie entwickelt sie sich? (Abb. 5, 6)

Externe Datenbank AREAL:

Dokumentation Nr.:	26, AREAL
Chiffre:	AN106
Sparkasse:	Grossobringen
Typ:	g01 UG geeignet für Gewerbeobjekt g07 UG geeignet für Sonstiges
Vertragsart:	K Kauf
Lage:	C4WSN Thüringen; Kreis Weimar; O-5301 Grossobringen
Ansprechpartner:	Gemeindeverwaltung Grossobringen Schamherststr. 4 O-5301 Grossobringen Frau Budzinski
Titel:	Unbebautes Grundstück in Grossobringen
Text:	Nutzungsmöglichkeit nach Bebauungsplan: Gewerbebetriebe, Wohnungsbau, Freizeit Nutzungsmöglichkeiten aufgrund der Umgebung: Produzierendes Gewerbe Keine Nutzungsbeschränkungen Verkehrsanbindung 6-8 Kilometer Erschließung - Trinkwasserleitung - zum Teil Kanalisation, Zentrales Klärwerk, Gasversorgung geplant In der Umgebung vertretene Branchen: Entsorgungsfirma, Elektrobetrieb, Möbeltischlerei Planungen mit Einfluß auf das Objekt: - Strassenneubau in 2 Ortsteilen (1 Baumaßnahme läuft bereits) - Zentrales Klärwerk geplant - Gasversorgung geplant Infrastruktur: Grund- und Sekundärschule, Kindertageseinrichtung, Hort
Erschließung:	geplant
Sprache:	L4WGE deutsch
Land:	C4WGE Bundesrepublik Deutschland
Fläche:	300000 qm
Preis qm:	150 DM
PLZ:	5301
Erfassung:	920309

Abb. 4 Freie Gewerbefläche

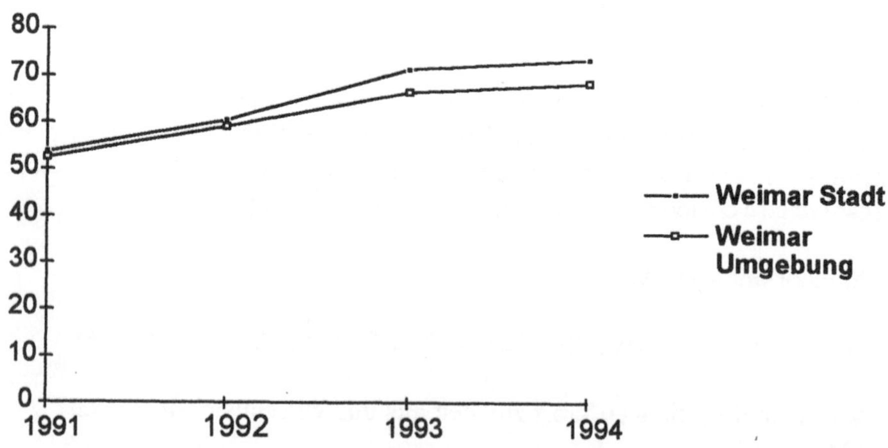

Abb. 5 Kaufkraftniveau pro Einwohner (100 = ∅ BRD)[1]

[1] Ein Kaufkraftniveau pro Einwohner von 53.700 bedeutet, daß im Jahr 1991 die Kaufkraft pro Einwohner in Weimar Stadt unter dem Bundesdurchschnitt liegt.

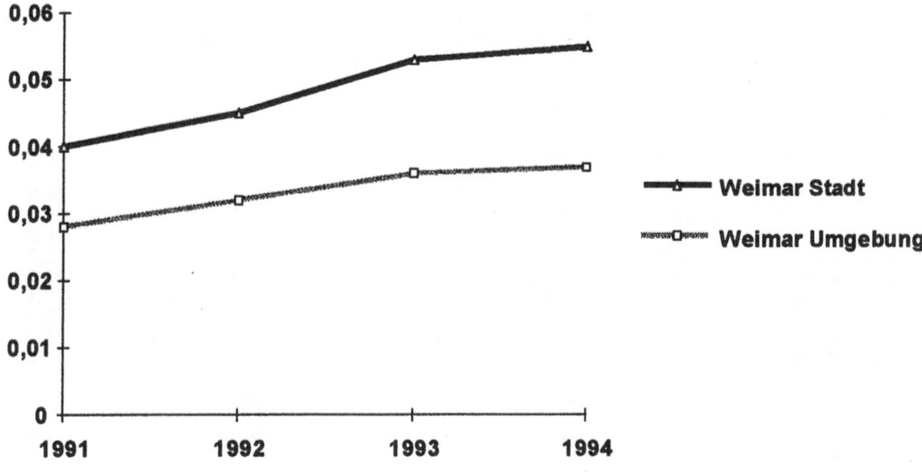

Abb. 6 Regionaler Kaufkraftanteil in % [2]

Weitere Informationsquellen zur Beurteilung des Standorts sind die Aufstellungen des Arbeitsamts zu den im Bezirk vorhandenen und stellensuchenden Fachkräften.

2. Marktanalyse

Wie ist die allgemeine Konjunkturlage in der Möbelbranche?

Die aktuellen Konjunkturdaten liefert das Institut für Wirtschaftsforschung (Abb. 7).

Die aktuellen Konjunkturdaten zeigen eher gedämpfte Erwartungen. Um so wichtiger ist deshalb eine Analyse des lokalen Marktpotentials zur Planung des Sortiments (Abb. 8).

---

[2] Lesebeispiel: 0.04% der gesamten bundesdeutschen Kaufkraft entfällt im Jahr 1991 auf Weimar Stadt.

AUTOR Ifo Institut für Wirtschaftsforschung
TITEL Bundesrepublik Konjunkturstatistik Einzelhandel 1993 - Möbel
DATUM 93/07/01
FUNDST IFOSt-1993-0000
JAHR 1993
TEXT Zahlen zum IFO-Konjunkturtest 1)

Einzelhandel 1993 Möbel		Jan.	Feb.	März	Apr.	Mai	Juni
Geschäftsklima 2)	U	-10,3	- 6,6	- 2,6	-17,0	-17,0	-14,2
	T+I	-19,6	-13,1	- 9,2	-11,7	-3,7	-2,1
Geschäftslage	U	0,0	1,0	4,0	-16,0	-15,0	-6,0
Beurteilung	T+I	-14,3	- 6,8	- 5,1	-6,2	5,1	12,7
Geschäftslage	U	-20,0	-14,0	- 9,0	-18,0	-19,0	-22,0
Erwartungen	T+I	-24,6	-18,8	-12,3	-17,4	-13,0	-17,1
Lager	U	20,0	21,0	29,0	36,0	38,0	41,0
Beurteilung	T+I	29,7	23,5	28,4	31,0	28,5	32,2
Verkaufspreise Vormonat	U	73,0	59,0	46,0	27,0	14,0	14,0
Verkaufspreise Erwartungen	U	63,0	40,0	35,0	26,0	21,0	26,0
Umsatz Vorjahr	U	-25,0	-5,0	5,0	-17,0	-8,0	14,0
Umsatz	U	-40,0	-27,0	21,0	-59,0	-38,0	0,0
Vormonat	T+I	-45,7	-10,7	-5,0	-21,6	-7,9	18,6
		Juli	Aug.	Sep.	Okt.	Nov.	Dez.
Bestelltätigkeit Erwartungen	U	-15,0	-16,0	-26,0	-25,0	-36,0	-29,0

U: Ursprungswerte, T+I: saisonbereinigte Werte

2) Mittelwerte aus den Firmenmeldungen zur gegenwärtigen und der in den nächsten 6 Monaten erwarteten Geschäftslage
3) Informationen zum IFO-Konjunkturtest finden Sie im Dokument Nr.0179700 (verfügbar über den freien Dialog)

Abb. 7 Aktuelle Konjunkturdaten

Marktpotentialberechnung 1993 Weimar Stadt, Thüringen Bevölkerung: 60.418 Gebietsanteil: 0,054%	Ausgaben je Warengruppe pro Kopf der Bevölkerung				Nachfragepotential je Warengruppe	
	Im Bundesdurchschnitt in DM		Im Gebiet in DM		Im Gebiet in Mio DM	
Warengruppe	zu EVP	zu HAP	zu EVP	zu AHP	zu EVP	zu AHP
Schlafzimmermöbel	71,20	42,87	50,83	30,61	3,07	1,84
Jugendzimmer u. Einzelteile	24,65	15,44	17,60	11,02	1,06	0,66
Wohn-, Herren- u. Speisezimmer	81,32	50,16	58,05	35,81	3,50	2,16
Küchen	95,17	58,11	67,94	41,48	4,10	2,50
Polstermöbel	117,06	70,84	83,57	50,57	5,04	3,05
Tische/Stühle u. Bänke	60,12	36,93	42,92	26,36	2,59	1,59
Kleinmöbel	32,97	20,10	23,53	14,35	1,42	0,86
Gesamt	482,52	294,48	344,48	210,23	20,81	12,70

Abb. 8 Marktpotentialrechnung 1993, Weimar Stadt

3. Liquiditätsplanung

Aus diesen Informationen lassen sich nun in Abstimmung zwischen Unternehmer und Berater erste Annahmen zu den Kenngrößen Umsatz, Wareneinsatz und Personalaufwand sowie zur Finanzstruktur entwickeln. Mit Hilfe des PC-Programms PC-PLAN entwickelt der Berater daraus den Finanzbedarf für einen Planungszeitraum von fünf Jahren (Abb. 9). Ein kritischer und objektiver Vergleich mit den Ausgangsdaten der Möbelschreinerei gibt bereits jetzt einen Eindruck davon, ob das geplante Diversifizierungsvorhaben in dieser Größenordnung überhaupt realisierbar erscheint.

ERFOLGS- UND FINANZPLANUNG
LISTENAUSWERTUNGEN
JÄHRLICHE LIQUIDITÄTSRECHNUNG (KURZFORM)
Kapitalbedarfsrechnung

	1993 DM	1994 DM	1995 DM	1996 DM	1997 DM
Einzahlungen aus Umsatz	1.205.806	2.582.375	3.343.493	3.100.747	3.268.866
Auszahlungen für					
Material-/ Wareneinkauf	1.004.030	1.468.396	1.482.581	1.610.269	1.732.423
Personal	357.572	469.348	488.268	508.125	528.981
Sonst. betr. Aufwendungen	138.300	205.640	240.818	233.416	249.607
Saldo betr. Zahlungen	-294.096	438.991	1.131.826	748.937	757.855
Zinsen u. ähnl. Auszahl.	236.043	355.446	324.242	271.206	283.657
Gewerbesteuerzahlungen	0	0	0	55.232	80.998
Saldo Umsatzsteuer	-17.439	-29.348	-16.384	-11.294	1.974
Saldo laufende Geschäftstätigkeit	-547.578	54.197	791.200	411.205	395.174
Körperschaftsteuerzahl	0	0	0	276.209	-9.226
Solid.zuschl.zahlungen	0	0	0	0	0
Saldo nach KSt und VSt	-547.578	54.197	791.200	134.996	404.400
Inv. Sachanlagen	2.417.000	0	308.000	75.000	308.000
Einzahl. aus Desinvest	0	0	0	10.000	0
Saldo Unternehmen ohne Gesellschafter	-2.964.578	54.197	483.200	69.996	96.400
Saldo Unternehmen mit Gesellschaftern	-2.964.578	54.197	483.200	69.996	96.400
Saldo Unternehmen mit Gesellschaftern	-2.964.578	54.197	483.200	69.996	96.400
Anfangs saldo Kontokorrent	100.000	-2.864.578	-2.810.380	-2.327.179	-2.257.192
Rundungsdifferenz	0	1	1	-9	-11
Endsaldo Kontokorrent	-2.864.578	-2.810.380	-2.327.179	-2.257.192	-2.160.803
Kreditlinie	200.000	200.000	200.000	200.000	200.000
Kurzfr. Finanzbedarf	2.664.578	2.610.380	2.127.179	2.057.192	1.960.803

Abb. 9 Ermittlung des Finanzbedarfs

4. Finanzbedarfsdeckung

Nachdem der Finanzbedarf durch die Liquiditätsrechnung geklärt ist, stellt sich die Frage nach der Deckung. Das aktuelle Zinsniveau ebenso wie Hinweise auf Subventionsmöglichkeiten durch öffentliche Mittel oder zinsgünstige Darlehen lassen sich aus weiteren Datenbanken der DATEV abrufen (Abb. 10).

DATEV Datenbank Info Wirtschaft

FIST 0130755	**DOKUMENT = 3 VON 13**	**ZEILENZAHL = 20**
PROGRAMM	**Eigenkapitalhilfeprogramm neue Länder / Berlin (Ost)**	
FUNDST	**WfN - B-A-2/04/1**	
TEXT	**Was?**	**D a r l e h e n**
		- Höchstbetrag DM 350.000, - (im Ausnahmefall DM 400.000,-) bzw. DM 1,0 Mio (s. Programm) **- Zinssatz: die ersten 3 Jahre zinslos 4. Jahr 2%, 5. Jahr 3%, 6. Jahr 5% (weitere Einzelheiten s. Programm)** **- Auszahlung 100%** **- Laufzeit 20 Jahre**
	Wofür?	**- Unternehmensgründung / Gründung einer freiberuflichen Existenz** **- Erwerb eines Unternehmens / einer Betriebsstätte** **- Investitionen zur Festigung eines privaten Unternehmens / tätige Beteiligung** **- Folgeinvestitionen bei den vorgenannten Maßnahmen**

Abb. 10 Zinsgünstige Darlehen

5. Planungsabstimmung

Nach erfolgter Planung vergleicht der Berater die ermittelten Plan- und Prognosedaten seines Mandantenbetriebs zur Plausibilisierung mit aktuellen Daten des Möbeleinzelhandels aus dem DATEV-Betriebsvergleich (Abb. 11).

Das Beispiel zeigt, wie eine unternehmerische Entscheidung durch ständigen Abgleich von internen und externen Informationen durch einen sachkundigen Berater vorbereitet und unterstützt werden kann. DATEV fungiert hier als Beschaffer, Mittler und Vorverarbeiter von Informationen.

Noch ist alleine zur Informationsbeschaffung ein erheblicher manueller Aufwand zu leisten (Auswahl externer Datenbanken, Zusammenführen von Werten), so daß sich die Bewertung von Alternativen lediglich in eingeschränktem Umfang durchführen läßt. Mit zunehmender Integration und Standardisierung des Datenbankzugangs durch zwischengeschaltete intelligente Benutzeroberflächen im Sinne globaler MUS sind jedoch auch automatisch ablaufende Optimierungsstrategien denkbar. Den Berater werden jedoch auch diese technischen Möglichkeiten nicht ersetzen können.

Branche: EH mit Möbeln
Branchenschlüssel: 943.340
Zeitraum: 1992
Umsatzklasse 2: 1.200.001 DM bis 10.000.000 DM

	Durchschnittswert in DM	Prozent vom Umsatz in %
Umsatz brutto		114,1
Mehrwertsteuer		13,5
Skontoaufwendungen		0,6
Umsatz netto	4.206.658,7	100,0
Wareneinsatz		64,0
Rohertrag		36,0
Skontoerträge		3,0
Bruttogewinn		39,0
Personalkosten		15,0
Miete		4,5
Sonstige Raumkosten		1,6
Steuern. Beiträge, Versicherungen		1,7
Kfz-Kosten		0,8
Werbe- / Reisekosten		3,9
Kosten Warenabgabe		0,5
Zinsen für Fremdkapital		2,3
Abschreibungen		1,5
Instandhaltung / Werkzeuge		0,1
Verschiedene Kosten		1,8
Gesamtkosten		33,7
Neutraler Aufwand		1,6
Neutraler Ertrag		1,3
Neutrales Ergebnis		-0,3
Steuerliches Ergebnis		5,0

Abb. 11 Plausibilisierung durch Betriebsvergleich

6. Zusammenfassung

Ein MUS muß in der Lage sein, aus der Fülle angebotener Information die zum jeweiligen Zeitpunkt und im Hinblick auf die jeweilige Fragestellung relevante Information in dem hierfür notwendigen Detaillierungsgrad zur Verfügung zu stellen. Es darf sich dabei nicht auf die Darstellung von Ist-Analysen und Soll-Ist-Vergleichen beschränken, sondern muß darüber hinaus vor allem Planungs- und Simulationsaufgaben erfüllen. Der vorstehende Beitrag sollte verdeutlichen, daß dem unabhängigen Berater hier eine ganz wesentliche Aufgabe zukommt, in der er als Informationsmakler, als Informationsgestalter, als Moderator, kurz als externer Experte jene Unterstützung liefert, die ein Informationssystem zum unternehmensweit anwendbaren Unterstützungssystem macht.

Literatur

1. *Denert, E.*: Dokumentenorientierte Software-Entwicklung, Informatik-Spektrum 16/93: 159-164
2. *Fuchs, J.*: Organisationen in der Krise, Information Management 3/93: S. 68-73
3. *Lachnit, L.*: EDV-Nutzung und Unternehmensberatungsbedarf im mittelständischen Unternehmen, Studie am Fachbereich Wirtschafts- und Rechtswissenschaften der Universität Oldenburg, 1992
4. *Yourdan, E.*: Sayonara, once again, structured stuff, Am. Programmer 4, Nov. 1991, zitiert nach [2]

Entscheidungsunterstützung für Führungskräfte

Günter Salb

1. Einleitung

Die Finanzwelt ist genau so wie andere Branchen ständigen Veränderungen ausgesetzt. Die notwendigen Entscheidungen müssen bei wachsender Zahl der Einflußgrößen immer schneller getroffen werden. Bei der Landesbank Berlin hat sich diese Situation durch die atemberaubenden Ereignisse der Vereinigung noch zusätzlich verstärkt.

Für die schnell zu treffenden Managemententscheidungen von oft großer Tragweite fehlten den neugegründeten Unternehmen die Erfahrungswerte der Vergangenheit. Die effizienten Entscheidungshilfen wurden durch ein Management-Informationssystem herbeigeführt.

2. Ausgangssituation

Die Landesbank Berlin (LBB) hat in den gut drei Jahren seit ihrer Gründung im Jahre 1990 aus der damaligen Sparkasse Berlin (West), die 1993 das 175-jährige Jubiläum feiern konnte, eine wohl einzigartige Entwicklung genommen. Denn selten einmal wurden so viele Entscheidungen getroffen und auch umgesetzt. Die herausragenden Ereignisse der letzten Jahre in Stichworten:

- Maueröffnung mit der Auszahlung von Begrüßungsgeldern für Bürger der neuen Länder anläßlich der Währungsunion zum 1. Juli 1990
- Fusion mit der nach dem Kriege gespaltenen Schwester Sparkasse in Ost-Berlin
- Neustrukturierung des vereinigten Hauses, d.h. weg von der Spartenorientierung hin zu einer kundengerechten Segmentierung, Aufbau von Landesbank-Geschäftsstellen im Bundesland Brandenburg und Ausbau des institutionellen Geschäftes
- Beteiligungen von weitreichender Bedeutung an der Landesinvestitionsbank Brandenburg, der Weberbank, der Berliner Industriebank usw.
- Gründung einer Niederlassung und Tochter in Luxemburg
- Eingliederung der früheren Wohnungsbaukreditanstalt (WBK) als Investitionsbank Berlin in die LBB
- Ergänzung der eigenen Landesbausparkasse um eine eigene LBS-Immobiliengesellschaft.

Die gestalterischen Aufgaben dieser Neuausrichtung prägen die Arbeit der Führungsspitzen und fordern sie entsprechend, denn die Dreifach-Aufgabe Fusion, räumliche Ausbreitung und Neubeteiligung in einem sich laufend verändernden Umfeld verlangt immer neue Antworten auf aktuelle Fragen. Auch die Kundschaft verändert sich, selbst die angestammte. Der Wegfall der Berlinförderung führte beispielsweise zu einem neuen Industriekreditgeschäft, das bisher den Förderinstituten vorbehalten war. Dies alles erfordert eine vollkommen neue Qualität im Geschäft.

Zum nächsten Sprung setzt das Haus jetzt mit der großen Berliner Banken-Holding (Bankgesellschaft Berlin AG) an. Wiederum handelt es sich um eine neue Dimension und dabei auch um einen in der deutschen Bankgeschichte einmaligen Vorgang. Die Konzentration der im Senatsbesitz befindlichen Kreditinstitute in der Hauptstadt eines der größten Industrieländer der Erde ist ohne Parallele, denn von einer privaten Bank bis hin zu einem öffentlich-rechtlichen Hypothekar-Institut ist alles zu vereinen, was die Bankenlandschaft zu bieten hat.

Die Führungskräfte (vom Vorstand bis zum Firmenkundenberater) müssen täglich Entscheidungen von weitreichender Tragweite und großer Bedeutung in einem sich immer schneller ändernden Umfeld treffen. Die Entscheidungsvorbereiter stützen sich auf eine Vielzahl von Informationen, die in unterschiedlichster Form zur Verfügung stehen. So werden z.B. bei der Sparkasse in einem Berichtsbuch aggregierte Daten über alle Geschäftssparten und auch Einzeltransaktionen zur Verfügung gestellt. Die meisten im Konzern angesiedelten Unternehmen arbeiten aber derzeit noch mit unterschiedlich ausgeprägten operativen Systemen. Neue Geschäftsbereiche wie Investment-Banking arbeiten im Geld- und Devisenhandelsbereich mit dedizierten Systemen. Zusätzlich gibt es eine Fülle von externen Informationen wie Bankenvergleiche, volkswirtschaftliche Daten, Kursentwicklungen und Statistiken der Bundesbank.

3. Einbettung eines entscheidungsunterstützenden Systems in das Bankmanagement

Da die Unternehmenssteuerung auf einer Vielzahl von – risikobehafteten – Entscheidungsprozessen basiert, sind die Qualität der Entscheidung und das entsprechende Risikopotential dieser Entscheidung maßgeblich durch die Qualität der zugrundeliegenden Informationen bestimmt. Die Qualität der Informationen wird durch die drei klassischen Kriterien *Aktualität*, *Genauigkeit* und *Relevanz* bestimmt.

Das heutige Informationsangebot für Führungskräfte der LBB umfaßt Daten aus operativen Systemen und darauf aufbauenden Informationssystemen (Marktauswertungen, Konto-Kundenkalkulation und andere Controlling-Systeme), die Ist-Daten darstellen und um Plandaten ergänzt werden. Diese

Informationen stehen einerseits im Dialogverfahren bereit und werden andererseits durch ein sehr umfangreiches Berichtsbuch (200-500 Seiten) ergänzt. Die hiermit verbundene "Papierflut" und das relativ aufwendige Verfahren, neue Berichte in diese Struktur zu integrieren, tragen nicht immer zu einer zeitnahen Entscheidungsunterstützung bei.

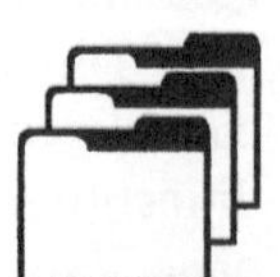

Landesbank | **Berichtsbuch (ca. 200-500 Seiten)**
Marktauswertungen (auch online)
Konto- Kundenkalkulation (auch online)
Operative Systeme (teilweise online)

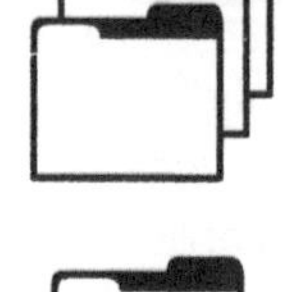

Töchter / Beteiligungen | **Berichte**

Externe Informationen | **Berichte**

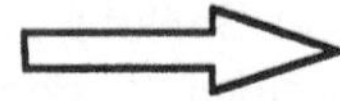

"Papierflut"

Abb. 1 Informationsangebot für Führungskräfte heute

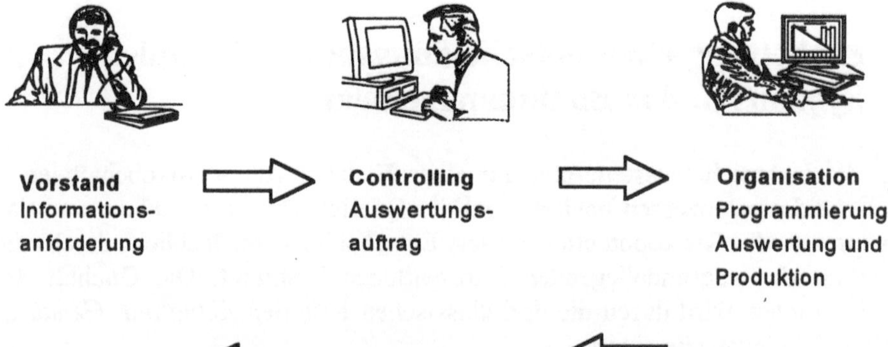

Abb. 2 Wege der Informationsanforderung/-bereitstellung

Hinzu kommt, daß die im Berichtsbuch vorhandenen Reports sich noch teilweise an die spartenorienterten Unternehmensstrukturen anlehnen. Die marktorientierte Aufbauorganisation der Landesbank impliziert, daß die Manager nicht nur mehr Informationen über ihre eigene Firma verlangen, sondern auch über das Umfeld, in dem ihr Unternehmen tätig ist. Ein modernes Management erkennt u.a. eigene Schwachpunkte durch den Vergleich mit den Wettbewerbern. Die Entwicklung von Märkten, Konjunkturtrends und wirtschaftspolitische Themen bedarf angemessener Deutung. Häufig besteht das Problem aber nicht in einem Datendefizit, sondern in der Unmöglichkeit, das Wichtige aus der Masse irrelevanter Einzelheiten herauszufiltern.

Ein modernes "Reporting"-System wird durch mehrere Faktoren bestimmt:

- ein zunehmendes Bewußtsein für den Wert von Informationen als Grundlage für strategische Geschäftsführung,
- Wandel von Organisationsmethoden und Führungsstilen, einschließlich der Rechnerverbreitung im mittleren Management,
- und als einer der wichtigsten Faktoren: der stärkere Wettbewerbsdruck und Zeitdruck, unter dem Führungskräfte heute arbeiten.

Deshalb muß es das vorrangige Ziel einer ertrags- und sicherheitsorientierten Steuerung eines jeden Unternehmens und insbesondere einer Bank sein, ein adäquates Führungs-Informationssystem aufzubauen, das eine systematische, flexible und zeitnahe Entscheidungsfindung auf allen Unternehmensebenen unterstützt.

Hierbei fungiert das Controlling im Rahmen seiner Informations- und Koordinationsfunktion als eine zentrale Informationsstelle, die steuerungsrelevante Informationen mitdefiniert, aufbereitet und weiterleitet, um die einzelnen Unternehmensbereiche im Hinblick auf die Gesamtbankziele zu koordinieren und abzustimmen.

Die Controlling-Aufgaben kann man bei der LBB wie folgt beschreiben:

- Laufende Erfassung unternehmensrelevanter Daten/Informationen bei gleichzeitiger Konsistenzprüfung der Einzelwerte
- Interpretation der Daten in Abhängigkeit künftiger Entwicklungen
- Entscheidungsgerechte Präsentation der Analysen für das Management in Form eines adäquaten Berichtssystems
- Planerische Gestaltung der Unternehmensaktivitäten
- Permanente und standardisierte Situations- und Abweichungsanalyse
- Automatische Reflexion der Analyseergebnisse durch Kurskorrekturen.

Die technische Unterstützung dieser Aufgabenstellung wird in der Literatur unter den verschiedensten Begriffen diskutiert. Die gebräuchlichsten sind:

- MIS Management-Informationssystem
- EIS Executive Information System
- FIS Führungs-Informationssystem
- DSS Decision Support System
- ESS Executive Support System.

Der Einfachheit halber und weil sich der Begriff weitgehend durchgesetzt hat, bezeichnen wir unser System als Management Informationssystem, wobei wir unseren Ansatz als ein "Enterprise Information and Decision Support System" verstehen. Das Kernstück dieses Systems bildet das Controlling.

4. Zielsetzung des Informationssystems für Führungskräfte

Die Zielsetzung unseres Systems greift weiter, als die klassischen Informationssysteme für Führungskräfte dies zu leisten vermögen. Das Ziel ist in Worten sehr schnell definiert: "ein modulares, integriertes Informationssystem, das sowohl den Entscheidungsträger in allen Bankbereichen als auch den Entscheidungsvorbereiter unterstützt und dabei diverse Berichtsempfängerstufen berücksichtigt." Die Zielsetzung läßt sich in weiteren Punkten konkretisieren:

- Zeitgewinn bei der Analyse trotz Auswertung aller relevanten Daten
- Qualitätssteigerung der Aussage durch fehlerminimierte Bestände (einheitliche Datenbereitstellung)
- Einheitliche, leicht bedienbare grafische Oberfläche mit Drill-Down-Funktion
- Integration eines Signalsystems (Abweichungsanalysen, Trends)
- Automatisierung von Abläufen (regelmäßige Zurverfügungstellung von Datenextrakten/-verdichtungen)
- Problemlose Handhabung für Entscheider und Entscheidungsunterstützer
- Einbettung in die Systemlandschaft der LBB, aber Offenheit für Erweiterungen.

Die strategische Bedeutung eines solchen Systems sehen wir in folgenden Punkten:

- Verbesserung der Entscheidungsqualität
- Effizienzsteigerung der betrieblichen Leistungserstellung
- Unterstützung bei der Verbesserung/Erweiterung des Produkt- und Serviceangebots
- Vorteile in der Potentialerschließung
- Schnelleres Agieren/Reagieren auf Markterfordernisse.

Nutzer eines Berichtssystems haben naturgemäß sehr unterschiedliche Anforderungen. Der Entscheidungsträger möchte u.a. aktuelle und relevante Informationen auf einen Blick. Je nach der Stellung im Unternehmen ist er an zusätzlichen externen Informationen interessiert, also Informationen über den Markt, den Wettbewerb und die Konjunktur, um die Lage des eigenen Unternehmens in dem betreffenden Marktsegment besser beurteilen zu können.
Einige Beispiele sollen die Fragestellungen der Entscheidungsträger im Bankmanagement verdeutlichen:

- Wieviel verdient die Bank an einzelnen Geschäften?
- Wie hoch ist das Zinsergebnis aus dem konkreten Kundengeschäft?
- Welche Kosten entstehen wo für welche Bankleistung?
- Welchen Ergebnisbeitrag liefern einzelne Geschäftsarten, Kundengruppen oder Filialen?
- Welches Ertrags- und Risikoprofil weisen bestimmte Geschäfte auf?
- Welche Konditionen haben welche Ergebniskonsequenz?

Zur Beantwortung dieser Fragen müssen von dem System Abweichungen über/unter definierte Schwellenwerte hinaus aufgezeigt werden.
Bei der Zusammenstellung der Reports für das Informationssystem stehen naturgemäß betriebswirtschaftliche bzw. finanzwirtschaftliche "Hard Facts" im Vordergrund. In unserem System wird aber die Wichtigkeit sogenannter "Soft Facts" nicht verkannt. Diese Informationen werden überwiegend in Form von externen Daten und personalwirtschaftlichen Kenngrößen berücksichtigt.
Für die Entscheidungsvorbereiter hingegen stehen zur Modellierung der Geschäftsprozesse unterschiedliche Varianten der Planung und die Analyse der betriebswirtschaftlichen Aufgaben im Vordergrund des Interesses. Sie versprechen sich von einem Informationssystem Unterstützung bei der Erfassung von Plandaten und der Erstellung von Berichten.

5. Vorgehensweise bei der LBB

Die Vorphase der Einführung eines MIS/EIS/DSS ist in der Regel durch zwei gegensätzliche Aussagen geprägt. Die erste Aussage kommt von den Anbietern einschlägiger Software-Produkte und lautet: "Ein MIS läßt sich in ein paar Wochen realisieren. Man braucht nur das richtige Werkzeug, idealerweise unterstützt durch eine leistungsfähige SQL-Datenbank – gegebenenfalls das eigene Produkt –, wählt dann ein paar typische Vorstandsberichte für einen Prototypen aus, sagt dem System, woher die Daten kommen, und generiert, nahezu ohne jegliche Programmierung, wunderschöne, aussagekräftige Berichte."

Die zweite Aussage wird üblicherweise von Unternehmensberatern getroffen und lautet: "Ein Informationssystem für das Management bedarf einer detaillierten fachlichen Analyse. Aufbauend darauf können die technischen Anforderungskataloge für die Komponenten definiert werden, um dann Prioritäten für die Realisierung des Projektes zu setzen."

Der praktikable Weg liegt in der Mitte, wobei die größte Schwierigkeit darin liegt, einerseits ein leistungsfähiges und schnell erlernbares Tool zu finden, ohne das Prototyping in einen großen Produkttest ausarten zu lassen, und andererseits eine saubere fachliche Vorgabe für das System herauszuarbeiten.

Praktisch wurde bei der LBB so vorgegangen, daß ein kleines Team aus den Bereichen Organisation und Controlling ca. neun Monate die Produktbeschreibungen und Fachberichte über die in Frage kommenden Tools unter sporadischer Hinzuziehung externer Beratung abgestimmt hat. Der Lösungsansatz für unser Projekt war die Entscheidung, einen integrierten "Datentopf" mit einem Datenmodell und einem Werkzeug für alle Führungsebenen bereitzustellen.

5.1 Datenbereitstellung

Um dem Management-Informationssystem alle relevanten Daten zur Verfügung zu stellen, werden diese bei der Landesbank Berlin in einer großen, separaten relationalen Datenbank gesammelt. Die Quellen für diese Daten sind unterschiedlichster Natur. Das können zum einen heute noch separat geführte PC-Dateien oder auch manuelle Berechnungen sein, zum anderen externe Quellen wie volkswirtschaftliche Datenbanken oder Bankenvergleiche über die Bundesbank. Den Hauptteil bilden natürlich aggregierte Ergebnisse aus operativen Programmen, die durch Budget-Reports für Profit-Center und Profitcenter-Rechnungen ergänzt werden. Dazu kommen Daten aus Insellösungen/dedizierten Lösungen, wie z.B. den Handelssystemen, und monatliche Reports der Tochterbanken, eine Fülle von Ergänzungen durch die Zentraldisposition sowie aktuelle Informationen aus Reuters und Telerate. Kurz gesagt, unsere zentrale Datenbank ist eine Ansammlung von relevanten aktuellen Daten, Vergangenheitsdaten, Plandaten und externen Daten.

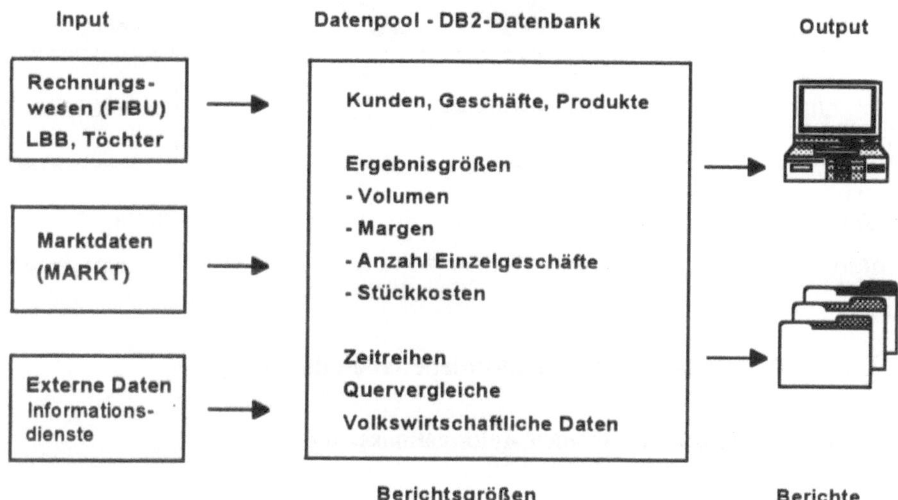

Abb. 3 Datenmodell

Die Zugriffsberechtigung zu diesen Daten und damit die aufgabengerechte Zuordnung der Informationen/Berichte orientiert sich zum einen an den unterschiedlichen Fragestellungen und zum anderen am Informationsbedürfnis der verschiedenen Führungsebenen.

Zur sinnvollen Informationszuordnung und der Vermeidung einer Datenflut für die Nutzer in den Unternehmensbereichen unterscheiden wir konsequent zwischen:

- **VIS = Vorstandsinformationssystem,**
  das u.a. den Status der Bank in Form von Tagesbilanz, Monatsbilanz, Ergebnisrechnungen und Zinsertragsbilanz unter der Ermittlung von Risikopositionen wie Zinsrisiko, Devisenrisiko und Bonitätsrisiken zeigt.
- **RIS = Information für die Geschäftsbereiche im Ressort-Informationssystem,**
  das im wesentlichen Ergebnisse aus operativen Programmen wie z.B. Marktauswertungen und Statistiken, aus Insellösungen wie z.B. Handels-

systemen, aus der Profitcenter-Rechnung und aus der Zentraldisposition für den jeweiligen Geschäftsbereich enthält

- **FIS = Filialinformationssystem,**
  das im wesentlichen Ergebnisse aus den einzelnen Sparten, Produkten und Profitcentern in dem entsprechenden Detaillierungsgrad zeigt.

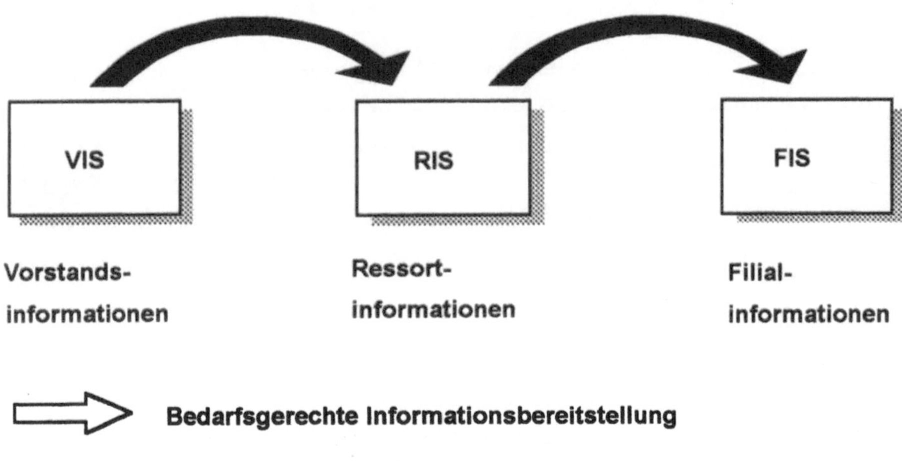

Abb. 4 Struktur des Management-Informationssystems

Die Datenquellen, aus denen unsere zentral geführte relationale Berichtsdatenbank "gefüttert" wird, orientieren sich also an dem Informationsbedürfnis der verschiedenen Nutzer. Die Übertragung der Daten orientiert sich am Aktualisierungsrhythmus der Daten im Basissystem und erfolgt je nach Bedarf:

- vierteljährlich, z.B. Kreditmeldewesen
- monatlich, z.B. Monatsbilanz
- (bank)wöchentlich, z.B. Bankstatus
- täglich, z.B. Tagesstatus und Informationen aus Handelssystemen.

Aus dieser Strukturierung ergibt sich automatisch eine Hierarchie in der Informationsbereitstellung (Abb. 5).

Gegenläufig zu dieser Strukturierung bilden sich aus technischer Sicht folgende Informationsebenen, die sich eher aus der Datenherkunft der operativen Spartensysteme oder allgemeinen Informationssysteme ableiten.

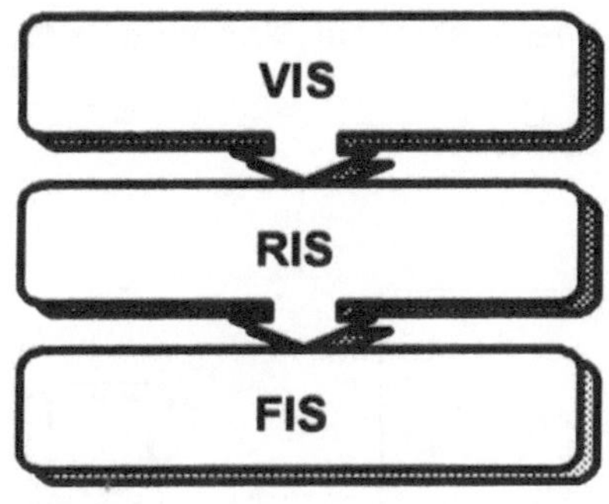

Vorstandsinformationen
- Institutsdaten, Marktbereichsdaten, Filialbereichsdaten, Bankenvergleich, externe Daten

Ressortinformationen
- Marktbereichsdaten, Filialbereichsdaten, Daten der kundenbetreuenden Stelle, externe Daten

Filialinformationen
- Filialbereichsdaten, Daten der kundenbetreuenden Stelle, Kundendaten

Abb. 5 Hierarchie der Informationsbereitstellung

Management-Informationssystem
- verdichtete, grafisch aufbereitete, entscheidungsrelevante (Konzern-) Informationen

Informationssysteme
- geschäftsgebietsübergreifende Auswertungen, ergänzende geschäftsbezogene Auswertungen

Operationale Systeme
- geschäftsgebietsbezogene Auswertungen

Abb. 6 Informationsebenen

5.2 Berichtswesen

Die Strukturierung der Einzelberichte innerhalb des VIS, RIS und FIS erfolgt anhand der

– **Standardberichte**, die in regelmäßigen Zeiträumen erstellt werden und immer gleiche, genau festgelegte Informationen enthalten, die standardmäßig bereitstehen

- **Sonderberichte,** die ebenfalls einen standardisierten Informationsgehalt aufweisen und nicht automatisch der Allgemeinheit zur Verfügung gestellt werden
- **Ad-hoc-Analysen** für problemspezifische Fragen.

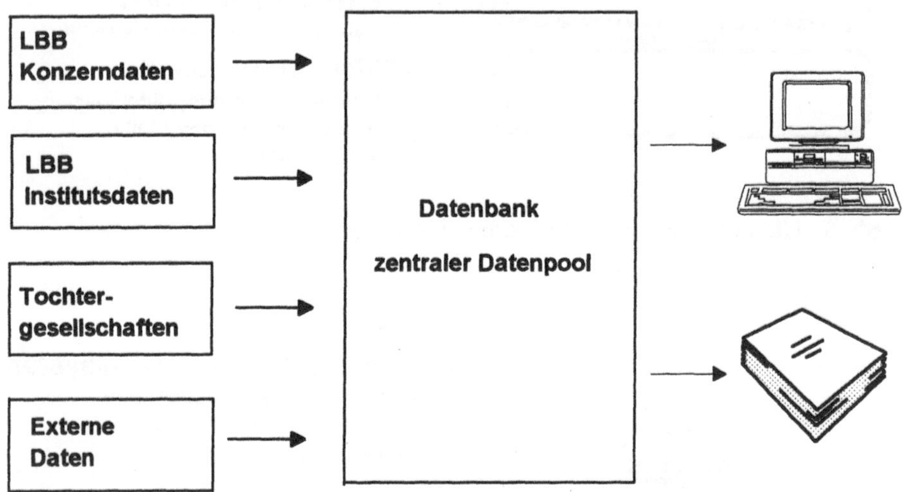

Abb. 7 Ausgabeformate

Für die Berichtserstellung lassen sich folgende Grundregeln aufstellen:

- Aktualität, Zeitnähe
- Konsistente Berichtsdaten
- Individueller, problem-/aufgabenorientierter Einstieg
- Konzentration auf das Wesentliche
- Hervorhebung des Außergewöhnlichen.

Die Berichte, die bisher ausschließlich in schriftlicher Form (Berichtsbuch) zur Verfügung gestellt wurden, werden zukünftig nahezu ausschließlich über Bildschirm/PC geliefert. Dabei werden die tabellarischen Berichte natürlich nicht 1:1 umgesetzt, sondern in ansprechender und aussagekräftiger graphischer Form angeboten. Analog zur Einteilung der Datenbereitstellung werden auch vorgefertigte Berichte in unterschiedlichen Führungsinformationsteilsystemen auf dem Bildschirm zur Verfügung gestellt.

Da aber nicht immer und überall ein Bildschirm mit einer Zugriffsmöglichkeit auf das Informationssystem zur Verfügung steht, können die Berichte auch in Papierform erstellt werden. Die "Papierreports" geben dem Endanwender einen ersten Eindruck von der neuen Gestaltungsform des Berichtswesens und ermöglichen einen "sanften" Übergang in die EDV-Welt.

Um eine möglichst spontane Akzeptanz unseres neuen Mediums zu erreichen, haben wir bei der Wahl des "Software-Werkzeuges" auf die folgenden Punkte geachtet:

- Einfacher und schneller Einstieg für den Erstanwender und den seltenen Nutzer, allerdings mit einem "Expertenmodus" für den routinierten Benutzer
- Schneller Lern- und Gewöhnungseffekt durch Standardisierung
- Höchste Bedienerfreundlichkeit durch einfache Navigation im System
- Einhaltung der "Software-Ergonomie" bei Farben, Grafiken und Schriften.

5.3 Entscheidungsunterstützung

Eine ansprechende grafische Darstellung von Fakten, d.h. Ist-Daten, Vergangenheitsdaten und Plandaten jeglicher Ausprägung, ist sicher die Basis für Entscheidungen. Um aber den Entscheidungsprozeß wirksam zu unterstützen, bedarf es weiterer technischer Hilfen. Wenn wir davon ausgehen, daß jede Führungsebene die geschäftlichen Entscheidungen nach Betrachtung/Beurteilung von fünf oder sechs Schlüsselfragen fällt, so ist es wichtig, beim Einstieg in ein Informationssystem zu allererst diese fünf wichtigen Fragen darzustellen.

Diese Fragestellungen werden durch hochaggregierte Berichte unterlegt, bei denen mit der sog. **"Ampelfunktion"** gearbeitet wird, d.h., Abweichungen von bestimmten Planwerten werden innerhalb von definierten Bandbreiten visuell hinterlegt. Eine Abweichung von bis zu 5% wird z.B. grün dargestellt, dagegen eine Abweichung > 5% rot hervorgehoben.

Der einzelne Nutzer sieht also auf einen Blick, wo es gegebenenfalls ein Problem bzw. Handlungsbedarf gibt. Er hat nun die Möglichkeit, auf jeder gewünschten Detaillierungsebene die Abweichung zu analysieren. So kann z.B. ein Geschäftsbereichsleiter (mit der allgemein als **"Drill-down"** bekannten Funktion) bis auf Filial- oder Kundenberaterebene herunter verfolgen, welcher Sachverhalt für die Nichterreichung eines vorgegebenen Wertes verantwortlich ist, und dann entsprechende Maßnahmen einleiten.

Die dritte wesentliche Unterstützung für den Entscheider betrifft die Fragestellung **"Was wäre, wenn?"** Bei jeder Entscheidungsvorbereitung werden Alternativen untersucht. In der Diskussion der Alternativen, die letztendlich zur Entscheidung führt, gibt es aber häufig Ad-hoc-Fragestellungen, die nicht ohne weiteres beantwortet werden können. Es muß also möglich sein, z.B. bei einer geplanten Zinssatzänderung nicht nur vorgefertigte Alternativen zu betrachten, sondern ad hoc weitere Alternativen einzubauen. Das können u.a. die Zinssätze und die Volumina der Mitbewerber oder aktuelle Entwicklungen im Markt sein. Für den Kundenberater oder Filialleiter kann es wichtig sein darzustellen, wie eine geplante Aktion, z.B. eine Veränderung von Konditionen wie Zinsen und Provisionen bei einzelnen Kunden oder ein spezielles Produkt, seine Profitcenter-Rechnung beeinflußt.

Einfache Problemstellungen lassen sich sicher im Kopf oder mit dem Taschenrechner lösen. Sobald aber mehrere Parameter gleichzeitig geändert werden sollen, muß das unterstützende System erst einmal dazu in die Lage versetzt werden. Die mehrdimensionale Simulation wesentlicher Fragestellungen im System in Form von Formeln und Abhängigkeiten zwischen den einzelnen Daten ist einer der wesentlichen Vorteile des Systems.

Auf diese Weise ist es möglich, daß z.B. ad hoc die Eingabe von einer Zinssatzänderung, einer Mengenveränderung und einer Änderung der Provisionssätze zu einem Alternativergebnis errechnet und sofort am Bildschirm angezeigt wird.

5.4 Erfolgsfaktoren bei der Systemeinführung

Bei der Systemeinführung haben sich folgende Erfolgsfaktoren herauskristallisiert:

- Echter Bedarf (Vermeidung einer Informationsflut)
- Aufnahmebereites Umfeld (in bezug auf neue technische Medien)
- Promoter aus dem Top-Management (Vorstandsebene)
- Sachkundige Unterstützung aus der Fachabteilung (richtige Mischung aus Fachleuten und Technikern, problemorientiertes Arbeiten, nicht zu "detailversessen")
- Gute, leistungsfähige Hardware
- Extrem flexible Software
- Einfache, einsichtige Abbildung komplexer Sachverhalte
- Nutzerfreundlich, appetitanregend.

Vor einem abschließenden Ausblick noch zwei Aussagen zu der Leistungsfähigkeit unseres Management-Informationssystems, die aber sicher allgemein gültig sind:

1. **Was das System nicht leisten will**
   Das MIS garantiert den Unternehmenserfolg nicht automatisch und entbindet die Entscheidungsträger nicht von ihren Führungsaufgaben. Das System liefert keine konkreten Hinweise auf Innovationserfordernisse. Es ist nicht die Aufgabe des MIS, richtige und zutreffende Informationen über alles erdenklich Relevante zusammenzutragen.
2. **Was das System leisten will**
   Da jede Entscheidung nur so gut sein kann wie die Informationen, die ihr zugrundeliegen, soll das System zeitnah und kompetent einer zielgerichteten, systematischen Entscheidungsfindung auf allen Unternehmensebenen der Landesbank Berlin dienen.

6. Ausblick

Natürlich hat man beim Start eines neuen Führungs-Informationssystems noch nicht alle möglichen Abhängigkeiten und Fragestellungen gelöst. Ein ausgefeiltes System in einem Schritt zu implementieren, würde ja voraussetzen, daß die Führungkräfte aller Ebenen den Entscheidungsvorbereitern jede mögliche Fragestellung heute schon so darstellen könnten, daß sie systemtechnisch umzusetzen ist.

Wir setzen auf eine schrittweise Einführung, die es den Führungskräften ermöglicht, aufgrund der Erfahrung, die sie mit den angebotenen Berichten und Veränderungsmöglichkeiten gewinnen werden, neue Fragestellungen zu definieren und umzusetzen.

Durch das "Sammeln" aller relevanten Daten in einer durch ein Datenmodell hinterlegten Datenbank und die Bereitstellung eines Werkzeuges, das sowohl den Entscheider als auch den Entscheidungsvorbereiter in die Lage versetzt, Änderungen oder neue Problemstellungen schnell aufzunehmen und umzusetzen, glauben wir, für den fortlaufenden Prozeß des Ausbaues des Informationssystems gut gerüstet zu sein.

MUS - unverzichtbar für die Umsetzung von Strategien

Wilhelm Kirchner

1. Einleitung

Die Unterstützung der Unternehmensführung durch betriebliche Servicestellen bei der Umsetzung von Strategien in Investitionsvorhaben und bei der Steuerung der Tagesarbeit wird in der Praxis vielfach als mangelhaft beklagt. Die Erarbeitung von Strategien erfolgt oft losgelöst von der Tagesarbeit, die Tagesarbeit oft losgelöst von den Strategien.

Ein Management-Unterstützungssystem kann diesen Mißstand beseitigen helfen. Ziel ist dabei, die ganzheitliche Sicht der Handlungsfelder, Chancenpotentiale und Stärken des Unternehmens in den Mittelpunkt zu rücken, die Kräfte zu bündeln und die Möglichkeiten konsequent zu nutzen. Im folgenden wird hierfür eine Systemkonzeption vorgestellt, die sich in der Praxis vielfach bewährt hat.

2. Aktuelle Probleme der Unternehmenssteuerung

Für Versicherungsunternehmen lassen sich zwei große Problemkreise der Steuerung erkennen:

- Das *Anpassungsproblem*. Die Umweltbedingungen der Versicherungsunternehmen ändern sich schneller als in der Vergangenheit. Unerwartete Ereignisse treten häufiger ein. Die Komplexität der Aufgaben nimmt ständig zu. Das macht es notwendig, die Versicherungsunternehmen so zu organisieren, daß sie angemessen und rechtzeitig auf derartige Änderungen reagieren können. Ein aktueller Aufgabenbereich in der Assekuranz ist beispielsweise die stärkere Kundenorientierung des Innen- und Außendienstes bis hin zu kundenorientierten ganzheitlichen Arbeitsabläufen über einzelne Sparten hinweg.
- Das *Koordinationsproblem*. Das Wachstum der Versicherungsunternehmen mit einer zunehmenden Betriebsgröße, die Tendenz zu weiterer Konzentration in Versicherungsgruppen und eine stärkere Aufgabenverteilung verlangen eine geeignete Steuerung und Abstimmung der einzelnen Tätigkeiten im Unternehmen.

Einer wirksamen Unterstützung der Unternehmensführung kommt zur Lösung dieser Probleme auf allen Ebenen im Innen- und Außendienst und über alle Aufgabengebiete, die zu steuern sind, eine ganz entscheidende Bedeutung zu. Dabei ist die aktuelle Information über gegenwärtige Vorgänge zur Kontrolle des Geschäftsverlaufs und der Wirksamkeit eingeleiteter Maßnahmen ebenso wichtig wie die Aufbereitung von Vergangenheitsinformationen zur Analyse von Entwicklungstrends und die Unterstützung einer wirksamen Unternehmensplanung durch Prognoseinformationen über voraussichtliche zukünftige Entwicklungen.

Das Spektrum dieser Steuerungsinformationen reicht von Daten zu allgemeinen wirtschaftlichen Trends und zur Entwicklung von Kundenpotentialen über Konkurrenzdaten im Finanzdienstleistungsbereich sowie Informationen zur betrieblichen Leistungsfähigkeit in allen Organisationseinheiten des Innen- und Außendienstes und eventueller Kooperationspartner bis hin zu den Ergebnisinformationen eines Geschäftsjahres.

3. Ziele eines MUS

Ein Management-Unterstützungssystem (MUS) soll in erster Linie die vornehmlichen Ziele der Unternehmensführung unterstützen wie z.B.:

- Sicherstellung eines kooperativen Führungsstils und weitgehender Verantwortungsdelegation auf alle Organisationseinheiten im Innen- und Außendienst
- Erreichen eines Gleichgewichts von Unternehmensergebnis, betrieblicher Leistungsfähigkeit und Ertragspotentialen durch systematische und formalisierte Informationen über diese Grundlagen
- rechtzeitige Information bei Abweichungen von den geplanten Kenngrößen, d.h. Tendenzerkennung bereits bei schwachen Signalen, um rechtzeitig gegensteuern zu können
- nachhaltiges und zukunftsorientiertes Beseitigen von Engpässen in allen Aufgabenbereichen.

Eine wirksame Unterstützung der Unternehmensführung muß darüber hinaus auch die unterschiedlichen zeitlichen Wirkungen von Führungstätigkeiten berücksichtigen (Abb. 1). Die strategische Steuerung verlangt Entscheidungen, die auf die Schaffung und Erhaltung von Erfolgspotentialen ausgerichtet sind. Bei der Erstellung eines strategischen Plans schaut man nicht nur nach Zukunftsszenarien, sondern führt je nach Betrachtungsobjekt auch eine Analyse der mehrjährigen Vergangenheitsdaten durch. Strategische Entscheidungen haben eine langfristige Wirkung. Darum gelten für die strategische Steuerung besonders hohe qualitative Anforderungen bezüglich der zeitlichen Stabilität.

Maßnahmen, die infolge strategischer Entscheidungen durchgeführt werden, schlagen sich häufig in Investitionsvorhaben nieder, beispielsweise in Maßnahmen zur Erhaltung und Verbesserung der betrieblichen Leistungsfähigkeit. Dazu gehören struktur- und ablauforganisatorische Änderungen, der

Einsatz der elektronischen Datenverarbeitung im Innen- und Außendienst sowie Änderungen von Aufgabeninhalten oder neu hinzukommende Aufgaben im Betrieb, aber auch eine kundenorientierte und spartenübergreifende Sachbearbeitung. Solche Investitionsvorhaben erfordern meistens einen mehrjährigen Analyse- und Entwicklungsprozeß. Ihre Wirkung ist ebenfalls über einen Nutzungszeitraum (z.B. bei neuen Verfahren) von mehreren Jahren vorgesehen. Die Unterstützung für die Investitionssteuerung liegt zeitlich innerhalb des Analyse- und Planungszeitraums für die strategische Steuerung, erfordert ihrerseits aber auch wiederum Informationen von hoher zeitlicher Konsistenz.

Das Erreichen eines zufriedenstellenden wirtschaftlichen Unternehmensergebnisses ist Gegenstand der operativen Steuerung und Zielsetzung. Die Nähe zur Tagesarbeit erfordert in der unternehmerischen Praxis hier in aller Regel einen Planungszeitraum von einem Geschäftsjahr. Der Vergleich zum Vorjahr wird dabei häufig zur kurzfristigen Information über Richtung und Geschwindigkeit von Entwicklungsverläufen herangezogen.

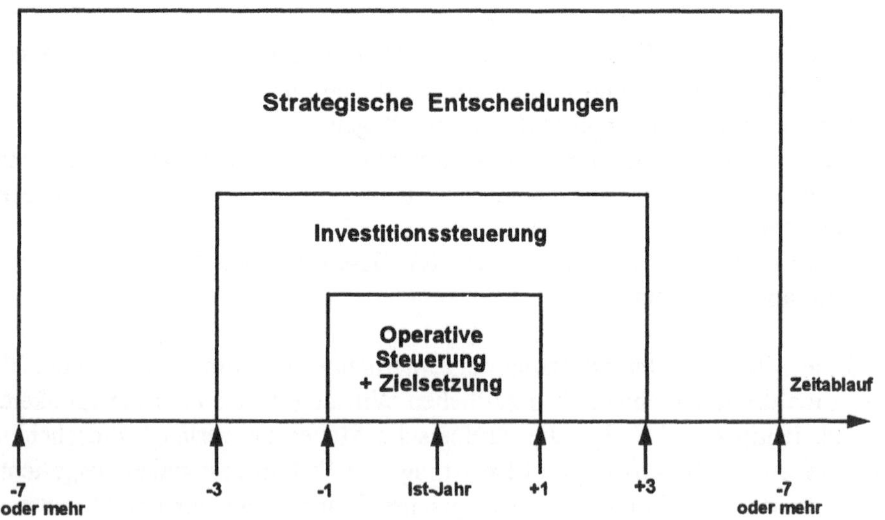

Abb. 1 Zeitliche Wirkung von Führungstätigkeiten

4. Die Informationsfelder der Steuerung

Um die für die Steuerung von Unternehmen benötigten Informationen erfassen zu können, ist es notwendig, die Aufgaben der Unternehmenssteuerung mit den Unternehmenszielen in eine sachlogische Gliederung einzubringen. In der Unternehmenspraxis dagegen wird in aller Regel eine zeitliche und inhaltliche Verzahnung der einzelnen Informationsfelder festzustellen sein.

Steuerungsaufgaben sind originäre Führungstätigkeiten. Drei wesentliche Aufgabenbereiche, in denen sich auch der unterschiedliche zeitliche Betrachtungsaspekt widerspiegelt, sind

- Planung
- Organisation
- Kontrolle.

Hieraus lassen sich die unterschiedlichen zeitlichen Dimensionen der Unterstützung für die Unternehmenssteuerung erkennen: Die Aufbereitung von Vergangenheitsinformationen zur Analyse bisheriger Entwicklungen, die Unterstützung von Planungen durch zukunftsgerichtete Informationen in Form von Trendanalysen oder Prognoserechnungen sowie die laufende Ergebniskontrolle in Form sogenannter Soll-Ist-Vergleiche. Diese zeitlichen Aspekte betreffen alle Informationen, die für strategische Entscheidungen, für Investitionsentscheidungen oder für operative Entscheidungen benötigt werden. Die Unterstützung der Unternehmensführung und vor allem die Informationsversorgung finden sich in der Controlling-Funktion wieder – ein neu gefaßter Aufgabenbereich, der auch in der Versicherungswirtschaft zunehmend an Bedeutung gewonnen hat.

Gliedert man die Informationsfelder der Steuerung nach dem jeweiligen Ergebnis der Steuerungstätigkeiten, lassen sich drei Informationsfelder unterscheiden:

- Ertragsmöglichkeiten
- Betriebliche Leistungsfähigkeit
- Wirtschaftliches Ergebnis.

Unter strategischer Steuerung werden Entscheidungen über Produkte und Märkte verstanden, die zum Ziel haben, Ertragsmöglichkeiten zu schaffen, zu erhalten und zu verbessern. Zur organisatorischen Steuerung gehören Entscheidungen über die Aufbau- und Ablauforganisation sowie über die qualitative und quantitative Ausstattung des Betriebes mit Produktionsfaktoren; hierdurch wird die betriebliche Leistungsfähigkeit geschaffen, erhalten und verbessert. Die operative Steuerung beinhaltet Entscheidungen über konkrete Ergebnis- und Marktziele in allen Organisationseinheiten und die zu deren Erreichung erforderliche Kombination der Produktionsfaktoren; das wirtschaftliche Ergebnis einer Periode ist Ziel der operativen Steuerung.

Untereinander stehen diese verschiedenen Tätigkeitsfelder der Unternehmensführung in einem Abhängigkeitsverhältnis. So lassen sich in der Praxis niemals alle theoretisch denkbaren Ertragsmöglichkeiten ausschöpfen, weil die betriebliche Leistungsfähigkeit naturgemäß begrenzt ist. Das wirtschaftliche Ergebnis einer Periode wiederum läßt sich nur innerhalb der Ertragsmöglichkeiten und im Rahmen der betrieblichen Leistungsfähigkeit erzielen. Die Abbildung 2 soll die verschiedenen Zusammenhänge der Informationsfelder der Steuerung verdeutlichen, wobei insbesondere die Abhängigkeit der einzelnen Informationsfelder voneinander und auch die zeitliche Reichweite bezogen auf Vergangenheits-, Gegenwarts- und Zukunftsinformationen aufgezeigt werden.

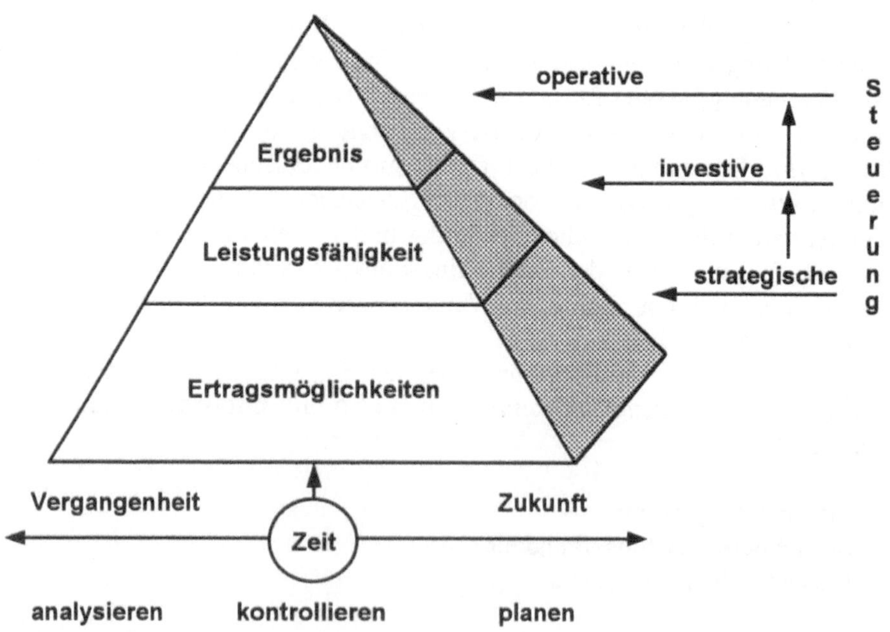

Abb. 2 Die Informationsfelder der Steuerung

4.1 Informationsfeld "Ertragsmöglichkeiten"

Die Unterstützung der strategischen Steuerung zur Schaffung, Erhaltung und Verbesserung der Ertragsmöglichkeiten im Versicherungsunternehmen betrifft das Gesamtunternehmen mit allen seinen wirtschaftlich relevanten Umweltbeziehungen. Bezogen auf den Zeitaspekt handelt es sich hier meist um langfristige Analysen von Daten aus der Vergangenheit sowie um ebenfalls längerfristige Projektionen möglicher Entwicklungstrends in die Zukunft, aus denen dann mittel- und kurzfristige Maßnahmen abgeleitet werden sollen. Informationen sind in diesem Zusammenhang nicht nur konkrete, quantifizierbare Daten, sondern – besonders bei der Betrachtung zukünftiger Entwicklungslinien – u.a. auch qualitative Einschätzungen, Expertenurteile über Entwicklungsverläufe, Zieldaten globaler Art, Informationen aus Marktstudien, Bevölkerungsprognosen. Vier wesentliche Informationsbereiche, denen die einzelnen Informationsarten zugeordnet werden können, sind:

- Marktpotentiale
- Konkurrenten
- Serviceleistungen
- Produkte.

Dabei kommt es in der Unternehmenspraxis darauf an, Informationen aus allen diesen Gruppen entsprechend den unternehmerischen Zielsetzungen miteinander zu kombinieren; insofern haben Informationen über Ertragsmöglichkeiten immer alle diese Ausprägungen gleichzeitig, was in Abb. 3 verdeutlicht werden soll.

Die Geschäftstätigkeit des einzelnen Versicherungsunternehmens sowie seine spezifischen Produkte, Serviceleistungen, Kundengruppen, örtlichen Märkte und Konkurrenten bestimmen im einzelnen konkret den Informationsbedarf.

Für die informationelle Unterstützung der strategischen Steuerung sind Informationen zu erheben und aufzubereiten, die Chancen und Risiken des Unternehmens aus der Vergangenheit, in der Gegenwart und für die Zukunft aufzeigen sollen. Ausgangspunkt der Erhebung ist einerseits die Marktsituation mit einer Analyse der Potentiale und andererseits die Unternehmenssituation mit einer Analyse der Versicherungsbestände, gegliedert nach den Marktsegmenten (Abb. 4). Je nach der spezifischen Situation des einzelnen Versicherungsunternehmens (z.B. Konzernverbund, Kooperationspartner, Vertriebswege) ist dabei die Kundengruppenorientierung ein wesentlicher Gesichtspunkt zur Informationsgliederung. Die Kombination der gebildeten Kundengruppen mit den Versicherungs-, Kapitalanlagen- und Dienstleistungsprodukten des Versicherungsunternehmens, eine weitere Untergliederung nach Regionen sowie nach Vertriebswegen für die unterschiedlichen Kundengruppen und Produkte kann beispielsweise strategische Geschäftseinheiten darstellen, nach denen dann auch die Unterstützung erfolgen muß.

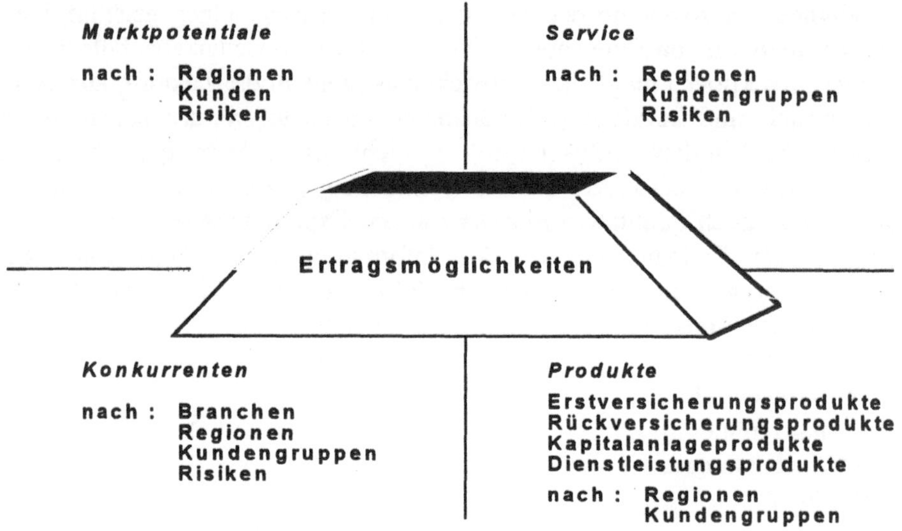

Abb. 3 Informationsfeld Ertragsmöglichkeiten

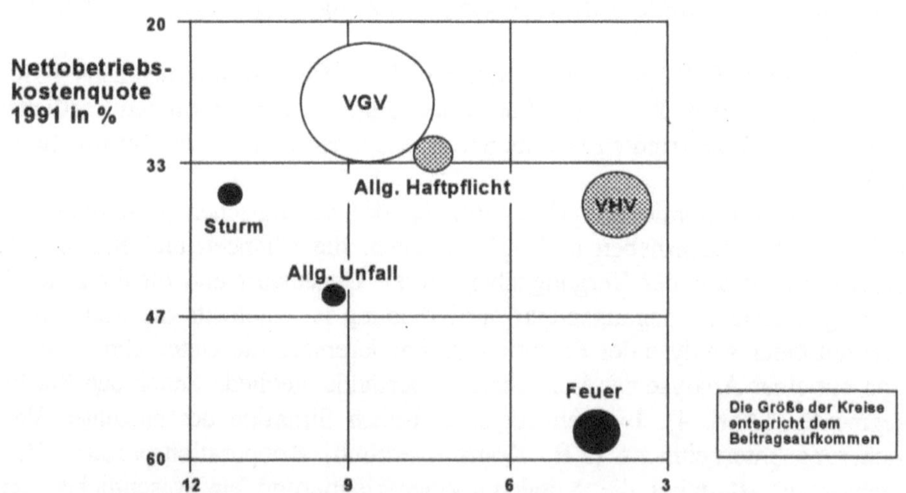

Abb. 4 Portfolioanalyse (Marktwachstum und Betriebskostenquoten)

Informationen über Marktpotentiale nach Regionen, Kundengruppen und Risikoarten sind Grundlage jeder strategischen Planung im Versicherungsunternehmen. Hierbei handelt es sich im wesentlichen um externe Informationen, die entweder über Marktuntersuchungen, amtliche oder andere externe Statistiken oder durch Erhebungen bei Berufsverbänden und dergleichen beschafft werden müssen. Beispiele hierfür sind die regelmäßigen Statistikdienste der statistischen Landesämter und des Statistischen Bundesamtes, Informationen aus dem Kraftfahrtbundesamt, Informationen über Betriebsstätten aus den Gewerbeämtern usw. Die Art der Informationen und ihre Aufgliederung, z.B. insbesondere nach regionalen Gesichtspunkten, sind von Unternehmen zu Unternehmen entsprechend den strategischen Geschäftseinheiten unterschiedlich. Von grundlegender Bedeutung bei der Kundengruppe Privatkundschaft sind beispielsweise die Bevölkerungsentwicklung und auch die Haushaltsentwicklung.

Für einzelne Märkte kann die Versicherungswirtschaft auch auf Prognosen vorgelagerter Wirtschaftszweige zurückgreifen, so z.B. bei der Entwicklung des Kraftfahrzeugmarktes auf die Shell-Prognose oder vor allem für den Markt der Industrieversicherungen auf Prognosen der entsprechenden Wirtschaftsverbände. Informationen über Marktpotentiale sind generell schwierig zu beschaffen und erfordern eine qualitative Einschätzung durch die damit befaßten Fachleute – vor allem, was die Entwicklungslinien in die Zukunft betrifft. Gleichwohl bilden sie die Grundlage aller strategischen Entscheidungen im Versicherungsunternehmen. Eine zweite Gruppe externer Informationen betrifft die Konkurrenten. Auch hier ist eine Informationsbeschaffung nach Branchen, regionalen Gesichtspunkten, Kundengruppen und Risiken notwendig, wobei – z.B. in dem Segment Privatkunden in den einzelnen Altersklassen – die spezielle Marktleistung der Versicherungsunternehmen auch in Konkurrenz zu Finanzdienstleistungen der Kreditwirtschaft und anderer Wirtschaftszweige einbezogen werden muß, sofern sie für das einzelne Versicherungsunternehmen bei seinen Kundengruppen als Konkurrenten auftreten. Auch diese Konkurrenzinformationen sind extern nur schwer zu beschaffen, vor allem bezogen auf die relevanten Untergliederungen. Ersatzweise lassen sich z.B. für Versicherungsunternehmen die extern verfügbaren Betriebsvergleiche und auch die Daten aus den Geschäftsberichten des Bundesaufsichtsamtes für das Versicherungswesen auswerten, um Entwicklungsverläufe genereller Art vergleichen zu können. Ergänzend zu den verfügbaren quantitativen Informationen sind jedoch immer qualitative Einschätzungen des eigenen Unternehmens im Vergleich zu den Hauptkonkurrenten – bezogen auf die für das einzelne Versicherungsunternehmen wichtigen Faktoren – erforderlich. Solche strategischen Schlüssel bzw. kritischen Erfolgsfaktoren können z.B. sein:

- kundengruppenbezogenes Produkt
- attraktive Preis- und Konditionsgestaltung
- kundennahe Serviceleistungen.

Die Informationen über die Serviceleistungen des eigenen Versicherungsunternehmens sowie der relevanten Konkurrenten nach Kundengruppen, Risikoarten und regionalen Gegebenheiten erfordern eine Marktuntersuchung meistens durch den eigenen Außendienst. Hierbei kann beispielsweise gedacht werden an eine ortsnahe Betreuung bestimmter Kundengruppen durch speziell hierfür gebildete Organisationseinheiten – z.B. der Genossenschaftsverbund der Raiffeisenkassen oder der Verbund im öffentlich-rechtlichen Bereich bei der Betreuung der ländlichen Privatkundschaft oder örtliche Schadenschnelldienste in Großstädten für Kraftfahrzeugschäden. Auch hier kommt es zur Bewertung der erhobenen Informationen wiederum auf eine qualitative Einschätzung der Stellung des eigenen Versicherungsunternehmens im Vergleich zu den Konkurrenzunternehmen an.

Die Informationen über die eigenen Produkte des einzelnen Versicherungsunternehmens nach regionalen Gegebenheiten und Kundengruppen erfordern ebenfalls zwar einerseits eine Einschätzung der Stärken und Schwächen, bezogen auf die angebotenen Produkte, andererseits aber verstärkt die Betrachtung des Zusammenhanges zwischen Produktangebot und relevantem Marktpotential. So lassen sich beispielsweise im Bereich der Kompositversicherung regional verschiedene Schadenhäufigkeiten beobachten (u.a. bei Kraftfahrthaftpflicht, Einbruch-Diebstahl, Leitungswasser, Sturm), eine wichtige Information für die regionale Vertriebssteuerung und die Bildung von kundengruppenbezogenen Produktbündeln. Ähnlich wie bei der tarifmäßigen Berücksichtigung von Sturmzonen könnten auch bei anderen Produkten regional unterschiedliche Gegebenheiten in die Kundenkalkulation und die entsprechende provisionsmäßige Steuerung des Vertriebes eingehen. Langfristige Erfolgsbetrachtungen der einzelnen regionalen und kundengruppenbezogenen Produkte können dabei die Entscheidungen über die Durchführung strategischer Maßnahmen absichern.

Bereits aus diesen wenigen Beispielen wird ersichtlich, daß das innerbetriebliche Rechnungswesen der Versicherungsunternehmen für die Unterstützung der strategischen Steuerung eine zunehmende Bedeutung gewinnt. War bisher die Ausrichtung an den Rechnungslegungsvorschriften bei der Gliederung von Rechnungssystemen die Regel, so muß ergänzend hierzu in Zukunft die Ausrichtung an den strategisch erforderlichen innerbetrieblichen Informationsstrukturen verstärkt werden. Ebenso ist die regelmäßige Erfassung, Speicherung und Aktualisierung der entsprechenden Potentialinformationen zu organisieren, um die Unternehmensdaten den relevanten Umweltinformationen gegenüberstellen zu können.

Bewertung der Segmentierungskriterien (VHT)

Segmentierungskriterien	unterdurchschnittl. Schadenrisiko (A)	durchschnittliches Schadenrisiko (B)	hohes Schadenrisiko (C)
(1) Wertigkeit des Hausrats			
• einfache Ausstattung	X		
• mittlere Ausstattung		X	
• hohe Ausstattung			X
(2) Regionale Lage			
• einfache Wohnlage	X		
• mittlere Wohnlage		X	
• hohe Wohnlage			X
(3) Lage der Wohnung			
• EFH			X
• Wohnungen im Erdgeschoß		X	
• Wohnungen ab 1. Etage	X		
(4) Wohnungsnutzung			
• ständig bewohnt	X		
• nicht ständig bewohnt in ständig bewohnten Gebäude		X	
• nicht ständig bewohnt in nicht ständig bewohnten Gebäuden			X

Abb. 5 VHV-Analyse

Auch die Fachverbände der Versicherungswirtschaft können hier durch Bereitstellung allgemein verfügbarer Informationen – z.B. der Informationen aus den statistischen Ämtern – einen Beitrag zur rationcllcn Informationsverarbeitung leisten. Beispielsweise ließe sich ein Rechnerverbund von den Fachverbänden zu den einzelnen Versicherungsunternehmen dergestalt denken, daß jedes Unternehmen über eine Datenleitung seine relevanten allgemeinen Informationen abrufen kann. Bisher ist hierfür in jedem Unternehmen eine Primärdatenerfassung aus papierenen Unterlagen erforderlich. Auch ist es denkbar, daß sich spezielle Dienstleistungsunternehmen – ähnlich wie bei der etablierten Marktforschung – anbieten, um interessierte Kunden mit relevanten Umweltinformationen zu versorgen.

4.2 Informationsfeld "Leistungsfähigkeit"

Bilden Informationen über die Ertragsmöglichkeiten eines Versicherungsunternehmens die Grundlage aller wirtschaftlichen Handlungsmöglichkeiten, so sind Informationen über die Leistungsfähigkeit des einzelnen Versicherungsunternehmens notwendig, um den Wirkungsgrad zu bestimmen, den das

Versicherungsunternehmen in seinen Märkten hat bzw. erreichen kann. Informationen zur Steuerung der Leistungsfähigkeit betreffen im wesentlichen die aufgabengerechte Gestaltung der Aufbau- und Ablauforganisation und eine entsprechende qualitative und quantitative Ausstattung mit Produktionsfaktoren, also die organisatorische Umsetzung der im Rahmen der strategischen Steuerung beschlossenen Maßnahmen. Dabei ergeben sich für die Organisation der Versicherungsbetriebe in Abhängigkeit von den anfallenden Aufgaben eine Reihe von Besonderheiten und Restriktionen, die sich aus der Eigenart der Versicherungsprodukte (z.B. durch die Langfristigkeit der Versicherungsverhältnisse, die Reihenfolge der produktbezogenen Teilaufgaben und den Automatisierungsgrad im sogenannten Massengeschäft) ergeben. Steuerungsinformationen zur betrieblichen Leistungsfähigkeit sollen also die Entscheidungen über den Betriebsaufbau und Betriebsablauf, die Personalstrukturen, die Sachmittelunterstützung der Betriebsprozesse sowie die Führungsstruktur und die personelle Besetzung der Führungsstellen unterstützen. Die betriebliche Leistungsfähigkeit wird aber auch durch Kooperationen beeinflußt, beispielsweise einen Finanzdienstleistungsverbund oder auch ein Beratungsangebot im Schadens- und Finanzierungsfall. Die Abbildung 6 soll exemplarisch die Informationsgliederung verdeutlichen.

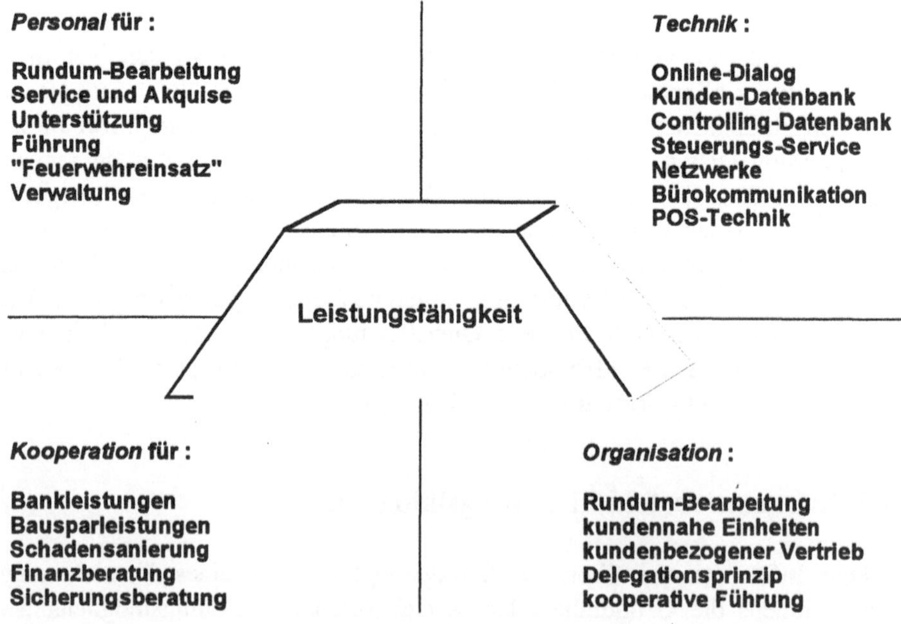

Abb. 6 Informationsfeld Leistungsfähigkeit

Die Informationen zum Produktionsfaktor Personal betreffen die quantitative und qualitative Ausstattung der einzelnen Organisationseinheiten, gegliedert nach den strategischen Segmenten Regionen, Kundengruppen, Risikoarten usw. und bezogen auf die Aufgabenbereiche im Versicherungsunternehmen im Innen- und Außendienst. Solche Steuerungsinformationen zum Personal sollen vor allem Entwicklungsnotwendigkeiten in Abhängigkeit von den strategischen Zielen der einzelnen Versicherungsunternehmen aufzeigen. Eine denkbare Entwicklungsmöglichkeit wäre beispielsweise die Einrichtung kundennaher Organisationseinheiten mit einer Standardbearbeitung aller Versicherungs- und Dienstleistungsprodukte. Hierfür wird ein anderer Sachbearbeitertyp erforderlich werden als bei der in der Vergangenheit üblichen spartenorientierten Bearbeitung. Für die Bearbeitung zeitlich und/oder regional kurzfristig auftretender Arbeitsschwerpunkte – als Beispiel sei hier nur die Münchner Hagelkatastrophe erwähnt – kommt es auf eine flexible Personaleinsatzorganisation an, die strukturübergreifend die Kundenprobleme vor Ort lösen können muß. Eine derartige informationelle Unterstützung erfordert eine Informationserhebung, -speicherung und -darstellung über Art, Anzahl und zeitliche Verteilung der entsprechenden Geschäftsvorfälle und die entsprechende personelle Ausstattung der Organisationseinheiten.

Der Teilbereich Technik betrifft überwiegend Art und Umfang der automatisierten Bearbeitung aller Geschäftsvorfälle im Versicherungsunternehmen nach den Erfordernissen sowohl der einzelnen Sparten als auch der einzelnen Regionen und Kundengruppen. Von zunehmender Bedeutung ist hierbei die Generierung von Steuerungsinformationen aus den täglichen Arbeitsprozessen in übergreifenden Systemen, wie z.B. Kundendatenbanken, Controlling-Datenbanken und Potentialdatenbanken. Einige wesentliche Entwicklungslinien bei dem EDV-Einsatz in Versicherungsunternehmen sind die dialogorientierte Sachbearbeitung, die Schaffung von Informationsnetzen in den Unternehmen und darüber hinaus die Unterstützung der Sachbearbeitung durch elektronische Bürokommunikation sowie die Schaffung dezentraler Organisationseinheiten mit unmittelbarem Anschluß an die EDV. Informationen über die Technik betreffen aber nicht nur die verfügbaren Geräte und Leitungen, sondern vor allem auch eine an den strategischen Erfordernissen ausgerichtete Systementwicklung. Die Entwicklung EDV-gestützter Arbeitsverfahren erfordert ein System der Projektplanung und -durchführung, das auch die entsprechenden Steuerungsinformationen hierfür liefert. Hierzu gehören beispielsweise Zeit- und Aufgabenpläne, Entwicklungsalternativen, personelle und maschinelle Kapazitäten sowie deren intensitätsmäßige und zeitliche Verfügbarkeit. Die finanziellen Konsequenzen schließlich sind mit Verfahren der Investitionsrechnung aufzuzeigen.

Informationen über Kooperationspartner für Bank- und Bausparleistungen, für Schadensanierungen, Finanz- und Sicherungsberatungen betreffen zum einen quantitativ meßbare Vertriebsaktivitäten (z.B. Art und Anzahl der akquirierten Neuverträge in einzelnen Sparten durch Kooperationspartner), zum anderen aber auch die qualitative Einschätzung der Leistungen von Kooperationspartnern für bestimmte Kundengruppen, Regionen und Risikoarten. Art und Inhalt der Informationen bestimmen sich nach der Notwendigkeit, zur Lösung bestimmter Kundenprobleme auf Kooperationspartner zurückzugreifen. Auch hier ist also die strategische Segmentierung anhand der Kundenprobleme entscheidend für die Unterstützung zur Steuerung der Leistungsfähigkeit.

Informationen über die Organisation selbst betreffen sowohl die Bearbeitungsabläufe als auch die Strukturierung des Versicherungsunternehmens. Ausgehend von der generellen Orientierung an den Kundengruppen und den regionalen Besonderheiten handelt es sich auch hier im wesentlichen um die qualitative Einschätzung der Stärken und Schwächen der Organisation des einzelnen Versicherungsunternehmens, bezogen auf den strategisch gewünschten Soll-Zustand. Mit Methoden der Organisationsanalyse lassen sich arbeitsmengen- und geschäftsvorfallabhängige Informationen erheben, die die Entscheidungen über die organisatorische Gestaltung von Abläufen und Strukturen unterstützen. Dabei ist die Einschätzung der künftigen Entwicklung u.a. deshalb besonders problematisch, weil hierfür die Informationen aus der Vergangenheit nur bedingt übertragbar sind, wenn eine Änderung der spartenorientierten in eine kundenorientierte Arbeitsweise erfolgt. Die Gliederung aller Tätigkeiten im Versicherungsunternehmen in entsprechende Geschäftsvorfallarten, deren regelmäßige Überarbeitung, die mittel- und langfristige Analyse der Entwicklung der Geschäftsvorfallarten sowie der dafür erforderliche Zeitbedarf sind einige exemplarisch zu nennende Informationen, die den organisatorischen Steuerungsprozeß unterstützen können. Die Zeitkomponente ist hierbei die entscheidende Informationsgröße. Jeder Geschäftsvorfall erfordert eine bestimmte Bearbeitungszeit und jeder Produktionsfaktor – Personal und EDV – hat eine bestimmte zeitliche Kapazität, was im organisatorischen Ablauf aufeinander abzustimmen ist. Darüber hinaus ist als qualitative Information eine Einschätzung der Leistungsfähigkeit aller Funktionsbereiche und Organisationseinheiten erforderlich, die im mittelfristigen Zeitablauf regelmäßig zu wiederholen ist, um gewollte und ungewollte Entwicklungstendenzen rechtzeitig zu erkennen und gegensteuern zu können (Abb. 7). Hierfür gibt es Analyse- und Planungstechniken, die auf die Überprüfung des zielgerichteten und rationellen Einsatzes vorhandener Produktionsfaktoren zielen. Die Darstellung kann in sogenannten Stärken-Schwächen-Profilen erfolgen, die sich im Zeitablauf für gleiche Aufgabenbereiche und gleiche Organisationseinheiten dann gegenüberstellen lassen (Abb. 8).

Leistungsniveau 1	Verfahren
quartalsweiser Kostenarten-Soll-Ist-Vergleich jeweils am 20. Arbeitstag nach Quartalsende	manuell
Leistungsniveau 2	
monatlicher Kostenarten / Kostenstellen-Soll-Ist-Vergleich jeweils am 10. Tag des Folgemonats	per EDV außer Haus
Leistungsniveau 3	
monatlicher Kostenarten / Kostenstellen-Soll-Ist-Vergleich jeweils am 5. Arbeitstag des Folgemonats mit Analyse nach den wichtigsten Abweichungsarten: Beschäftigung, Preis, Leistung und Verbrauch	per EDV auf Rechenanlage im Haus

Leistungsniveaus und Verfahren in der Kostenrechnung

Abb. 7 Leistungsniveau einer Kostenstelle

Strategische Analyse der inneren kritischen Erfolgsfaktoren
Markt- und absatzorientierte Erfolgsfaktoren
Leistungsangebot

○ Ist-Profil ● Soll-Profil

Erfolgsfaktoren	- -	-	0	+	+ +	Erläuterungen
Preis-/ Leistungsverhältnis			○	●		Sind die Leistungen des Kunden und die Gegenleistung angemessen?
Zielgruppenbezogene Produkte	○				●	Sind die Produkte auf den speziellen Bedarf verschiedener Zielgruppen über alle Sparten abgestimmt?
Breite der Produktpalette	○			●		Werden alle wesentlichen auf dem Markt erhältlichen Produkte und ihre Varianten angeboten?
Innovationsgrad der Produkte		○			●	Unterscheiden sich die Produkte wesentlich von denen der Wettbewerber?
Kundenberatung		○			●	Erfolgt eine qualifizierte, spartenübergreifende und langfristig orientierte Beratung des Kunden vor bzw. bei Vertragsabschluß?
Kundenservice und Kundenbetreuung			○	●		Werden zusätzliche Serviceleistungen erbracht, z.B. Kundeninformationen? Wird der Kunde auch nach Vertragsabschluß regelmäßig betreut?
Kundenbindung			○	●		Besteht ein starkes Vertrauensverhältnis des Kunden zum Außendienst?

Abb. 8 Kritische Erfolgsfaktoren

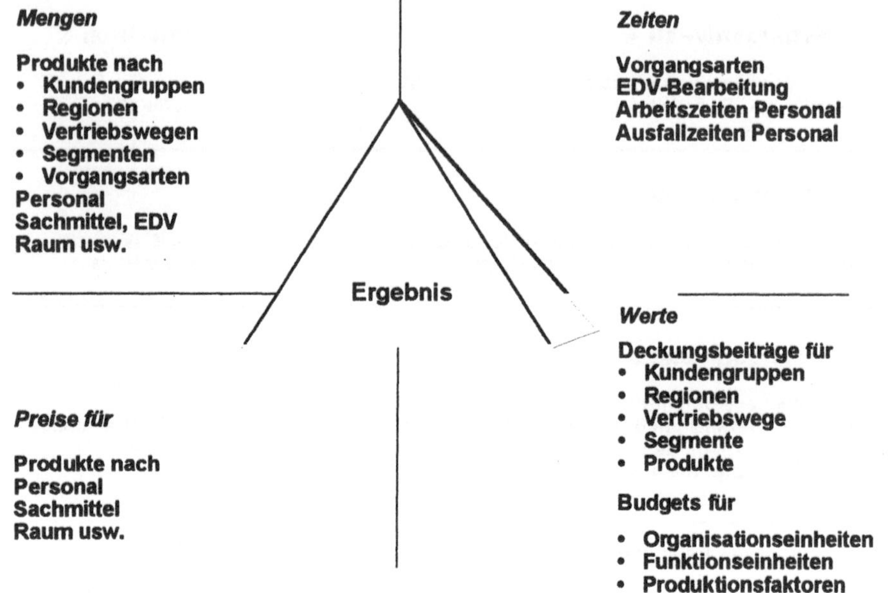

Abb. 9 Informationsfeld Ergebnis

4.3 Informationsfeld "Ergebnis"

Alle Tätigkeiten im Versicherungsunternehmen zielen auf die Erreichung eines zufriedenstellenden wirtschaftlichen Ergebnisses der Gesamtunternehmung und der strategischen Geschäftseinheiten ab. Dieses Informationsfeld beinhaltet demzufolge konkrete quantifizierbare Informationen, die sich grundsätzlich in die in Abb. 9 wiedergegebenen Teilbereiche gliedern lassen.

Dadurch, daß diese Informationen quantifizierbar sind, eignen sie sich besonders für eine EDV-mäßige Bearbeitung sowie unter Nutzung der modernen Technik zur Auswertung in Form von Tabellen und Graphiken über Personal Computer, die mit entsprechender Software auch unmittelbar durch Führungskräfte genutzt werden können.

Informationen über die Mengen beziehen sich auf Produkte (z.B. Neugeschäft, Bestand, Storno, Schaden) in der Gliederung nach den strategischen Geschäftseinheiten und Segmenten, auf die Produktionsfaktormengen (Personal, Raum, Sachmittel, EDV-Anteile usw.) sowie auf die Arbeitsmengen (den Leistungsbedarf nach Geschäftsvorfallarten). Als Steuerungsinformation soll dieses Mengengerüst einen Überblick über die stückzahlbezogene Entwicklung der Produkte sowie deren rechnerischen Faktorbedarf geben.

Informationen über die Zeiten ermöglichen einerseits die Ermittlung des Zeitbedarfs aus den Arbeitsmengen heraus und andererseits deren Gegenüberstellung mit der zeitlichen Kapazität der einzelnen Organisationseinheiten. Hier wird die Verbindung zur Organisationsplanung deutlich: Der Stückzeitbedarf aller in einer Organisationseinheit vorkommenden Geschäftsvorfallarten ist unmittelbar abhängig von der Arbeitsorganisation, von Art und Umfang einer maschinellen Unterstützung der Arbeitsvorgänge sowie von der quantitativen und qualitativen Faktorausstattung der Organisationseinheit.

Die Preise, die für ein Produkt erzielt oder von einem Produkt im betrieblichen Leistungsprozeß "bezahlt" werden, sind alle im weitesten Sinne als Einzelpreise in Geldeinheiten darstellbare Werte. Bei den Organisationseinheiten sind es die Preise, die die Organisationseinheit für ihre Arbeitsleistung, bezogen auf die einzelnen Geschäftsvorfallarten, verlangt. Als vergleichendes Beispiel kann hier ein anderer Dienstleistungsbetrieb herangezogen werden, nämlich eine Kraftfahrzeugwerkstatt, die ebenfalls ihre Preise nach den zeitabhängigen Arbeitseinheiten und dem Faktorpreis der mit der Arbeit beauftragten Mitarbeiter berechnet.

Letztlich werden alle Tätigkeiten im Versicherungsunternehmen als Werte dargestellt. Diese Informationen sind aus betriebswirtschaftlicher Sicht bereits Ergebnisse, da sie sich durch die multiplikative Verknüpfung der sie jeweils begründenden Mengen und Preise berechnen lassen. Als Darstellungsform für die Produkte kann dabei beispielsweise das Format einer gestuften Deckungsbeitragsrechnung für Kundengruppen, Regionen, Vertriebswege, Segmente oder Produkte gewählt werden. Da sich die Wertebetrachtung zunächst einmal auf bestimmte Rechnungsperioden bezieht, lassen sich Stufen an Deckungsbeiträgen nach den Aspekten der Zurechenbarkeit, der Vollständigkeit und Periodenabgrenzung unterscheiden. Die Unterstützung der Führungskräfte mit Hilfe der Deckungsbeitragsrechnung soll, ausgehend von einer Jahresplanung, unterjährig und nach Ablauf des Jahres über den Ergebnisstand informieren und eine Abweichung zwischen Soll-Werten und Ist-Werten in ihrer Tendenz und Stärke aufzeigen, um hiermit zu einer Entscheidung über eventuelle Gegenmaßnahmen beizutragen.

Die Werterechnung der Organisationseinheiten soll eine übersichtliche Darstellung aller Kostenbeträge enthalten, die für eine Organisationseinheit aufgewendet werden. Als Darstellungsform kann hier das Format einer gestuften Budgetrechnung gewählt werden. Die einzelnen Budgetstufen sind nach den Aspekten der unmittelbaren oder mittelbaren Beeinflußbarkeit der Kosten und der Vollständigkeit (Einbeziehung der Kosten für innerbetriebliche Dienstleistungen sowie der anteiligen allgemeinen Kosten) zu unterscheiden. Ziel einer derartigen Differenzierung ist es u.a., die verantwortlichen Führungskräfte über Art und Ausprägung der Kostenbelastung sowohl für ihre eigene Organisationseinheit als auch für die sie unterstützenden anderen

Organisationseinheiten zu informieren. Dies ist für die kurzfristige unterjährige Kostenverlaufskontrolle erforderlich. Die Berechnung der Kostenentwicklung im Zeitablauf über geeignete Indexreihen oder Mehrjahresschnitte erlaubt darüber hinaus einen Kostenvergleich mit anderen Organisationseinheiten. Auch hier ist die Rückkoppelung zu den vorgelagerten Informationsfeldern erkennbar.

Für einen Einstieg in die Kostenanalyse des Gesamtunternehmens und danach der einzelnen Unternehmensteile entsprechend der Organisationsstruktur bieten sich graphische Übersichten an, mit denen sich die wichtigsten Entwicklungstendenzen aufzeigen und Gespräche über weitergehende Analysen unterstützen lassen. Besonders die graphische Aufbereitung solcher Informationen und eine stufenweise Analyse – z.B. der Deckungsbeitragsrechnungen oder der Budgetrechnungen (Abb. 10, 11) – ermöglichen erst eine rationelle Präsentation und Diskussion auf den einzelnen Führungsebenen, ohne daß aus umfangreichen Unterlagen mit viel Aufwand einige wenige interessierende Informationen herausgesucht werden müssen. Auch hier bietet die moderne Technik mit entsprechenden Standardprogrammen auf Personal Computern bereits wirksame Unterstützung.

Deckungsbeitragsrechnung für Zielgruppe / Versicherungszweig : 999 Musterzweig							
	Entwicklung in den Geschäftsjahren						
	1974	1975	1976	1977	1978	.... bis...	1983
BTG aus Bestand BTG aus Zugang BTG aus Abgang							
Gesamtbeitrag Nebenleistungen							
Gesamterlöse Schaden 6J Gez Schaden 6J Rst Rückvers. Kosten							
Dir. Aufwendungen							
Deckungsbeitrag 1 Abschl. Prov. Bestandsprov.							
Dir. Kosten							
Deckungsbeitrag 2 Ant. Ka-Erlöse Ant. Ka-Kosten							
Ant. Ka-Ergebnis							
Deckungsbeitrag 3 Betriebskosten Schadenskosten Verr. Dienste Ant. Allg. Kosten							
Betriebskosten							
Deckungsbeitrag 4 A. O. Ergebnis							
Deckungsbeitrag 5 Periodenfr. Ergebnis							
Deckungsbeitrag 6 Veränd. Schwankrst							
Deckungsbeitrag 7							

Abb. 10 Deckungsbeitragsrechnung

Deckungsbeitragsrechnung
für Zielgruppe / Versicherungszweig : 999 Musterzweig
Leiter : Herr Mustermann

	Entwicklung in den Geschäftsjahren									
	1974	1975	1976	1977	1978	1979	1980	1981	1982	1983
Personalkosten										
Gehälter										
Sozialabgaben										
Altersversorgung										
Überstunden										
Sonstige Personalkosten										
Fremdpersonal										
Summe Personalkosten										
Vermittlungskosten										
Abschlußprovision										
Bestandsprovision										
Sonstige Vermittlungskosten										
Summe Vermittlungskosten										
Reisekosten										
Sachkosten										
Raummiete										
EDV- Miete										
Abschreibung										
Wartung										
Material										
Kommunikation										
Fremdleistung										
Sonstige Sachkosten										
Summe Sachkosten										
Budget 1										
Verr. Dienste										
EDV - Leistungen										
Schreibdienst										
Archivdienst										
Beschaffung										
Vertriebsdienst										
Gestaltung										
Summe Verr. Dienste										
Budget 2										
Ant. Allgemeine Kosten										
Personalverwaltung										
Hausverwaltung										
Rechnungswesen										
Vertrieb Allgemein										
Sonstige Allgemeine Kosten										
Summe Ant. Allgemeine Kosten										
Budget 2										

Abb. 11 Budgetrechnung

5. Informationsversorgung durch ein System

An die Informationsversorgung für die Unternehmensführung sind eine Reihe von Anforderungen zu stellen, die sich von der Informationsversorgung der Tagesarbeiten im Versicherungsunternehmen erheblich unterscheiden. Im Gegensatz zur laufenden Tagesarbeit ist bei den Informations-, Planungs- und Analyseaufgaben für alle Ebenen der Unternehmensführung charakteristisch, daß es sich in aller Regel um einmalige und komplexe Aufgaben handelt. Auch muß die Informationsbehandlung eine besondere Vertraulichkeit erfahren. Beispielsweise gibt es im Planungsprozeß häufig verschiedene Entscheidungsalternativen zu durchdenken und deren wirtschaftliche Auswirkungen zu berechnen, von denen dann schließlich nur eine realisiert und bekanntgegeben werden kann. Eine weitere Besonderheit liegt darin, daß der Informationsbedarf der Unternehmensführung nur schwer vorhersehbar ist. Er kann sich mit der Entwicklung des Geschäftsverlaufs kurzfristig und nachhaltig ändern. Die Aufgaben der Unternehmensführung haben im Gegensatz zur Tagesarbeit eine andere zeitliche Ausrichtung. Zwar lassen sich auch bei Führungstätigkeiten Tagesentscheidungen erkennen; die Regel sind aber auf mittlere oder längere Sicht angelegte Aufgaben. Die längerfristige strategische Planung der einzelnen Geschäftsbereiche erfordert langfristige Analysen und Prognosen. Die aus den strategischen Zielen abgeleiteten Investitionsentscheidungen zur Realisierung der Maßnahmenbündel haben mittelfristigen Charakter. Die Aktivitäten im Innen- und Außendienst, um die vereinbarten Ziele zu erreichen, sind meist kurzfristig, beispielsweise auf ein Geschäftsjahr, ausgelegt.

	Menge	Zeiten	Preise	Werte	Kenn-zahlen
Versicherungsprodukte + Kapitalanlageprodukte nach • Kundengruppen • Vertriebswegen	• als Zeitreihen • als Planungsschriften • als Soll-Ist-Vergleich • als Verdichtungen • als Schnitte				
Organisationseinheiten nach • Unternehmensstrukturen • Projekten					
Betriebliche Funktionen					
Betriebswirtschaftliche Produktionsfaktoren					

Abb. 12 Übersicht VIPAS (Versicherungs-Informations-, Planungs- und Analyse-System)

Ein Informationssystem für die Unternehmensführung muß deshalb diese unterschiedlichen zeitlichen Ausprägungen im Darstellen, Verarbeiten und Aufbereiten der Informationen berücksichtigen (vgl. Abb. 12). Zunehmende Bedeutung bei der Berichterstattung aus dem Informationssystem heraus erlangen auch Frühwarninformationen, also Informationen, mit denen die Unternehmensführung bereits frühzeitig Abweichungstendenzen aufgezeigt bekommt, um über geeignete Maßnahmen zur Gegensteuerung zu beraten. Die

Informationen für die Unternehmensführung sind also als Zeitreihen mit unterschiedlicher zeitlicher Länge und je nach Steuerungsebene unterschiedlichem Detaillierungsgrad zu organisieren und darzustellen. Das gilt sowohl für die Informationen aus dem eigenen Unternehmen als auch für Konkurrenzinformationen, allgemein wirtschaftliche Informationen, Umweltinformationen über Kunden- und Marktpotentiale sowie Informationen über die Entwicklung neuer Arbeitsmethoden und Technologien und deren Einschätzung hinsichtlich der Auswirkung auf das eigene Unternehmen.

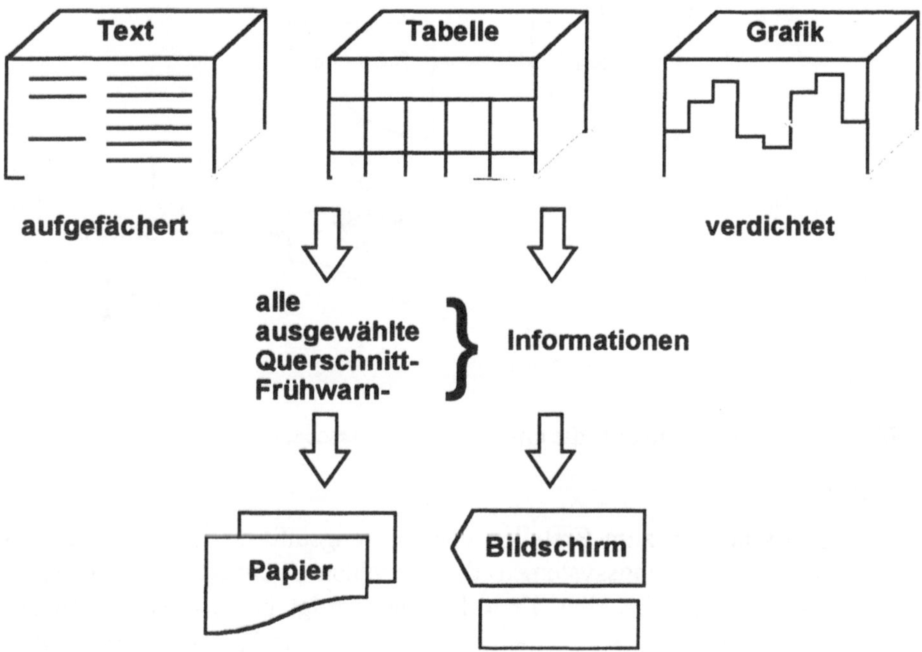

Abb. 13 Informationsdarstellung

Aber auch die unterschiedlichen Hierarchieebenen haben auf die Organisation der Informationen Einfluß: Benötigt die untere Führungsebene Detailinformationen über alle Vorgänge, so reichen auf der höheren Führungsebene meist verdichtete Informationen gleicher Art und Struktur aus. Wichtig hierbei ist, daß durch die Darstellung der Informationen die Kommunikation zwischen den Führungsebenen und verschiedenen Unternehmensbereichen im Innen- und Außendienst verbessert wird. Das läßt sich u.a. dadurch erreichen, daß bei Bedarf Verdichtungs- oder Detaillierungsdarstellungen aus denselben

Grundinformationen erzeugt werden, über die alle Beteiligten gleichermaßen verfügen können müssen (s. Abb. 13, 14).

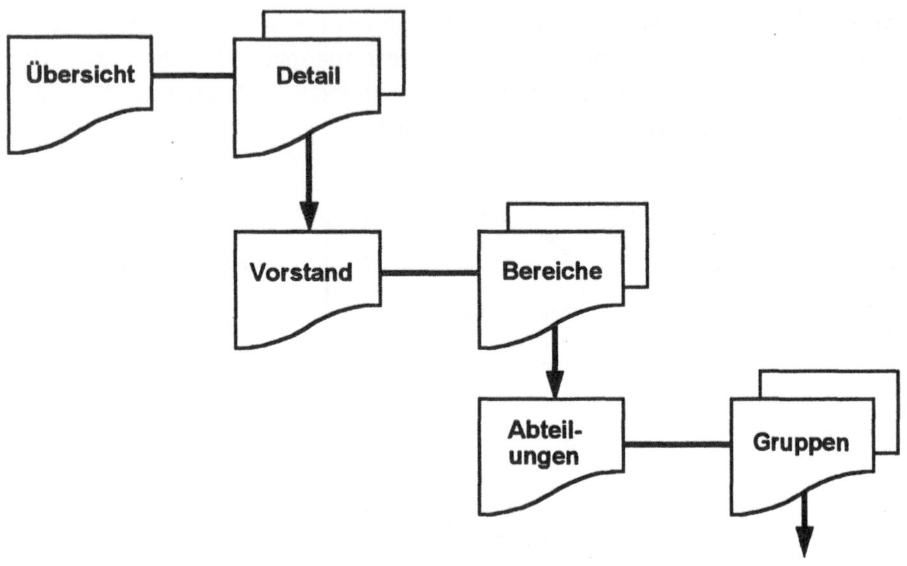

Abb. 14 Berichtsschema für die einzelnen Führungsebenen

Viele Grunddaten zum Erstellen von Führungsinformationen können aus den in den Bearbeitungssystemen der einzelnen Fachbereiche enthaltenen Daten gewonnen werden. Die Ersterfassung erfolgt in aller Regel von den Versicherungsanträgen, Schadenanzeigen und anderen Kundeninformationen. Bei Potentialinformationen muß die Ersterfassung aus den verfügbaren Unterlagen der amtlichen Stellen oder Institute vorgenommen werden. Alle ertrags- und aufwandswirksamen Größen des Unternehmens lassen sich aus dem EDV-gestützten Rechnungswesen ableiten. Fachliche und betriebliche Statistiken geben Aufschluß über Arbeitsmenge, Mengen der eingesetzten Produktionsfaktoren und die für den Abschluß der einzelnen Geschäftsvorfälle benötigten Stückzeiten. Die Selektion – das Verdichten und Überleiten der Grundinformationen aus den Bearbeitungssystemen und ihr Darstellen oder Verknüpfen zu einem Führungsinformationssystem – erfordert zentrale Datensammlungen, beispielsweise Kunden-, Statistik-, Controlling- und Potential-Datenbanken, auf die über leistungsfähige Personal Computer und Standardprogramme schnell und einfach zugegriffen werden kann.

Ein solches System der Informationsversorgung für die Steuerung von Versicherungsunternehmen kann dazu beitragen, die Anpassungs- und Koordinationsprobleme zu lösen und die Versicherungsunternehmen bei der Schaffung, Erhaltung und Verbesserung ihrer Ertragsmöglichkeiten sowie ihrer betrieblichen Leistungsfähigkeit und bei der Erzielung eines zufriedenstellenden wirtschaftlichen Ergebnisses zu unterstützen. Praxisbeispiele, wie gezeigt, belegen dies.

6. Ausblick

Bei der Entwicklung eines derartigen Management-Unterstützungssystems sind alle Unterstützungsfelder in ihren besonderen Wirkungen auf das Unternehmen zu betrachten und die kritischen Erfolgsfaktoren gezielt herauszuarbeiten. Wichtig ist dabei, daß alle Führungsebenen und alle Funktionsbereiche des Unternehmens die Unterstützung erhalten, die sie für ihre konkreten Entscheidungen auch benötigen – und zwar für die Analyse, Planung und Kontrolle aller Geschäftsprozesse. Dabei kommt es darauf an, die Unterstützungsfunktion so zu interpretieren, daß z.B. aus Daten Informationen und aus Informationen Nachrichten werden, die die Führungskräfte dann konkret zum Handeln auffordern.

Hinweise für die Einführung eines MUS *

Für die erfolgreiche Implementierung eines Management-Unterstützungssystems gibt es kein eindeutiges Vorgehen, man kann jedoch aus der Summe der Erfahrungen mit verschiedenen Projekten – wie sie auch in diesem Buch beschrieben sind – Empfehlungen geben, welches die unabdingbaren Voraussetzungen im Unternehmen für ein erfolgreiches MUS-Projekt sind und worauf man bei den einzelnen Projektschritten achten sollte, wenn man mit dem Projekt beginnt.

Voraussetzungen im Unternehmen

Sponsor in der Unternehmensleitung
Ein Sponsor in der Unternehmensleitung ist eine wesentliche Voraussetzung für den Erfolg des Projektes. Er ist der Garant für die Durchsetzung des Systems im gesamten Unternehmen. Seine Aufgabe ist es auch, alle erforderlichen Ressourcen für eine qualitativ hochwertige Realisierung des Systems zur Verfügung zu stellen.

Bewertung des MUS als strategische Entscheidung und Investition
Die Bereitschaft muß vorhanden sein, das MUS und die damit verbundenen Kosten als strategische Investition zu sehen. Wenn man die Einführung des Projekts vom Ergebnis einer herkömmlichen Kosten/Nutzenanalyse abhängig machen möchte, ist man von vornherein zum Scheitern verurteilt. Nutzen und Vorteile des Systems sind fast ausschließlich im qualitativen und langfristigen Zeitraum zu realisieren.

Konsequenzen in der Durchführung
Alle relevanten Unternehmensfunktionen müssen in das System eingebunden werden. Nur eine konsequente Durchführung im gesamten Unternehmen bringt das Optimum an realisierbarem Nutzen.

---

* Die hier vorgestellte Vorgehensweise für das Erarbeiten eines unternehmensspezifischen Konzeptes für ein MUS wird von der IBM Beratung mit Erfolg praktiziert (weitere Informationen von Susanne Baumann und Boris Semen).

Bereitschaft zur Veränderung
Alle Beteiligten müssen offen sein für Veränderungen, die sowohl die Organisation als auch die Firmenkultur durch die Einführung des Systems betreffen können.

MUS als iterativen Prozeß betrachten
Ein Management-Unterstützungssystem ist nie "fertig", da es sich immer den Wandlungen im Unternehmensumfeld anpassen muß. Auf Dauer ist daher nur das System erfolgreich, das immer aktuell ist und keine veralteten Informationen erhält.

Die einzelnen Projektschritte und ihre Charakteristika

Teambildung
Woher die einzelnen Teammitglieder auch immer kommen mögen, es ist wichtig, daß durch entsprechende Teambildung folgende Kompetenzen abgedeckt sind:

- Die Teammitglieder sollten sich sehr stark an den Anforderungen der Anwender orientieren. Dies beinhaltet die Fähigkeit, sich in die Erwartungen der Manager "einfühlen" zu können und keine Berührungsängste im Umgang mit Top-Managern zu haben.
- Sie sollten gute kaufmännische Fähigkeiten und gute Kenntnisse über die Unternehmensbelange besitzen.
- Sie sollten fähig sein, ganzheitlich, d.h. in Prozessen und "vernetzt", zu denken.
- Sie sollten über eine hohe soziale Kompetenz wie z.B. Teamfähigkeit, Integrationsfähigkeit oder Überzeugungskraft verfügen.
- Eine sehr gute technische Kompetenz sowie Erfahrungen mit Anwendungen zur Entscheidungsunterstützung sind hilfreich.
- Die Teammitglieder sollten sowohl im Denken als auch im Handeln flexibel sein.

Bei der Auswahl des Teams sollte wenigstens ein Mitglied aus der Abteilung eines Anwenders stammen. Die Mitglieder des Projektteams müssen von anderen Aufgaben freigestellt werden.

Alternativen für den Projektbeginn
Wenn die Entscheidung für ein MUS gefallen ist, sollte die erste Anwendung die realisiert wird immer ein klar definiertes, deutlich spürbares Unternehmensproblem lösen, um schnell Akzeptanz bei den Betroffenen zu erreichen. Prinzipiell gibt es jedoch mehrere Möglichkeiten für den Projektstart, je nachdem, wieviel Zeit man für die Phase bis zur Implementierung der ersten Anwendung aufwenden will:

- Die spontane Entwicklung eines Prototypen
  Wird als erster Schritt eine schnelle Lösung des größten Problems angestrebt, fängt man sofort mit der Entwicklung eines Prototypen an, ohne umfangreiche Studien als Vorarbeit für ein Gesamtsystem. Die Charakteristik dieses Projekteinstiegs ist durch hohe Interaktion zwischen Managern und Entwickler, kurze Vorlaufphase, evolutionäre Entwicklung und rasche Akzeptanzgewinnung geprägt.
- Die Top-Down-Studie
  Möchte man vor der ersten Realisierung eine Neubewertung und Gestaltung von (ausgewählten) Prozessen und Systemen durchführen, fängt man mit einer Top-Down-Studie an. Dieser Projekteinstieg zeichnet sich durch einen größeren Vorlauf vor der Implementierung und durch parallel verlaufende organisatorische Veränderungen aus. Die Studie wird meist auf einzelne Geschäftsfelder bzw. -bereiche eingeschränkt, um den Vorlauf auf eine vertretbare Zeitdauer zu begrenzen.
- Die Methode der Kritischen Erfolgsfaktoren / Leistungskennzahlen
  Das Ziel dieser Vorgehensweise ist die Realisierung eines gesamtunternehmerischen Systems, bei dem vor der Realisierung erster Anwendungen der gesamte Rahmen neu bewertet wird. Daher zeichnet sich dieses Verfahren durch eine relativ lange Vorlaufphase aus.

Für alle Ansätze gilt, daß die Weiterentwicklung des Systems immer evolutionär sein muß, um flexibel auf alle Veränderungen reagieren zu können.

Studie zur Bedarfsermittlung

Das Ziel ist die Ermittlung der benötigten Informationen bzw. der Hauptprobleme, die durch das MUS gelöst werden sollen, um mit einem Pilot/Prototyp beginnen zu können (vgl. Einstiegsmöglichkeiten). Techniken sind dazu z.B. Fragen, Interviews, Auswertung bestehender Informationen und deren Quellen.

Für den weiteren Verlauf des Projektes ist es wichtig, daß in dieser Stufe auch die Motivation der einzelnen Betroffenen für das MUS abgefragt wird. Dies bezieht sich sowohl auf die sachliche als auch auf die persönliche Motivation.

Prototyp/Pilot

Dieser Schritt umfaßt die Erstellung eines Prototypen der benötigten MUS-Anwendung in Zusammenarbeit mit dem Auftraggeber (z.B. der Unternehmensführung). Dies ist ein wirksames Vorgehen, um

- den Nutzen des Systems zu erkennen,
- ein anwenderfreundliches (selbsterklärendes) Design der Benutzeroberfläche zu gewährleisten und
- die Einfachheit der Systemhandhabung zu erkennen.

Beim Prototyp sollten echte Daten benutzt werden und keine Simulation.

Projektplan
Der Projektplan muß in jedem Fall folgende Schritte enthalten:

- Übergangsplan für das Management
  Da sich im Verlauf des Systems z.B. Abläufe und organisatorische Zuständigkeiten verändern können, ist es wichtig, für reibungslose Übergangslösungen zu sorgen, bis das gesamte System zur Verfügung steht.
- Entwicklungs- und Implementierungsplan für das Gesamtsystem
  Für jede Einzelstufe des Systems müssen Inhalt, Zielsetzung und Zeitrahmen definiert sein. Da die Entwicklung ein evolutionärer Prozeß ist, müssen im gesamten Ablauf einzelne Schritte auch – nach veränderten Gegebenheiten – modifiziert werden können.
- Regelmäßige Statusberichte / Reviews,
  um die Betroffenen über den Projektfortschritt zu informieren und um rechtzeitig neue Wünsche aufnehmen zu können.

Training/Unterstützung
Es empfiehlt sich, die Führungskräfte in Einzelsitzungen zu trainieren. Zuvor sollten die Assistenten oder Sekretärinnen geschult werden, um im Bedarfsfall Hilfestellung geben zu können. Gerade in der ersten Zeit nach der Implementierung muß eine permanente Betreuung da sein, damit auch eventuelle Schwächen in der Benutzungsfreundlichkeit des Systems sofort behoben werden können. Auch danach muß jederzeit ein Top-Service zur Verfügung stehen.

Weiterentwicklung
Nach einer erfolgreichen Pilotphase wird es für die Weiterentwicklung normalerweise keine Schwierigkeiten bezüglich der Akzeptanz geben. Wichtig ist dafür, daß bereits in der Pilotphase auch diejenigen Mitarbeiter über Inhalt und Fortschritt des Projektes informiert werden, die erst in den folgenden Schritten in das Gesamtsystem integriert werden können. Je schneller sich die Anzahl der Benutzer erhöht, die aktiv eingebunden werden, um so sicherer wird sich das System etablieren.

Die Autoren

Susanne Baumann, Dipl.-Kauffrau, studierte Betriebswirtschaft an der Universität Erlangen-Nürnberg. 1973 trat sie in die IBM Deutschland GmbH ein. Von 1973 bis 1976 war sie Systemberaterin für Fertigungskunden, danach bis 1983 Dozentin für IMS und DB/2 mit den Schwerpunkten Anwendungsorganisation und Datenbankorganisation. Von 1983 an war sie in verschiedenen Managementfunktionen im Marketingbereich, schwerpunktmäßig für Unternehmenskommunikation und Führungsinformationssysteme, zuständig. Seit Anfang 1994 Managementberatung für Führungsinformationssysteme.

Prof. Dr. *Ernst Denert*, Jahrgang 1942, ist Geschäftsführer bei sd&m und Honorarprofessor an der TU München. Er studierte Nachrichtentechnik an der TU Berlin und war dort auch wissenschaftlicher Assistent im Fachbereich Informatik. Ab 1976 war er als Designer, Projekt- und Abteilungsleiter bei Softlab mit Großprojekten (u.a. START) sowie Methoden und Werkzeugen des Software-Engineering befaßt. 1982 Gründung von sd&m software design & management. Zahlreiche Fachpublikationen und -vorträge; Autor zweier Lehrbücher über Datenstrukturen und Software-Engineering.

Bernhard Dorn, Jahrgang 1940, trat 1963 in die IBM Deutschland GmbH ein. Nach mehrjähriger Tätigkeit in verschiedenen Führungsaufgaben im Vertrieb, im Marketing und in der Konzeption und Realisation von Informationssystemen wurde er im Januar 1983 zum Generalbevollmächtigten der IBM Deutschland GmbH ernannt. Von Januar 1984 bis November 1984 war Bernhard Dorn als Leiter des Direktionsbereichs Neue Systeme für das PC-Geschäft und für das Btx-Projekt verantwortlich. Ab April 1986 war er Geschäftsführer für den Bereich Marketing und Dienstleistungen der IBM Deutschland GmbH. Seit der Umstrukturierung zum 1. Januar 1993 ist er Geschäftsführer für den Bereich Software und Services in der neuen IBM Informationssysteme GmbH sowie Geschäftsführer der IBM Deutschland GmbH (Holding).

Reinhard Faßhauer, Dipl.-Kaufmann, Jahrgang 1942, studierte an der FU Berlin und der Universität Mannheim Betriebswirtschaft. 1968 trat er in die IBM Deutschland ein. Er übernahm Führungsaufgaben in der Entwicklung und im Marketing und war Leiter der Geschäftsplanung, bevor ihm 1991 die Leitung Qualität der IBM Deutschland übertragen wurde.

Thomas Kattler, Dipl.oec., Jahrgang 1956, studierte Wirtschaftswissenschaften an der Universität Stuttgart-Hohenheim. Bei der NCR GmbH war er im Bereich Produktmarketing tätig. Von 1988 bis 1993 war er freier Autor und Berater. Schwerpunkte bildeten die Datenkommunikation und die Gestaltung von Informationssystemen sowie Aspekte der Wirtschaftlichkeit von DV-Lösungen und der strategischen Entscheidungen von HW- und SW-Herstellern im Rahmen der Produktpolitik. Zahlreiche Veröffentlichungen, u.a. "Office Automation – Technologie, Trends, Wirtschaftlichkeit", Bergheim 1991.

Dr. *Hans-Georg Kemper*, Jahrgang 1957, studierte von 1978 bis 1983 Wirtschaftswissenschaften an der Universität Gesamthochschule Essen mit dem Abschluß Dipl.-Kaufmann. In den Jahren 1983/84 war er Anwendungsberater für planungs- und entscheidungsunterstützende DV-Systeme in einem Kölner Software-Haus. Von 1984 bis 1990 arbeitete er als wissenschaftlicher Mitarbeiter bzw. Assistent im Fachgebiet Betriebsinformatik der Universität Gesamthochschule Essen. Seit Dezember 1990 ist er Akademischer Rat am Lehrstuhl für Wirtschaftsinformatik, insbesondere Informationsmanagement, der Universität zu Köln. Sein Forschungsschwerpunkt ist der Einsatz von Informationstechnologie im Bereich der Unternehmensführung.

Dieter Kempf, Dipl.-Kaufmann, Jahrgang 1953, studierte von 1973 bis 1978 an der Universität München Betriebswirtschaftslehre. In den Jahren 1978 bis 1985 war er als Steuerberater und Wirtschaftsprüfer bei der Arthur Young GmbH tätig. Im Juni 1989 wurde er zum Geschäftsführer und Partner der Arthur Young GmbH (später Ernst & Young GmbH) bestellt. Seit Juni 1991 ist er Mitglied des Vorstandes der DATEV eG, bei der er im April 1992 zum stellvertretenden Vorsitzenden des Vorstandes berufen wurde. Seine Ausbildungs- und Tätigkeitsschwerpunkte sind Spezialausbildungen zum "computer auditor" in USA und Frankreich, DV-Systemprüfungen und DV-Ordnungsmäßigkeitsprüfungen, DV-Beratungen insbesondere auf den Gebieten der DV-Sicherheit, der Auswahl von Hard- und Software sowie der DV-Notfallplanung, Wirtschaftsprüfer in Pflichtprüfungen und freiwilligen Abschlußprüfungen für Einzel- und Konzernabschlüsse, diverse Veröffentlichungen und Vorträge.

Dr. *Claudia Keusch*, Jahrgang 1954, studierte Mathematik an der Universität Greifswald. Von 1981 bis 1990 arbeitete sie als wissenschaftliche Mitarbeiterin und Projektleiterin am Institut für Mathematik der Akademie der Wissenschaften in Berlin mit. Spezialisierung auf Standardverfahren der numerischen Mathematik und Software-Entwicklungen für die Mikroelektronik und Laser-Spektroskopie. Seit 1991 war sie Team-Managerin im Org/DV-Bereich der Treuhandanstalt und verantwortlich für Design und Entwicklung von Entscheidungs-Unterstützungssystemen und Management-Informationssystemen für die Treuhandanstalt. Schwerpunkte der Tätigkeit lagen auf Analyse und Unternehmensberatung für Informationsmanagement und Anwendungsarchitekturen. Seit 1994 ist sie Managerin der neugegründeten DISOS-GmbH, die das komplette Outsourcing-Geschäft der Treuhandanstalt, ihrer Funktionstöchter und Nachfolgeeinrichtungen durchführt.

Wolfgang Kornblum, Dipl.-Kaufmann, Jahrgang 1943, studierte an der Georg-August-Universität in Göttingen Betriebswirtschaftslehre. Nach Abschluß des Studiums trat er in die Firma Continental Gummiwerke AG, Hannover, Bereich Rechnungswesen und Datenverarbeitung, ein. Von 1971 bis 1975 war er Abteilungsleiter für Softwareberatung einschließlich Anwendungsentwicklung und Verkauf der DBO AG, Zürich. Ab 1976 war er Geschäftsführer der INFORM GmbH, Aachen. Schwerpunkte waren hier die Softwareentwicklung im Bereich Operations Research sowie Führungs-Informationssysteme. Ab 1978 war er als Bereichsleiter Controlling bei der Firma Nordland Papier AG, Dörpen, tätig; zum Bereich Controlling gehören die Abteilungen Betriebswirtschaft, Information und Kommunikation sowie Datenverarbeitung. Seit Dezember 1991 ist er Mitglied des Vorstandes der Nordland Papier AG, Geschäftsbereich Controlling und Kommunikation.

Dr. *Wilhelm Kirchner*, Dipl.-Kaufmann, hatte langjährige leitende Funktionen in der Versicherungswirtschaft, zuletzt als Direktor Controlling und Revision. Seit 1993 ist er geschäftsführender Gesellschafter der ACG Assekuranz Consulting GmbH. In dieser Funktion ist er für die Durchführung von Strategieprojekten, die Entwicklung von Führungs-Informationssystemen u.a. verantwortlich. Nebenberuflich ist er Lehrbeauftragter für Controlling in Versicherungsunternehmen an der Universität Mannheim.

Prof. Dr. *Helmut A.O. Krcmar*, Jahrgang 1954, war von 1978 bis 1984 am Institut für Wirtschaftsinformatik bei Professor Dr. A.-W. Scheer als Forscher und Unternehmensberater tätig. Von 1984 bis 1985 arbeitete er als Post-Doctoral Fellow am IBM Los Angeles Scientific Center, USA, im Bereich "Enterprise-wide Information Management". Danach war er Assistant Professor für Informationssysteme an der Graduate School of Business, New York University, und am Baruch College, City University of New York. Seit 1987 hat er den Lehrstuhl für Wirtschaftsinformatik im Institut für Betriebswirtschaftslehre der Universität Hohenheim, Stuttgart, inne. Seine Forschungsaktivitäten umfassen derzeit die Bereiche Computer Aided Team, Informationssysteme, insbesondere Umwelt-Informationssysteme.

Dr. *Heinz Kriener*, Jahrgang 1939, studierte Mathematik, Physik und Philosophie an den Universitäten Tübingen und Hamburg. Nach internationalen Assignments im Labor in Palo Alto, Kalifornien, und der IBM Europa-Zentrale, Paris, war er als Berater für Informationssysteme tätig. Die Faszination für die Techniken der Fuzzy Logik stammt aus einer sechsjährigen Tätigkeit als Berater für Künstliche Intelligenz in Expertensystemen. In dieser Zeit entstanden in Kooperation von Industrie, Verwaltung, Universitäten und der IBM viele Prototypen und einige KI-Anwendungen, die im Einsatz sind. 1992 war er Berater bei der IBM Unternehmensberatung. Seit 1993 ist im Bereich des Netzwerk-Consulting im Rahmen der IBM Consulting Group tätig.

Klaus van Marwyk, Jahrgang 1967, studiert seit 1989 Betriebswirtschaftslehre an der Universität zu Köln und wird im Sommer 1994 sein Studium beenden. Er beschäftigt sich seit 1992 mit dem Thema IT-Unterstützung für das Management. Fundierte Erfahrungen in diesem Bereich konnte er vor allem durch seine praxisorientierte Diplomarbeit zur Thematik "Multimedia-Integration in EIS" sammeln, die er 1992 in enger Zusammenarbeit mit einer Düsseldorfer Unternehmensberatung erstellte.

Peter Moritz, Dipl.-Ingenieur (RWTH), studierte Nachrichtentechnik an der Rheinisch-Westfälischen Technischen Hochschule, Aachen. Anschließend war er Entwicklungsingenieur bei der SEL AG in Stuttgart. Seit 1986 ist er bei Telekom in unterschiedlichen Positionen in Vertrieb und Service tätig. Er war u.a. für verschiedene Großprojekte wie zum Beispiel die technisch-betriebliche Realisierung des Mehrwertdienstes "Telefax 400" verantwortlich. Derzeit ist er in der Direktion Telekom Köln regionaler Leiter der Unternehmensbereiche Vertrieb und Service.

Frank Lindenlaub, Dipl.-Informatiker, Jahrgang 1967, studierte Wirtschaftsinformatik an der Berufsakademie Stuttgart und war gleichzeitig bei der IBM Deutschland Informationssysteme tätig. Zuletzt war er im Marketing für Information Warehouse tätig und hat während dieser Zeit mehrere Veröffentlichungen und Präsentationen zum Thema Information-Warehouse-Konzept und -Architektur erstellt.

Günter Salb, Dipl.-Ingenieur, Jahrgang 1944, studierte Wirtschaftsingenieurwesen in München. Von 1969 bis 1991 war er bei einem Computerhersteller im Bereich Marketing und Vertrieb, hauptsächlich für die Finanzwirtschaft, in verschiedenen Führungsaufgaben tätig. Seit Mai 1992 ist er bei der Landesbank Berlin verantwortlich für den Steuerungsbereich Organisation und Datenverarbeitung. Ab Jahresbeginn 1994 ist er in der Bankgesellschaft Berlin AG (Holding der LandesBank Berlin, Berlin Bank und Berlin Hyp) für den Bereich Konzernorganisation zuständig.

Boris Semen, Dipl.-Ingenieur, Jahrgang 1937, ist Chef-Berater bei der IBM Unternehmensberatung GmbH. Der Schwerpunkt seiner Beratungstätigkeit liegt auf dem Gebiet "Positionieren der Informationssysteme für das Unternehmen" und die damit verbundene gezielte Informationsversorgung der Führungskräfte. Als Basis dafür dient die Prozeßorientierung von IS-Organisationen. Sein besonderes Interesse gilt den Fragen der Führung, Motivation und Teamarbeit, speziell des gemeinsamen Klienten/Unternehmensberater-Teams (Beitrag in "Unternehmenserfolg und Informationsmanagement", Hrsg. Michael Peltzer, Addison-Wesley 1992).

Klaus Webersinke, Dipl.-Ingenieur, Jahrgang 1947, studierte Elektrotechnik. 1974 trat er in die IBM Deutschland GmbH ein. Nach mehrjähriger Tätigkeit in der Software-Entwicklung wechselte er in den Marketing-Bereich. Derzeit ist er in der IBM Deutschland Informationssysteme GmbH Leiter Information Warehouse und Marketing.

Dr. *Bernd Zielinski*, Jahrgang 1942, studierte Volkswirtschaftslehre an der Universität Heidelberg. Nach Stationen in verschiedenen Softwarehäusern ist er seit 1978 bei der Festo KG, Esslingen, zunächst in internationalen Funktionen, heute als Leiter Informationssysteme tätig.